Lamya Kaddor
MUSLIMISCH – WEIBLICH – DEUTSCH!

Lamya Kaddor

MUSLIMISCH – WEIBLICH – DEUTSCH!

Mein Weg zu einem zeitgemäßen Islam

Verlag C. H. Beck

© Verlag C. H. Beck oHG, München 2010
Gesetzt aus der New Baskerville bei Fotosatz Amann, Aichstetten
Druck und Bindung: GGP Media GmbH, Pößneck
Gedruckt auf säurefreiem, alterungsbeständigem Papier
(hergestellt aus chlorfrei gebleichtem Zellstoff)
Printed in Germany
ISBN 978 3 406 59160 0

www.beck.de

INHALT

VORWORT

Wir Muslime in Deutschland stehen in der Öffentlichkeit schlecht da. Eine undifferenzierte und diffamierende «Islamkritik» einerseits und dogmatische Ansichten übereifriger Muslime andererseits zeichnen das fundamentalistische Zerrbild von einem gefährlichen und rückständigen Islam. Anhaltende innerislamische Spannungen zwingen zwar mitunter zu mehr Differenzierung, aber sie machen die Sache nicht wirklich besser. Das schlechte und verzerrte öffentliche Image des Islams ist für liberalgläubige Muslime wie mich inzwischen unerträglich geworden. Mit diesem Buch möchte ich endlich einmal aus einer liberalen, weltoffenen muslimischen Perspektive eine zu wenig wahrgenommene Form muslimischen Lebens in Deutschland vorstellen. Ich weiß nicht, ob ich damit die Mehrheit der hiesigen Muslime repräsentiere – es könnte immerhin sein. Auf jeden Fall hoffe ich, dass es in nicht allzu ferner Zukunft so sein wird, dass liberale Muslime mehr wahrgenommen werden.

Freilich ist eine offene, differenzierte und lebensnahe Sicht auf den Islam weniger spektakulär. In den öffentlichen Islam-Debatten, in denen sich Experten die Köpfe heiß reden, geht sie unter. In den sechziger Jahren, als die ersten Muslime einwanderten, war man entweder «deutsch» *oder* «muslimisch», aber spätestens in der zweiten, dritten und vierten Einwanderergeneration sind wir «deutsch» *und* «muslimisch». Wir können gläubige Muslime und gleichzeitig loyale Staatsbürger dieses Landes sein. Es ist möglich, die eigene Stimme gegen einen Dogmatismus und Fundamentalismus im Islam zu erheben, ohne seinen islamischen Glauben preiszugeben und zum «säkularen Kulturmuslim» zu mutieren.

Nach langjährigen Erfahrungen als «Berufsmuslimin», die ich in der islamischen Theologie und als eine der ersten islamischen Religionspädagoginnen in Deutschland sammeln konnte, kann ich keine Entwarnung geben. Zu viel läuft bei der Integration von Muslimen in Deutschland immer noch schief. Ich kritisiere in diesem Buch Muslime ebenso wie Nicht-Muslime, die Politik ebenso wie gesellschaftliche Entwicklungen. Das tue ich in der Überzeugung, dass eine fundierte und differenzierte Kritik uns wirklich weiterbringen kann, weiter als die pauschalen Anklagen, die die Debatte bis jetzt dominierten.

Mein Buch «Muslimisch – weiblich – deutsch!» richtet sich an alle interessierten Leser, vor allem aber auch an junge Muslime, die hier in Deutschland wie ich ihre Heimat gefunden haben. Die Diskriminierung als «Ausländer» oder «Migrant» ist unsere alltägliche Erfahrung. Sie darf aber nicht zu einer Barrikadenmentalität führen. Wir müssen vielmehr den Islam für uns so lebbar machen, dass er modernen Werten wie Toleranz, Weltoffenheit und Freiheit nicht widerspricht. Dazu will ich mit diesem Buch beitragen.

Mein herzlicher Dank gilt meinem Ehemann und meinem multikulturellen und multireligiösen Familien- und Freundeskreis! Ihr liefert mir durch die vielen Diskussionen und Gespräche rund um Gesellschaft, Religion und Politik immer wieder neue Denkanstöße und Perspektiven.

Ich möchte hier auch meinen aufrichtigen Dank an alle meine Schülerinnen und Schüler aussprechen. Danke, dass ihr mich an eurem Leben und euren Problemen teilhaben lasst. Ich bin stolz auf euch!

Alle Namen von Schülern und anderen Personen wurden geändert.

Duisburg, im Juli 2009
Lamya Kaddor

1 ZWEI MAL DREI MACHT VIER

Als Kind habe ich «Pippi Langstrumpf» geliebt, vor allem das bekannte Lied am Anfang der Filme: «Zwei mal drei macht vier, widde widde witt und drei mach' neune, ich mach' mir die Welt, widde widde wie sie mir gefällt.» Schon früh habe ich meine Eltern und meine beiden älteren Geschwister mit Fragen gequält. Meine Geschwister habe ich gefragt, was mit Hausaufgaben, Musik oder Mode zu tun hatte. Bei religiösen Fragen wandte ich mich an meine Eltern, meistens an meine Mutter, da sie immer zu Hause war und ich nicht warten wollte, bis mein Vater abends von der Arbeit heimkam. Geduld war noch nie meine Stärke. Mit zwölf Jahren wollte ich von meiner Mutter wissen, warum wir Muslime ausgerechnet *fünf* Mal am Tag beten müssen. Ich kann mich noch gut an die Situation erinnern. Ich habe Staub gewischt, es war wieder einer dieser «Putzsonntage». Als ich nachmittags im Flur die Bücherregale abwischte, ging unsere Mutter in ihr Schlafzimmer, um zu beten. Sie bat mich, einen Blick auf die *fasulîye*, Bohnen in Koriander-Tomatensauce, und den Reis zu werfen und gelegentlich umzurühren. Nach etwa fünf Minuten kam sie zurück, und ich fragte, warum man eigentlich so häufig beten muss. Sie schaute mich etwas ratlos an und antwortete trocken, aber liebevoll: «Gott will, dass wir fünf Mal am Tag beten. Es muss wohl gut für uns Menschen sein, wenn wir uns fünf Mal am Tag daran erinnern, woher wir kommen, wohin wir gehen und wer uns erschaffen hat.» Mich beeindruckte die Antwort, aber meine Frage war damit nicht wirklich beantwortet. Also fragte ich weiter: Warum gerade *fünf* Mal? Offensichtlich ging ich meiner Mutter nun auf die Nerven. Sie glaubte, ich wolle mich vor dem Putzen drücken.

Das mag auch ein Grund gewesen sein, aber mich interessierte die Frage wirklich: Warum gerade in dieser festen Form? Schließlich bekam ich zu hören: «Es gibt feste Regeln, die muss man einhalten. Aber *du* kannst dir ja deine Religion machen, wie du willst, wenn dir das nicht passt!» In den Augen meiner Mutter stellte man solche Fragen nicht. Ich machte mich wieder an die Arbeit, meine zwanzigjährige Schwester schüttelte den Kopf: Wie kann man nur so dumm fragen?

Ich war verunsichert, aber ich konnte nichts Anstößiges an den Fragen erkennen. Meine Eltern glaubten jedoch, ich wolle nichts mit der Religion zu tun haben, und genau das darf in einer muslimischen Familie nicht passieren. Wenn eine Mutter das Gefühl hat, ihr Kind sei nicht normal, vor allem im religiösen Sinne, dann muss sie ihm mehr von dieser Religion erzählen und ihm erklären, dass man Religion nicht hinterfragen darf. Genau das unterlief ich: *Warum muss Religion ohne Wenn und Aber geglaubt und praktiziert werden?* Diese Frage hat mich bis heute nicht losgelassen. Es liegt auf der Hand, dass ich inzwischen nicht nur meiner Mutter damit auf die Nerven ging. Ich stand also mit Wischtuch im Flur und fing an, mein Lieblingslied im Kopf zu singen, denn es passte einfach genau zu mir: «Zwei mal drei macht vier, widde widde witt und drei macht neune, ich mach' mir die Welt, widde widde wie sie mir gefällt.»

Warum es Gott gibt

Doch warum brauchen wir einen Gott? Ein Soldat, der mich in Berlin zum Bahnhof fahren sollte, wollte von mir als Muslimin wissen, warum ich glaube, dass es Gott gibt. Ich antwortete spontan, dass ich fest daran glaube, dass es einen Gott gibt, weil es jemanden geben muss, der auf uns wartet, wenn wir sterben, und der uns mit Liebe und Hoffnung beschenkt hat. Das beschäftigte ihn. Nach einer Weile fragte er, ob der Islam das so sehe oder ob das meine persönliche Einstellung sei. Ich sagte ihm, dass es in jeder Religion diese Vorstellungen gebe, aber jeder von uns selbst entscheiden müsse, ob und warum er an Gott glauben wolle. Er erzählte mir anschließend, dass er absolut areligiös sei und seit vielen Jahren an keinen Gott glaube. Er spürte mein Interesse, und nach einer Weile erzählte er mir – einer völlig Fremden während einer dreißigminütigen Fahrt – von seinem zweijährigen Afghanistan-Aufenthalt. Er beteuerte, dass er keinerlei Vorbehalte gegen Muslime habe und froh sei, nicht mehr «im Krieg» zu sein. Mir brannte eine Frage unter den Nägeln, die ich nur zögerlich stellte: «Haben Sie während der Zeit Ihres Einsatzes nie an Gott gedacht?» Sein Lächeln zeigte mir, dass er zufrieden war, dass ich endlich diese Frage stellte. Seine Gesichtszüge wurden ernster und auch seine Augen ein wenig rot, als er sagte, er habe nie zuvor in seinem Leben darüber nachgedacht, aber während dieser Zeit umso öfter. Vor allem, wenn es gefährliche Einsätze gab und er sich seiner eigenen Sterblichkeit bewusst wurde. Seitdem er wieder in Berlin sei, denke er weniger über Gott nach, aber er tendiere mittlerweile dazu, die Existenz einer übergeordneten Macht anzuerkennen – ohne einer bestimmten Religion anzuhängen.

Genau in diesen Momenten der Angst und im Bewusstwerden der eigenen Sterblichkeit kommt Gott, kommt Religion ins Spiel. Gott zeigt dem Menschen den Weg in das Leben und aus dem Leben hinaus. Niemand kann sagen, was «danach» kommt. Ungewissheit und Angst vor dem Unbekannten verlassen auch gläubige Menschen während ihres gesamten Lebens nicht. Religion begleitet den Menschen auf der Suche nach den Antworten des Lebens. Religion interpretiert das Leben – nicht mehr und nicht weniger. Ich lebe also islamisch, christlich, jüdisch, bahaisch, alevitisch oder wie auch immer, aber die Suche aller gläubigen Menschen ist die gleiche – sie interpretieren lediglich ihr Leben unterschiedlich. Was davon nun endgültig richtig oder falsch ist – wer außer Gott könnte jemals eine Antwort darauf geben?

Was ist der Islam?

Ein Muslim wird entweder als solcher geboren, oder er ist irgendwann zum islamischen Glauben konvertiert. Die Konversion zum Islam ist denkbar einfach: Man bekennt sich zum neuen Glauben, indem man das Glaubenszeugnis vor mindestens zwei männlichen Zeugen auf Arabisch spricht. In der Übersetzung lautet es: «Ich bezeuge, dass es keinen anderen Gott gibt außer Gott selbst und dass Muhammad sein Diener und Gesandter ist.» Das ist der Kern des islamischen Glaubens. Aber *den Islam* mit wenigen Worten zu erklären, ist nicht einfach, denn einen einheitlichen Islam gibt es nicht – genauso wenig wie es ein einheitliches Judentum oder Christentum gibt.

Der Glaube an den einen Gott und die Anerkennung Muhammads als Prophet sind älter als 1400 Jahre. Die Anfänge des Islams liegen auf der Arabischen Halbinsel: Einem vierzigjährigen Kaufmann namens Muhammad («der Gepriesene») wurden eines Tages Offenbarungen zuteil – so glauben es die Muslime. Muhammad ibn Abdullah wurde im Jahr 570 als Halbwaise geboren. Bereits früh verstarb auch seine Mutter, so dass er zu seinem Onkel Abu Talib kam. Als Jugendlicher nahm ihn sein Onkel mit auf seine Handelsreisen durch die Wüste, um Waren in die entlegensten Oasen Arabiens zu verkaufen. Um 610 erhielt er Offenbarungen vom Erzengel Gabriel, der ihn beim ersten Mal aufforderte zu lesen. Nur wenige Menschen, egal ob Muslime oder Nicht-Muslime, wissen, mit welcher Aufforderung die Geschichte des Islams begann. Sie lautete: «*Iqrâ*», «Lies!» oder «Trag vor!» Die Aufforderung vorzutragen ist erstaunlich, wenn man bedenkt, dass Muhammad Analphabet gewesen sein soll wie die meisten seiner Zeitgenossen, denn Wissen wurde auf der Arabischen Halbinsel traditionell mündlich vermittelt.

Der Kern des muslimischen Glaubens lässt sich im Wesentlichen aus dem Koran ableiten. Der Koran stellt für die große Mehrheit der Muslime das Wort Gottes dar, das er seinem Gesandten Muhammad durch den Erzengel Gabriel zur Verkündung überbringen ließ. Die zweitwichtigste Quelle für Muslime ist die Sunna mit

den darin enthaltenen Hadithen, den Aussprüchen des Propheten. Die Hadithe klassifiziert man in drei Hauptkategorien: Ein
gültiger Hadith kann erstens authentisch beziehungsweise ein-
wandfrei sein, zweitens gut oder drittens schwach, bedenklich.
Viele Muslime leben nach Koran und Sunna. Sie nehmen ihre
Religion als Regelwerk wahr, ohne zu wissen, woher die Gebote
und Verbote stammen. So lässt sich das fünfmalige Gebet aus starken Hadithen ableiten, nicht aber aus dem Koran. Das muslimische
Erbrecht wird dagegen nahezu eins zu eins aus dem Koran abgeleitet und hat Eingang in die Verfassung einiger muslimischer Länder gefunden.

Doch wie viele Muslime wissen, was der Koran lehrt und welche
Ethik er vertritt? Manche kennen einige oder mehrere Koranverse
auswendig. Andere kennen Hadithe oder wissen, welche Elemente
ihres religiösen Handelns aus den Hadithen abgeleitet sind. Aber
wer weiß, was ein Analogieschluss ist – das für die praktischen Be-
lange wichtigste Rechtsinstrumentarium? Ohne diesen Analogieschluss gäbe es im Islam beispielsweise kein Verbot von Bier oder
Wodka. Im Koran wird in Sure 5, Vers 90 der Genuss von Wein
(*khamr*) verboten. Erst im Laufe der Zeit kam die Frage nach dem
Verzehr von anderen alkoholischen Getränken oder Lebensmit-
teln auf. Daher untersuchten Philologen sowie Theologen den koranischen Begriff und stellten fest, dass die Wurzelradikale von
khamr (*kh-m-r*) etwas Berauschendes bezeichnen. Somit wurde per
Analogieschluss (also vom ursprünglichen Weinverbot) sämtlicher
Genuss von berauschenden Wirkstoffen in Speisen oder Getränken
verboten.

Schon die Namen der ersten vier «rechtgeleiteten Kalifen» kennen die wenigsten. Kaum jemand weiß, was den Islam tatsächlich
ausmacht. Hätte ich nicht Islamwissenschaft studiert, wäre ich genauso unwissend. Obwohl neben Deutsch auch Arabisch meine
Muttersprache ist, die Sprache des Korans und der Hadithe, heißt
das nicht, dass ich den Koran verstanden habe oder alle Hadithe
nachvollziehen kann. Die meisten Muslime, die in Deutschland
geboren wurden, aber auch diejenigen, die in islamischen Län-

dern geboren wurden und leben, beschäftigen sich nicht intensiv
mit ihrem Glauben – warum auch? Es gibt ja die Gelehrten, die
einem sagen, was zu tun und zu glauben ist.

Die islamische Gleichung

Aber auch die Gelehrten – weltweit und unabhängig von
ihrer religiösen Ausrichtung, sei sie säkular, liberal oder konservativ – gehen der entscheidenden Frage und der größten Herausforderung, vor der die Muslime derzeit stehen, größtenteils aus
dem Weg. Diese Herausforderung lässt sich in die folgende Formel
fassen:

$$Islam + 21.\,Jahrhundert = ?$$

Das heißt: Was wird aus dem Islam im 21. Jahrhundert? Das Ergebnis dieser Gleichung kann variieren. Jeder darf die Aufgabe lösen,
egal ob Frau oder Mann, ob Laie oder religiöse Autorität, ob reich
oder arm, gebildet oder ungebildet. Die Belohnung wäre immerhin die deutschlandweite oder gar internationale Anerkennung
der Lösung. Das klingt vielversprechend, oder?

Dennoch ist die Aufgabe noch nicht gelöst worden. Niemand
hat Interesse daran. Oder haben einzelne die Lösung gefunden,
sie aber für sich behalten? Schien die Lösung vielleicht nicht richtig, weil eine breite Zustimmung seitens der Muslime ausgeblieben
ist? Wer hätte überhaupt Interesse daran, die Lösung zu finden,
und wer nicht? Gäbe es nach Lösung der Aufgabe Gewinner und
Verlierer?

Zu den Gewinnern würden vielleicht gehören: *Erstens: die Vernünftigen*, das heißt Menschen, die bis zu einem gewissen Grad
ihre islamischen Traditionen bewahren, aber der Vernunft eine
größere Rolle zumessen. *Zweitens: Mädchen und Frauen*, die unter
Berufung auf vermeintlich islamische Traditionen leiden, weil sie
zu bestimmten Handlungen oder Haltungen gezwungen werden.

Drittens: Minderheiten und Andersdenkende, die frei leben und denken möchten nach dem Grundsatz: Leben und leben lassen! *Viertens: demokratische Werte* wie Religions- und Meinungsfreiheit, Gleichberechtigung der Geschlechter, Kinder- und Jugendrechte.

Und zu den Verlierern könnten gehören: *Erstens: die Traditionalisten,* die bis zu einem gewissen Grad ihre Vernunft bewahren, aber der Tradition eine größere Rolle zumessen. *Zweitens: Jungen und Männer,* die andere und sich selbst durch eine (nicht-islamische) machohafte Tradition leiden lassen und die Rechte anderer gering schätzen. *Drittens: Mehrheiten und Konformisten,* die sich wohlfühlen, wenn sie möglichst geschlossen auftreten, und die glauben, nach islamischem Recht nicht frei leben und denken zu dürfen – nach dem Grundsatz: Leben und leben müssen! *Viertens: die Werte einer veralteten, verstaubten Tradition,* die für ihre Anwender selbst kaum noch nachvollziehbar sind. Dazu gehören Verhaltensmuster von Jungen und Mädchen, von Männern und Frauen, die in keinem gleichberechtigten Verhältnis zueinander stehen, aber auch Denk- und Handlungsblockaden vor allem in theologischen Fragen.

Wenn die Aufgabe «Islam + 21. Jahrhundert = ?» gelöst ist, dann werden in mancher Hinsicht die heutigen Verlierer die Gewinner sein und die heutigen Gewinner die Verlierer. Letztlich aber würden alle zufrieden sein können, weil jeder nach seiner Fasson glücklich werden dürfte.

Bedeutet das nun, dass Frauen vernünftiger sind als Männer? Im Prinzip nicht. Vernünftig sind alle, die die Aufgabe überhaupt erkennen und den Mut aufbringen, nach einer Lösung zu suchen, weil die Zukunft des Islams und das Leben der Muslime davon abhängen. Bedeutet das nun, dass Männer eher Traditionalisten sind? Nicht unbedingt, aber wenn man(n) sich weigert, Dinge neu zu bewerten, dann sicherlich schon. Ich fordere hier tatsächlich mehr Veränderungen von Männern als von Frauen. Schließlich sind es die Männer, die als erfahrene Theologen in allen Ausschüssen sitzen und für alle entscheiden. Keine einzige Frau sitzt im europäischen oder im internationalen Muslimrat. Könnte vielleicht genau darin das Problem liegen: Dass man(n) den eigenen Status verliert, seinen Rang an eine Frau abtreten muss? Dass man(n) ihr die Rechte einräumen muss, die man(n) für sich selbst beansprucht? Viele muslimische Männer haben Verlustängste. Ihre Stellung ist bisher unangefochten, weil niemand bereit war, den Kampf um Veränderungen durchzustehen. Angeblich geht es den Männern darum, die frühislamischen Traditionen zu bewahren. Den wenigsten ist allerdings klar, dass sie dabei nicht etwa die Zeit des Propheten Muhammad im Sinn haben, sondern die spätere Deutung dieser Periode und die persönlichen Vorstellungen von Männern wie Ibn Qudâma, Ibn Taimîya und Ibn Qayyim al-Dschauzîya aus dem 12. bis 14. Jahrhundert.

Zum frühen Islam gehörten eine Reihe von einflussreichen und selbstbewussten Denkerinnen – lange bevor etwa eine Roswitha von Gandersheim oder eine Hildegard von Bingen das Licht der Welt erblickten. Von Zeit zu Zeit hat man diese Frauen jedoch «weg-traditionalisiert». Zu den bekanntesten der islamischen Geschichte gehört Aischa, die letzte Ehefrau des Propheten Muhammad, die die Muslime in die Schlacht von Siffin geführt hat. Auch die Mystikerin Rabî'a al-'Adawîya war eine selbstbewusste und kluge Frau. Sie lebte im 8. Jahrhundert und ist heute fast vergessen. Sie erkannte bereits damals, dass der Islam immer mehr zu einer Dogmenlehre verkommen war und dass das wichtigste, nämlich Gott, zur Nebensache wurde. «Ich will Wasser in die Hölle gießen und Feuer ans Paradies legen, damit diese beiden Schleier verschwinden und niemand mehr Gott aus Furcht vor der Hölle oder in der Hoffnung auf das Paradies anbete, sondern nur noch um Seiner ewigen Schönheit willen.» (A. Schimmel: Gärten der Erkenntnis, S. 21) Diese Aussage der Rabî'a al-'Adawîya hat Muslime wie Islamwissenschaftler gleichermaßen beeindruckt.

Als eine der großen und produktiven Frauen unter den späteren Gelehrten gilt Aischa al-Bâ'ûnîya. Sie verfasste in der Mamlukenzeit Dutzende von Büchern, sowohl Poesie als auch Prosa. Als *schaicha* (Meister-Gelehrte) gehörte sie dem Sufi-Orden der Qadirîya an und starb 1517. Sie lehrte in Kairo und sprach Fatwas, das heißt islamische Rechtsgutachten. Selbst für den Islam maßgebliche Gelehrte wie Imam Mâlik (auf ihn geht die Rechtsschule der Malikiten zurück) oder al-Suyûtî haben bei Frauen studiert und gelernt.

Die Frauen sind in der islamischen Welt vor allem seit den Anfängen der Abbasidenzeit im 9./10. Jahrhundert immer wieder in den Hintergrund gedrängt worden, oder konkret: in Haushalt und Familie. Sie hatten und haben zwar einen gewissen Zugang zur Bildung, sollen diese aber nicht öffentlich demonstrieren, denn die Frau kann zur *fitna* führen. Der arabische Begriff *fitna* stammt aus dem Bereich des islamischen Rechts und meint Zwietracht oder Aufruhr. Entscheidende Kämpfe in der Frühzeit des Islams werden als *fitna* bezeichnet, als Grund für ein Ärgernis oder eine Spaltung der Gemeinschaft. Im weiteren Sinne bezeichnet man heute alles als *fitna*, was den Islam und die Muslime vom «rechten Weg» abbringt. Das betrifft gerade auch das Verhältnis der Geschlechter zueinander. Die aus Marokko stammende Schriftstellerin Rachida Nachit schreibt: «Als *fitna* wird jene fatale Anziehungskraft der Frau, der kein Mann sich entziehen kann, bezeichnet. In diesem der Frau zugeschriebenen Begriff *fitna* drückt sich die männliche Angst, die Selbstbeherrschung zu verlieren und jedesmal beim Anblick einer schleierlosen Frau *fitna* ausgeliefert zu sein, aus.» Heute ist es um die gebildete muslimische Frau still geworden. Es gibt so viele beeindruckende Frauen, die sich engagieren und die ihren eigenen Weg gehen, aber sie finden kaum Gehör. Kritik und Skepsis gegenüber eingeschliffenen Gewohnheiten und Traditionen gehören nun einmal zu einer modernen, offenen Gesellschaft. Man kann sie nicht immer als *fitna* abtun, nur weil sie häufig von Frauen kommen.

Noch heute ertappe ich mich dabei, wie ich leise mein Lied von damals singe. Auch heute stelle ich in den Augen mancher Muslime zu viele Fragen. Wegen meiner Vorstellung vom Islam werde ich zuweilen heftig angegriffen. Manchmal folge ich dann dem Sprichwort «Reden ist Silber, Schweigen ist Gold!» und singe in Gedanken mein Lied, denn singen macht frei: «Zwei mal drei macht vier, widde widde witt und drei macht neune ...»

2 GRÜNDE UND ABGRÜNDE DER MIGRATION

Religion oder Tradition?

Was wissen muslimische Jugendliche in Deutschland über den Islam – und was glauben sie zu wissen? Da sich viele von ihnen nicht in erster Linie als Deutsche, Türken oder Araber verstehen, sondern als Muslime, könnte man annehmen, dass sie ein bestimmtes Verständnis vom Islam haben. In meiner zehnten Klasse der Glückauf-Hauptschule in Dinslaken habe ich im Islamkunde-Unterricht die fünfzehn- bis siebzehnjährigen Schüler einmal aufschreiben lassen, was den Islam für sie ausmacht.

Mustafa ist ein mittelmäßiger Schüler. Er spielt regelmäßig Fußball, kleidet sich sehr modern, ist extrem selbstbewusst und bezeichnet sich selbst als gläubig. Nach eigenen Angaben ordnet er sich der DITIB-Moscheegemeinde zu. Seine Antwort: «Man darf kein Schweinefleisch essen.»

Dennis, ebenfalls ein mittelmäßiger Schüler, verfolgt besonders aufmerksam den Islamkunde-Unterricht. Er ist ein sehr schüchterner junger Mann, der mit sechzehn Jahren zum Islam konvertierte. Er ist davon überzeugt, dass der Islam die richtige Religion für ihn ist. Nach eigenen Angaben besucht er regelmäßig die einzige arabische Moschee im Stadtteil. Er schreibt: «Das Wichtigste am Islam ist, dass man an die fünf Säulen glaubt und nur an einen Gott, nämlich Allah! Und der Koran ist wichtig.»

Melek bringt bei Klassenarbeiten meistens eine drei oder vier nach Hause. Am Unterricht allgemein zeigt sie nur geringes Interesse, was man jedoch im Hinblick auf den Islam nicht sagen kann. Sie bezeichnet sich als sehr gläubig, und das möchte sie mit ihrem Kopftuch auch zum Ausdruck bringen. In ihrem Auftreten ist sie zurückhaltend und beinahe krankhaft schüchtern. Nach eigenen Angaben ordnet sie sich der Süleymanci-Moscheegemeinde zu, die vom Dachverband Islamischer Kulturzentren organisiert wird. Sie antwortet: «Dass man an den Koran, an Gott und an die Propheten glaubt. Die letzte Religion ist der Islam.»

Belin ist eine sehr gute Schülerin, aber ebenfalls ein wenig schüchtern. Sie spielt in ihrer Freizeit Keyboard, trägt schicke, moderne Klamotten und bezeichnet sich als gläubig. Sie besucht keine Moscheegemeinde. Ihre Antwort: «Die Freiheit, die uns unser Glauben schenkt. Die Gleichheit zwischen Mann und Frau. Die Reinheit der Seele. Zu wissen, dass jeder gleich ist und das gleiche Recht hat. Die Geschichte zu kennen, die den Islam begleitet, um ihn besser zu verstehen und um zu wissen, was unser Glaube erlaubt und verbietet.»

Taylan ist extrem selbstbewusst. Er spielt Fußball im Verein, und auch in der Schule hält er gut mit. Bei ihm bilden Glaube und Modernität ebenfalls eine Einheit. Er ordnet sich einer alevitischen Gemeinde in Duisburg zu. Er schreibt: «Der Koran ist wichtig, weil darin alles steht, was man darf und was man nicht darf. Der Islam ist eine Chance, ins Paradies zu kommen.»

Kemal ist ein ruhiger, mittelmäßiger bis schlechter Schüler. Er bezeichnet sich als gläubig und ordnet sich der DITIB-Moscheegemeinde zu. Seine Antwort: «Das Wichtigste ist, dass wenn man Muslim ist und die Regeln im Koran beachtet, kommt man ins Paradies. Deswegen ist der Islam die Chance, ins Paradies zu kommen.»

Esma ist eine sehr gute Schülerin. Sie interessiert sich für Mode und gilt als sehr hilfsbereit und aufgeschlossen. Auch sie beschreibt sich als gläubig. Nach eigenen Angaben gehört sie zur DITIB-Moscheegemeinde, betont aber, dass sie nicht regelmäßig hingeht. Sie schreibt: «Für mich ist das Wichtigste am Islam der Koran. Weil, wenn der Koran nicht wäre, dann würden wir über den Islam bzw. über Muhammad (Prophet) nichts erfahren.»

Die Antworten der anderen Schülerinnen und Schüler sind ähnlich. Überrascht war ich über die Antworten nicht, denn ich hatte damit gerechnet, dass viele junge Muslime den Islam vor allem an seinen Geboten festmachen würden. Die Antworten sind nicht verkehrt, vor allem die von Belin und Esma zeugen auch von etwas weitergehenden Überlegungen. Obwohl mich die Antworten nicht mehr überraschen, empfinde ich die Vorstellungen der Schüler vom Islam als beklagenswert. Die Jugendlichen haben überhaupt keinen Sinn dafür, was den eigentlichen Kern des Islams ausmacht. Das erste, womit sie argumentieren könnten oder sollten, wäre doch, dass es keinen einheitlichen Islam gibt. Auch scheinen sie sich nicht vorstellen zu können, dass es im Islam jenseits seines Regelwerks auch noch etwas anderes gibt: Ethik, Spiritualität, Glaubensfreude.

Die Vorstellungen vieler Muslime vom Islam sind von ihrer Herkunftskultur und von Traditionen geprägt, die durch das Elternhaus und durch die eine oder andere Gemeinde transportiert werden. Doch wie können sie sich gegen diese Einflüsse wehren? In der Regel haben junge Menschen keine Chance, herauszufiltern, was an ihrem Glauben Religion und was Tradition ist. Nur ein «neutraler» deutschsprachiger Islamunterricht an öffentlichen Schulen kann ihnen die Möglichkeit geben, zwischen Traditionen der Herkunftskultur und kulturübergreifender Religion zu unterscheiden. Mit meinen Schülern konnte ich über die Ergebnisse der schriftlichen Abfrage sprechen. Wir haben miteinander erarbeiten können, dass Traditionen zwar sehr wichtig sind, aber einem stetigen Wandel unterliegen. Jede neue technische Errungenschaft, jede neue wissenschaftliche Erkenntnis trägt dazu bei. Die Religion, der Glaube ist indes nur bedingt wandelbar. Unter Muslimen muss man sich über die Auslegung von Schriften unterhalten, aber man kann nicht darüber streiten, ob Gott ein einziger ist oder ob im Koran tatsächlich seine Worte niedergeschrieben sind. Meine Schüler verstanden bald, dass sich Traditionen leichter verändern lassen als Glaubensgrundsätze. Und sie merkten, dass eine Verquickung von beidem es enorm erschwert, gegen (überholte) Traditionen anzugehen. Solange es diese Möglichkeit des Islamunterrichts als Anlaufstelle aber nicht für alle jungen Leute gibt, wird die Verwechslung von Tradition mit Religion noch lange bestehen bleiben – ebenso wie die daraus resultierenden sozialen Probleme.

In Deutschland sind Menschen mit geringer Bildung in der Regel auch in Fragen der Religion unterdurchschnittlich gebildet. Dem schulischen Religionsunterricht fällt dann in erster Linie die Aufgabe zu, solides Wissen zu vermitteln. Die Elternhäuser oder Koranschulen leisten dies in der Regel nicht, ja sie verstärken meist noch die Gleichsetzung von traditioneller Kultur und Religion. Da Schüler mit Migrationshintergrund bei der Bildung ohnehin benachteiligt sind, wie diverse Studien von PISA bis IGLU belegen, wird es gerade diesen Schülern, die unter Muslimen die überwiegende Mehrheit ausmachen, umso schwerer fallen, in Sachen Religion besonders gebildet zu sein und differenziert zu denken.

Muslime diskutieren, ob die Entwicklung eines «deutschen Islams» erstrebenswert sei und ob man überhaupt davon reden dürfe. Die meisten wehren sich gegen eine solche Nationalisierung ihres Glaubens. Sie argumentieren, man müsse den Islam als immer und überall gleiche und gleich gelebte Religion verstehen. Die Befürworter eines «deutschen Islams» oder eines «Euro-Islams» meinen dagegen, dass der Islam je nach Kultur, Tradition und Geschichte eines Landes und je nach den Lebensumständen der dort lebenden Muslime modifiziert werden muss.

Beide Sichtweisen sind falsch. Der Islam besteht einerseits immer aus der gleichen religiösen Lehre und zeichnet sich gerade

durch einen Nationen, Ethnien und Sprachen übergreifenden
Glauben aus. Andererseits kann und muss der Glaube für das Leben in den verschiedenen Regionen der Welt interpretiert werden. Ein einfaches und prominentes Beispiel ist der Anfang und
das Ende eines Fastentages im Monat Ramadan. Vom ersten Morgenlicht bis zum Sonnenuntergang, heißt es nach klassischer
Lehre, enthält sich der Muslim der Nahrung und anderer Sinnes-
freuden. Was aber, wenn es im Extremfall kein Morgenlicht und
keinen Sonnenuntergang gibt, etwa nördlich des Polarkreises?
Dazu findet sich weder im Koran noch in den Hadithen eine Aussage. Es kann also höchstens darum gehen, von einem «zeitgemäßen Islam» zu sprechen, der zwar über nationale Grenzen hi-
nausgeht, aber zugleich flexibel genug ist, um regionale Eigenheiten
zu integrieren. Gäbe es wirklich einen «deutschen Islam», dürfte
ich schon in Amerika damit nichts mehr anfangen können, weil es
dort ja einen «amerikanischen Islam» geben müsste und umgekehrt. Vielleicht ist das bis zu einem bestimmten Punkt sogar zu-
treffend. Zu Ende gedacht aber würde die muslimische Gemeinschaft auf diese Weise erneut gespalten, nämlich entlang nationaler
Grenzen. Das Zusammenleben würde weiter erschwert werden.
Mit einem «zeitgemäßen» Verständnis vom Islam hingegen kann
ich überall auf der Welt leben – es sei denn, ich befinde mich in
einem totalitären Gottesstaat oder ähnlichem.

Tatsächlich leben die Muslime hier in Deutschland einen anderen Islam als beispielsweise in Algerien, Kuwait oder Indonesien.
Denn erstens leben Muslime im demokratischen Deutschland
nicht in einem muslimischen Staat, zweitens bilden sie in Deutschland eine Minderheit und drittens verändert sich das Religionsverständnis und mithin die Religion durch Migration. So gibt es beispielsweise in Deutschland keinen regelmäßigen Muezzinruf, der
die Gläubigen daran erinnert, dass die Zeit des Gebets angebro-
chen ist. Es gibt niemanden, der während des Ramadans vor An-
bruch der ersten Morgendämmerung mit Trommeln durch die
Straßen fährt und die Gläubigen weckt, damit sie eine letzte Speise
vor dem Fastentag einnehmen. Es ist in Deutschland leider nur

bedingt möglich, mit Kopftuch eine adäquate Arbeitsstelle zu erhalten, auch wenn man hervorragend qualifiziert ist. Die muslimischen Feiertage sind ganz normale Arbeitstage. Bis vor kurzem gab es hierzulande keine «richtigen» Moscheen, sondern nur Gebetsräume in Hinterhöfen und Industriegebieten. Viele Dinge sind durch die hiesige Kultur, Religion und Tradition anders geregelt. Daher liegt es auf der Hand, dass Muslime in Deutschland andere Schwerpunkte setzen und ihren Glauben anders leben als etwa in Bosnien, im Jemen oder in China.

Eine Religion mit Migrationshintergrund

Der Islam hat in Deutschland ebenso wie seine Anhänger einen Migrationshintergrund. Er reiste im Gepäck der «Gastarbeiter» mit nach Deutschland ein und wurde erst so zu einer nennenswerten Kraft im Land. Genau wie seine Anhänger verändert sich der Glaube allmählich von Generation zu Generation. Die ersten Veränderungen werden langsam sichtbar. Das lässt sich besonders in der Schule bei jungen Muslimen aus der dritten Einwanderergeneration beobachten. Sie denken, dass der Islam die wichtigste Rolle in ihrem Leben spielt. Ein Großteil der ersten Gastarbeiter-Generation aus islamischen Ländern dachte anders. Die ersten Einwanderer verstanden die Religion lediglich als einen Mosaikstein ihrer Identität. Fragt man bei den heutigen Jugendlichen genauer nach, warum der Islam so wichtig für sie ist, bekommt man erstaunlicherweise nicht viel zu hören außer einigen Floskeln. In etwas ausgefeilteren Antworten lautet der Tenor entweder, dass es eine natürliche, angeborene Selbstverständlichkeit ist, dass der Islam das wichtigste im Leben ist, oder dass Gott der Einzige ist, auf den man sich verlassen kann – denn er ist gerecht.

Verschiedene Faktoren sind für diese ebenso erstaunlichen wie diffusen Aussagen verantwortlich: die Art und Intensität der religiösen Erziehung und der Glaubenspraxis in Elternhaus und Gemeinde; die Rolle der Herkunftskultur, Tradition und Sprache; die

Sicht der «Außenwelt» auf muslimische Jugendliche; mehrfach er-
lebte Diskriminierung, ob sie einen nun selbst betrifft oder andere
Muslime; und insbesondere auch Protest gegen eine vermeintlich
feindlich eingestellte Gesellschaft, wie es ihn ähnlich auch in der
Punkbewegung der achtziger Jahre gab.

Viele der heutigen muslimischen Jugendlichen in Deutschland
sind zu wenig in der hiesigen Gesellschaft verwurzelt. Aber Jugendliche benötigen einen Halt und einen Anker, den sie auswerfen
können und der sie fest an etwas bindet. Diesen «Rettungsanker»
finden sie im Islam, denn in Deutschland fühlen sie sich nicht
deutsch: Hier werden sie als «Türken» oder «Ausländer» bezeichnet. Die Mehrheitsgesellschaft gibt ihnen nicht das Gefühl, Deutsche zu sein – aber im Grunde genommen wissen «die» Deutschen
selbst nicht so genau, was Deutschsein bedeutet. In ihrer «Heimat», die sie wenn überhaupt nur aus dem Urlaub kennen, geht es
den Jugendlichen oft nicht anders, dort sind sie «die Deutschen».
Interessanterweise nennt man in Deutschland selten muslimische
Jugendliche «Migranten». Als «Migranten» werden eher inzwischen eingebürgerte ehemalige Ausländer bezeichnet, die Erfolg
haben und in der Mittelschicht angekommen sind. «Migranten»
sind in der allgemeinen Wahrnehmung nicht die «Türken» und
«Ausländer», denen auch von ganz oben gerne eine besonders
ausgeprägte Jugendkriminalität unterstellt wird. Dabei sind die
Rollen von Täter und Opfer bei weitem nicht so einfach auseinan-
derzuhalten, wie es hier suggeriert wird.

Trotzdem zerrt man diese Jugendlichen nicht nur länderpoli-
tisch als «Täter» ins Rampenlicht, auch bundespolitisch gibt es immer wieder Hinweise – etwa durch das Innenministerium, das
Bundeskriminalamt oder den Verfassungsschutz – auf gewaltbe-
reite Bestrebungen junger extremistischer Islamisten. Dazu bekommt man meist die Bilder von dunkelhaarigen Heißspornen
geliefert. Die Warnungen mögen notwendig und berechtigt sein,
aber angesichts der insgesamt kritischen Haltung in der Öffentlichkeit gegenüber jungen Muslimen tragen sie zur Verfestigung
der Vorurteile bei.

Wo man einem solchen Bild entgegentreten könnte, lassen es die Verantwortlichen leider oft an der nötigen Sensibilität fehlen. Anlässlich der Feierlichkeiten zu sechzig Jahren Grundgesetz und damit sechzig Jahren Bundesrepublik Deutschland verlor unser Bundespräsident Horst Köhler kein einziges Wort über die «Gastarbeiter» beziehungsweise die jüngeren «Einwanderergenerationen» in der bundesdeutschen Gesellschaft. Kein Wort davon, dass Muslime und andere religiöse Minderheiten über die Jahre fester Bestandteil des Landes geworden sind und einen entscheidenden Beitrag zu ihrem jetzigen – positiven – Erscheinungsbild geleistet haben. Schätzungsweise mehr als fünfzehn Millionen Einwanderer und ihre Nachkommen leben heute in Deutschland, aber Horst Köhler spricht lediglich von über zehn Millionen deutschen Flüchtlingen und Vertriebenen nach dem Zweiten Weltkrieg. Ausführlich erläutert er: «Ostpreußen kamen nach Schleswig-Holstein, Sudetendeutsche nach Bayern und Bessarabiendeutsche nach Schwaben. Das war oft alles andere als einfach. Aber am Ende stand die Erfahrung: Es gab neue Heimat, und die alte bestand fort im Herzen. Und alle machten die Erfahrung, dass es in Deutschland viele Heimaten gibt und dass diese Vielfalt unser Land bereichert.» Nicht dass man speziell die Muslime in den Vordergrund stellen müsste, aber wenigstens eine Erwähnung der jüngeren Einwanderungsgeschichte wäre zu diesem Anlass angemessen gewesen. Sie wäre kaum aufgefallen, aber sie wäre da gewesen – ein schlichtes Zeichen von Normalität. Dass dieses Signal nicht gegeben wurde, ist bezeichnend für die hohen Hürden, die diese Gesellschaft noch zu nehmen hat.

Die Tatsache, dass (junge) Muslime sich hier nicht heimisch fühlen und sich daher abgrenzen, lässt uns aufhorchen – und diese Jugendlichen unsererseits ganz schnell ausgrenzen. Sofort müssen aufgeregte Debatten darüber geführt werden, wie man mit «ihnen» verfährt. Die Altersgrenze zur Schuldfähigkeit muss diskutiert oder die Abschieberegelung neu überdacht werden. Im Jahr 2009 hatten wir die niedrigsten Einbürgerungszahlen, sodass sich unsere Bundeskanzlerin genötigt sah, medienwirksam einige Ein-

bürgerungsurkunden höchstpersönlich an unsere «Neu-Deut-
schen» zu überreichen. Diese Unlust, Deutsche zu werden, hat
auch etwas damit zu tun, dass Einwanderern immer noch zu wenig
Respekt entgegengebracht wird.

Experten und Schläfer

Noch nie gab es so viele Islamexperten wie heute. Eigentlich steckt in uns allen ein selbsternannter Islamexperte, denn wir
alle haben eine Meinung oder Haltung zum Islam. Wir haben ja
auch alle eine Meinung zum Fußball oder zu den Bonuszahlungen
der Banker. Die Medien liefern uns täglich Nachrichten, die uns
immer wieder von «Deutsch-Türken», «Deutsch-Libanesen»,
«Deutsch-Bosniaken» oder Muslimen im Ausland erzählen. Und
dies, wie Studien belegen, zu mehr als achtzig Prozent im Zusammenhang mit «jungen kriminellen Ausländern», mit «Schläfern»,
«Terrorismus», «Dschihad», «Taliban», «Scharia», «Demokratie-
feindlichkeit», «Islamisierung», «Unterdrückung», «Intoleranz»,
«Zwangsheiraten», «Ehrenmorden», «Schwimmunterricht» oder
«Kopftuch». Die Medien erwecken – gelegentlich unbewusst – den
Eindruck, als zwinge der muslimische Glaube dazu, die Frauen
und Mädchen zu unterdrücken, ihnen das Kopftuch aufzuzwin-
gen oder die Scharia noch über das Grundgesetz zu stellen. Die
einseitige Medienberichterstattung macht selbst viele Muslime
glauben, dass wir es in Deutschland mit einer immer größer werdenden Gruppe von ungebildeten und demokratieunfähigen Ausländern zu tun haben, die alle den Westen hassen und die Integration ablehnen, weil der Islam eine faschistoide, frauenfeindliche
und extrem chauvinistische Ideologie sei. Mein persönliches Umfeld will in diese Charakterisierungen jedoch nicht hineinpas-
sen – und doch muss ich immer wieder öffentlich dazu Stellung
nehmen. Der 11. September 2001 hat uns diese Themen aufgenö-
tigt.

Eine Flut von Büchern zum Islam verfestigt den negativen Ein-

druck. Zwar gibt es erfreulich viele wirklich gute Sachbücher rund
um den Islam, aber andererseits auch zahlreiche fragwürdige
Schriften selbsternannter «Islamexperten». Auf der Frankfurter
Buchmesse 2008 schlenderte ich durch die Messehallen und besuchte den Stand eines großen Verlagshauses. Dabei stieß ich auf
eine Reihe von Büchern mit Titeln wie «Der zerrissene Schleier»,
«Sterben sollst Du für dein Glück», «Die verbotene Frau» oder
«Die Schuld, eine Frau zu sein». An einem anderen Stand bot sich
ein ähnliches Bild: «Das verbotene Gesicht: Mein Leben unter den
Taliban», «Mundtot. Ich war die Frau eines Gotteskriegers», «Mein
afrikanischer Himmel: Eine Muslimin befreit sich von den Fesseln
ihrer Familie», «Einmal frei sein! Meine 32 Jahre in einem islamischen Dorf». An anderen Ständen ein ähnliches Bild. Es ist
unglaublich, wie viele Bücher dieser Art auf dem Markt sind. Was
in den letzten fünf Jahren an Leidensberichten und Reportagen
von unterdrückten Frauen, von Frauenrechtlerinnen, Kinderrecht-
lern, Pseudowissenschaftlern, Journalisten, Filmemachern und
Islamkritikern publiziert wurde, ist beängstigend. Allerdings weniger wegen der Unmenschlichkeiten, die hierin zum Ausdruck
kommen, als vielmehr wegen des Zerrbildes, das von einer Gruppe
von Menschen gezeichnet wird. Zwar werden Frauen auch außerhalb der islamischen Welt im Namen von Religion und Tradition
unterdrückt, misshandelt, ermordet, doch es finden sich nicht an-
nähernd so viele Bücher über Witwenverbrennungen in Indien,
über Genitalverstümmelung bei orthodoxen Christinnen in Ägyp-
ten, über die Opfer des Machismo in Südamerika oder über Evan-
gelikale in den USA, die gegen voreheliche Geschlechtsverkehr
zu Felde ziehen.

Keine Frage, viele Menschen haben in der islamischen Welt
schlimme Erfahrungen gemacht, die nicht verschwiegen werden
sollen. Aus ihrer Sicht mag es verächtlich klingen, wenn sich jemand wie ich, die eine relativ unproblematische Kindheit und ein
bislang normales Leben verbringen durfte, über «Leidensberichte»
oder «Anklageschriften» beschwert. Und dennoch werde ich den
Eindruck nicht los, dass es angesichts der schieren Masse solcher

Publikationen um mehr geht als um das traurige Schicksal von einzelnen. Denn zugleich schafften es Werke wie «Die Wut und der Stolz» der italienischen Journalistin Oriana Fallaci, die muslimische Einwanderer als «Ratten» bezeichnet (S. 139), auf die Spitzenplätze der deutschen Bestsellerlisten und finden zudem noch positive Resonanz bei anerkannten Bundespolitikern. Es muss also eine nicht gerade kleine Leserschaft in Deutschland geben, die nur auf schlechte Nachrichten zum Stichwort «Islam» wartet. Übrigens wurde jene Oriana Fallaci von Papst Benedikt XVI. kurz nach dessen Amtsantritt mit einer Privataudienz geehrt.

Auch das Internet spielt bei der Meinungsmache gegen den Islam eine Rolle. Noch nie gab es so viele Blogs, Foren und Internetseiten zum Thema Islam und Muslime. Was da zum Teil verbreitet wird, ist unerträglich und juristisch höchst bedenklich. Nicht selten werde ich als «getarnte Muslimfee» verunglimpft, die in Wahrheit subversiv den Umsturz dieser Gesellschaft betreibt. In diesen Foren wird jeder als «Gutmensch» abgetan, der nur einen Funken von Verständnis für Muslime aufbringt. Und «Gutmenschen» sind bekanntlich naive, gutbürgerliche Deutsche, die die wahren Machenschaften der «schlafenden Musels» nicht durchschauen.

Gott sei Dank gibt es zahlreiche Deutsche in diesem Land, die sich von solchen Horrormeldungen und Schockberichten nicht beeinflussen lassen. Gott sei Dank kann man sich in diesem Land an der Seite vieler aufrichtiger Bürger wähnen, die sich ihre differenzierte Sicht auf die Welt trotz aller Widrigkeiten bewahrt haben. Gott sei Dank treffe ich gerade bei meinen öffentlichen Auftritten auf viele Menschen, die mir im Kampf gegen Engstirnigkeit und Islamfeindlichkeit den Rücken stärken, die aufspringen und lautstark das Wort erheben, wenn einer aus dem Publikum anfangen will, seine Hasstiraden abzulassen. Gott sei Dank gibt es so viele aufmerksame Zeitgenossen in Deutschland, die ein feines Gespür für die Unterdrückung von Minderheiten haben.

Diese Menschen will ich ermuntern und ermutigen, in ihrer Zivilcourage nicht nachzulassen. Denn ein anderer Teil dieser Gesellschaft hat den anderen Weg eingeschlagen. Auch wenn das nur eine Minderheit sein mag, so ist es doch eine gefährliche. Die Autorinnen und Autoren, die «Islam-Bashing» betreiben, haben seit Jahren Hochkonjunktur. Sie beeinflussen einen immer größeren Teil der Öffentlichkeit. Immer mehr Nicht-Muslime meinen zu «wissen», wie es bei Muslimen zu Hause zugeht, dass Muslime zu Bandenverhalten neigen, ohnehin nur Sozialschmarotzer sind und dass Musliminnen ihr Kopftuch als Zeichen der Unterdrückung tragen müssen, denn in ihrer heilen Welt der Gleichberechtigung – die man übrigens jederzeit mühelos ins Wanken bringen könnte – kann es nicht sein, dass sich eine Frau aus freien Stücken für das Kopftuch entschieden hat. Außerdem sind sich diese Islam-Kenner einig, dass das Herz eines Muslims – egal wie «deutsch» es ist – in Wirklichkeit immer für eine Ideologie namens Islam schlagen wird. Natürlich sympathisiert auch jeder Muslim insgeheim mit sämtlichen Terroranschlägen auf der Welt und treibt die «stille Islamisierung» voran.

Auffällig bei all diesen «Multiplikatoren» – Medien, Islamexperten, Internet – ist das Fehlen jener Vernunft, die sie selbst jedem absprechen, der den Islam und die Muslime nicht mindestens genauso kritisch betrachtet wie sie selbst. Natürlich gibt es muslimische Frauen, die von ihren Männern unterdrückt werden. Aber muslimische Frauen werden nicht deshalb von ihrem Ehemann unterdrückt, weil der Islam ihm befiehlt, sie zu unterdrücken, sondern weil er eine gewisse Vorstellung vom Leben hat, die er mit dem Islam legitimieren und rechtfertigen will. Er missbraucht den Koran, um dessen Verständnis er sich vermutlich selbst nie bemüht hat, zu seinen Gunsten. Ich will auch nicht leugnen, dass es sogenannte Ehrenmorde unter Muslimen gibt, was nicht nur eine familiäre Tragödie, sondern auch eine Schande für die Gesellschaft ist. Aber gerade diese Taten lassen sich nicht pauschal dem Islam zuschreiben. Ehrenmorde haben mit dem Islam etwa soviel gemeinsam wie das Umbringen von Abtreibungsärzten mit dem Christentum.

Es gibt tatsächlich junge Muslime, die den Westen so sehr hassen, dass sie zu Terroranschlägen bereit sind, und es gibt in Deutschland sicherlich Eltern, die ihre Töchter wegen fundamen-

talistischer religiöser Einstellungen nicht am gemeinsamen
Schwimm- und Sportunterricht teilnehmen lassen wollen. Natürlich sind diese Vorwürfe, die «Experten» in Artikeln, Aufsätzen,
Büchern und Blogs erheben, nicht aus der Luft gegriffen. Für alles
lassen sich irgendwo Beispiele finden. Gewiss ist es wichtig, auf
diese Missstände aufmerksam zu machen. Nur so kann das Leid
der Betroffenen gelindert werden. Das große Problem sind jedoch
die Rückschlüsse und die Verallgemeinerungen, die diese Autoren
vornehmen, die sich gerne als besonders kundig ausgeben, weil sie
selbst Kultur-, Ex- oder säkulare Muslime sind. Ihr monokausaler
Ansatz, einzig die Religion zur Verantwortung zu ziehen, als ob
nur sie den Charakter von Tätern und Opfern mit islamischem
Familienhintergrund bestimmen würde, lässt sich sowohl theologisch als auch soziologisch nicht aufrechterhalten. In der Regel
spielen andere Faktoren eine größere Rolle: Bildungsstand, Ge-
sellschaftsstatus, Lebensstandard, politische Einstellungen oder
Diskriminierungserfahrungen. Solche Aspekte werden in den einschlägigen Abhandlungen aber meist unterschlagen.

Eines haben diese selbsternannten Experten gemeinsam: Kaum
einer von ihnen ist gläubiger, praktizierender Muslim, Islamwis-
senschaflter, Theologe oder Imam. Viele von ihnen beziehen ihre
Islam-Kompetenz einzig daraus, dass sie einen islamischen Familienhintergrund haben oder längere Zeit in muslimischen Gesellschaften gelebt haben. Die meisten von ihnen sind sprachlich und
methodisch nicht in der Lage, den Koran zu lesen und auszule-
gen. Sie haben in der Regel keine ausreichenden Arabischkennt-
nisse, um die islamischen Primärquellen lesen zu können. Deshalb
können sie im Grunde «nur» über Muslime, nicht aber über theologische Aspekte des Islams schreiben.

Wenn ich mir die Bilder anschaue, die solche «Experten» kon-
struieren, erkenne ich keinerlei Verbindung zwischen ihnen und
mir. Vielen anderen muslimischen Deutschen wird es ebenso gehen. Trotzdem wird von uns immer wieder verlangt, die Demokra-
tiefähigkeit und den Integrationswillen unter Beweis zu stellen.
Gut. Im Gegenzug verlangen wir größeres Engagement von der

Mehrheitsgesellschaft, um das schiefe Bild von uns endlich gerade zu rücken. Auch Nicht-Muslime müssen sich im Sinne der Gemeinschaft aktiv für die Integration von Muslimen einsetzen, sodass auch wir irgendwann als «ganz normale Deutsche» gelten können. Integration ist eine gemeinsame Aufgabe für alle Teile der Gesamtgesellschaft.

Kritiker und Funktionäre

Um ehrlich zu sein, macht man es vielen muslimischen Deutschen nicht gerade leicht, sich mit diesem Land zu identifizieren. Mittlerweile haben sich auch in mir Wut und Enttäuschung aufgestaut. Der Eindruck, dass einigen Mitbürgern die Pluralität unserer Gesellschaft und die Errungenschaften unseres Grundgesetzes gar nicht so recht schmecken und sie insgeheim von der homogenen deutschen Gesellschaft der Nachkriegszeit träumen, drängt sich auf. Der Staat muss aber für alle seine Bürgerinnen und Bürger da sein. Ich habe genug von den einseitigen Berichten über Muslime und von den Hasstiraden gegen den Islam. Die Urheber sind im Grunde genauso fundamentalistisch und verbohrt wie die hysterischen Muslime, die ihren «Brüdern» und «Schwestern» andauernd vorschreiben wollen, was die «wahre Religion» ist.

Die aktuelle Islamdebatte wird von zwei Akteuren dominiert: von den Islamexperten beziehungsweise Islamkritikern auf der einen Seite und von konservativen Funktionärsmuslimen auf der anderen. Beide Seiten vermitteln das Bild eines erstarrten, fundamentalistischen Islams. Diese Vorstellung ist jedoch keineswegs repräsentativ für die schweigende Mehrheit der Muslime. Für Islamkritiker kann es keine weltoffenen, aufgeklärten Muslime geben. Nach ihrer Logik kann sich ein gebildeter Mensch nur vom Islam abkehren. Das heißt also: Ich existiere für sie nicht. Für die konservativen Muslime, die sich oft wie Hobbymuslime benehmen, bin ich gar keine richtige Muslimin mehr – auch wenn es unter Muslimen gegen den guten Ton verstößt, so etwas offen auszusprechen.

Die extremen Sichtweisen von Islamkritikern und muslimischen Verbandsfunktionären sind für mich eine gute Kontrolle: Denn ich müsste mich fragen, ob ich etwas falsch mache, wenn mich die eine oder die andere Seite zu sehr loben würde. Dann wäre ich selbst entweder zu islamkritisch oder zu konservativ. Das einzige, was ich mir erbitte, ist Fairness in der Auseinandersetzung. Denn in gewissen Punkten sehe ich Gemeinsamkeiten mit beiden Seiten.

Daneben gibt es allerdings noch eine dritte Gruppe von Leuten, die sich offen als Rassisten zu erkennen geben. Immer wieder trudeln bei mir E-Mails ein, in denen ich aufgefordert werde, Deutschland zu verlassen: Dieses Land brauche mich nicht. Ich solle besser in meine Heimat zurückgehen und dort mein Unwesen treiben… Ach so, wenn das so ist! Dann mach ich das mal. Auf geht's. Ab in die Heimat. Is' ja nicht so weit. Knapp 120 Kilometer, dann bin ich da, im schön-beschaulichen Ahlen in Westfalen – meiner Heimatstadt. Nicht alle Angriffe erhalte ich schriftlich. Nach einer Veranstaltung in Frankfurt am Main fing mich eine ältere Dame ab und beschimpfte mich. Das sei ja wohl unerhört, was ich da mache, sagte sie mir ins Gesicht: *«Jetzt müssen wir blonden Deutschen uns auch noch von Menschen wie Ihnen diskriminieren lassen…»* Immer wieder wird in E-Mails und in einschlägigen Online-Foren darüber spekuliert, wann mich endlich ein aufgebrachter Muslim oder Nicht-Muslim erschießen wird. Es gibt kaum einen Vortrag, kaum eine Lesung oder eine sonstige öffentliche Veranstaltung von mir, die nicht von mindestens einem «besorgten» Bürger besucht wird. Und immer wieder haben Zuhörer die richtige Koranübersetzung dabei und wissen genau, wie bestimmte Verse heute von Muslimen verstanden werden. Und immer wieder werde ich von genau diesen Personen vor, während oder nach einer Veranstaltung «heimgesucht», die mich kritisch fragen: «Wozu braucht man überhaupt Moscheen? Das ist doch ein christliches Land.» – «Warum müssen wir eigentlich immer so tolerant zu den Moslems sein?» – «Warum wird in Algerien Menschen der Kopf abgeschnitten?» Vor kurzem sagte ein «kritischer» Zuhörer: «Frau Kaddor, geben Sie es doch zu. Die Muslime lügen und betrügen – so steht es ja auch im Koran. Warum ist das so?»

Selten werden im Fernsehen Muslime selbst nach ihrem Glauben befragt. Das «Forum am Freitag», das vor zwei Jahren vom ZDF in Mainz initiiert wurde, ist eine der wenigen Sendungen, in denen Muslime wöchentlich zu Wort kommen und sich zu den unterschiedlichsten Themen äußern dürfen. Das «Islamische Wort» des Südwestrundfunks ist ein ähnliches Angebot. Endlich gibt es Verlage, die ebenfalls eine andere Sicht auf den Islam präsentieren und die dazu beitragen, dass der Islam in der Öffentlichkeit ein neues Gesicht bekommt.

Friede sei mit dir!

Mein muslimischer Glaube ist von verschiedenen Faktoren geprägt, die Erziehung durch meine Eltern spielt dabei sicher die wichtigste Rolle. Ich habe als Kind nie einen Koranunterricht besucht, weil es ihn weder in arabischer noch in deutscher Sprache gab. So war allein meine Familie für meine religiöse Bildung verantwortlich. Bereits früh lernten meine Geschwister und ich zu beten und was es bedeutet, zu fasten. Wir feierten in der Familie das Opferfest und das Fest des Fastenbrechens. Es gab dazu viele arabische Traditionen zu lernen und zu mögen. Als Kind und Jugendlicher denkt man noch nicht so viel darüber nach, warum genau was gemacht wird. Man nimmt die Traditionen als gegeben hin, sie sind ein Stück Identität. Von klein auf war ich es gewohnt, meine Eltern im Koran lesen zu sehen. Sie hatten jeweils ihre eigenen Korane. Meiner Mutter gehörte ein zartrosafarbenes kleines, fast auseinanderfallendes Buch, aus dem sie bis heute liest. Mein Vater besaß ein dunkelblaues, sehr viel wuchtigeres Exemplar, in dem er immer wieder stöberte. Freitagmorgens rezitierte meine Mutter aus dem Koran. Häufig saß sie in ihrer wallenden weißen

Gebetskleidung, aus der nur noch ihr Gesicht herausschaute, auf dem Gebetsteppich und hielt das Buch in ihren Händen. Gelegentlich setzte ich mich dazu, konnte wegen des hohen Lesetempos aber nicht viel verstehen. Manchmal durfte ich auch selbst lesen, was so langsam ging, dass ich fast eine halbe Stunde für eine Seite benötigte. Denn es musste alles absolut richtig und sauber gelesen werden. Ein Betonungsfehler, eine falsche Vokallänge, eine falsche Pause – und sie unterbrach mich. So spürte ich, dass man mit diesem Buch auf ganz besondere Weise umgehen muss, und ich verlor trotz vieler Unterbrechungen nicht die Lust daran.

Nach einem Gebet selbst einmal den Koran zur Hand zu nehmen, kam mir bis zur Pubertät allerdings nicht in den Sinn. Erst später brachte ich mir einen eigenen Koran aus Syrien mit, der besonders groß war, damit ich die Schrift auch gut lesen konnte. Darin las ich zwar relativ häufig, kümmerte mich aber wenig um den Sinn. War mir ein Wort unbekannt, las ich einfach weiter. Es ging mir weniger darum, alles zu verstehen, was Gott uns offenbart. Viel wichtiger war es, überhaupt das Wort Gottes zu rezitieren und ergriffen zu spüren, wie dabei die Vibration der Stimmbänder meinen Körper durchdrang.

Der Fastenmonat Ramadan spielte bei uns zu Hause eine wichtige Rolle. Etwa zehn Minuten vor Sonnenuntergang schaltete meine Mutter den Fernseher aus und spielte von einer alten Kassette die Koranrezitation des großen «Abdulbâsit» ab. Dieser Rezitation lauschten wir im Ramadan täglich, ja wir tun es bis heute. Den Klang des arabischen Korans hatten wir immer in den Ohren – aber die Inhalte entgingen mir meist.

Erst kurz vor meinem Studium kaufte ich mir eine deutsche Koranübersetzung und nahm mir vor, den Koran einmal von vorne bis hinten durchzulesen. Zu meiner Überraschung stellte ich fest, dass ich große Schwierigkeiten hatte, mich zu konzentrieren. Der Text springt von Thema zu Thema. So nahm ich mir vor, immer nur so lange zu lesen, bis ein Thema aufhörte und ein neues anfing. Damit kam ich eine Zeitlang weiter. Dann ergab sich ein zweites Problem: Manche Sätze konnte ich beim besten Willen nicht verstehen. Ich verglich sie mit dem arabischen Original, aber das war auf einmal genauso unverständlich. Meine Eltern erklärten mir die eine oder andere Stelle, mussten aber oft passen. Ich ließ mich nicht entmutigen, las weiter und dachte eben nur über das nach, was ich halbwegs verstanden hatte. Ich brauchte ewig, um mich durch den Edlen Koran hindurchzukämpfen. Und ich muss zugeben: Es gelang mir nicht, ihn vollständig durchzulesen. Ich gab auf ohne das Gefühl, nun viel zu verpassen. Aufgrund der vielen Wiederholungen hatte ich inzwischen den Eindruck, das Wesentliche zu kennen. Einen zweiten Anlauf zum Verständnis des Korans unternahm ich während meines Studiums. Nun half mir allerlei Sekundärliteratur. Diese Mischung aus Glauben und Wissenschaft, mit der ich einen Zugang zum Koran fand, tut mir bis heute gut und trägt viel zu meinem persönlichen Verständnis von Gott und Religion bei.

Für mein Leben als Muslimin stehen der Koran und das Leben und Handeln Muhammads im Vordergrund. Muhammad ist der Gesandte Gottes. Er hat den Koran empfangen und ihn durch seine Lebensgeschichte erst verständlich gemacht. Ohne die Sunna wäre es uns an vielen Stellen nicht möglich, den Koran zu verstehen. Viele Aussagen nehmen Bezug auf die Lebensumstände des Propheten. Ohne sie wären wir an vielen Stellen auf reine Spekulation angewiesen. Die vielen Sammlungen mit Hadithen, das heißt mit Aussprüchen und Handlungen des Propheten, sowie die Prophetenbiographien zeichnen Muhammad als mehr oder weniger vollkommenen Menschen.

Zugegeben, die Wissenschaftlerin in mir erinnert mich immer wieder an die historischen Fragezeichen hinter den frühislamischen Quellen. Was Legende ist und was Wahrheit, lässt sich nach dem heutigen Stand der Forschung nicht eindeutig klären. Das heißt nun aber nicht, dass man im Glauben auf einmal alles verwerfen soll, was über Jahrhunderte gewachsen ist. Muhammad – Gott segne ihn und spende ihm Heil! – war ein Mensch. Er hatte wie jeder andere Stärken und auch Schwächen. Mir sagt die schwierige Quellenlage vor allem eines: Wir Muslime müssen vermehrt unseren Verstand benutzen und uns über die Herausforderungen einer historisierenden Sicht auf den Koran verständigen. Ich möchte nicht leugnen, dass Muhammad eine besondere Persönlichkeit war oder in einem gewissen Sinne von Gott auserwählt wurde. Aber man sollte ihn nicht zu einem Übermenschen stilisieren. Dann bringt man ihn einer Verehrung näher, die Gott allein gebührt. Der Glaube an einen einzigen Gott ist ja gerade der ureigenste Kern des Islams. Friedrich Rückert hat ihn im 19. Jahrhundert in seiner poetischen Koran-Übersetzung zum Ausdruck gebracht:

Sprich: Gott ist Einer,
Ein ewig reiner,
Hat nicht gezeugt und ihn gezeugt hat keiner,
Und nicht ihm gleich ist einer.

Die Sure 112 trägt den Namen «Die aufrichtige Ergebenheit» oder «Bekenntnis der Einheit», wie Rückert sie nannte, und fasst in nur vier Versen das zusammen, wofür der Islam steht: *tauhîd*, das strikte Bekenntnis zum Monotheismus, das heißt zu der Überzeugung, dass es keinen anderen Gott außer Gott selbst gibt. In diesen vier Zeilen steht das Zentrum des islamischen Glaubens: Gott, der allein existiert. Das arabische Original ist sprachlich übrigens noch beeindruckender als die vortreffliche Übertragung von Friedrich Rückert.

Ich kann den Koran mit dem Verstand einer Wissenschaftlerin und mit dem Herzen einer Gläubigen betrachten. Als Wissenschaftlerin betrachte ich die Aussagen des Korans wie die jedes anderen spirituellen Textes im Kontext ihrer Zeit. Ich will wissen, wie der Koran entstanden ist. Mich interessieren die philologischen Aspekte. Ich frage mich, wer unter welchen Umständen an der Auslegung der Verse mitgewirkt hat. Für mich als Muslimin dagegen ist der Koran das direkt überlieferte Wort Gottes. Daran glaube ich, ohne es beweisen zu können. Aber das muss ich auch nicht.

Und ich muss auch niemanden davon überzeugen, dass der Koran Gottes Wort enthält. Wenn jemand den Islam für sich annehmen will: *Ahlan wa-sahlan! – Herzlich willkommen!*, wenn nicht: *Ma'assalâma! – Gehe hin in Frieden!*

Der Koran gibt mir die Möglichkeit, mich auf eine spirituelle Reise zu begeben. Er gibt mir die Möglichkeit, mich einer transzendenten Kraft namens Gott zu nähern und vielleicht auch zu mir selbst zu finden. Es gibt Verse im Koran, die mich sehr berühren und ein warmes, von Liebe erfülltes Gefühl hervorrufen. Es ist dieses Gefühl, das bei dem Suchenden die Gänsehaut bewirkt, wenn er einen Funken von göttlicher Nähe spürt.

Zu den bedeutendsten und schönsten Stellen im Koran gehört der Lichtvers in der Sure «Das Licht» (24:35):

Gott ist das Licht über Himmel und Erde. Sein Licht gleicht einer Lampe, die in einer Nische hängt. Die Lampe befindet sich hinter Glas, als ob sie ein strahlender Stern wäre. Sie wird von einem gesegneten Olivenbaum angezündet, den es weder im Osten noch im Westen gibt. Sein Öl leuchtet schon fast, ohne dass es überhaupt vom Feuer berührt worden wäre: Licht über Licht!
Gott führt zu seinem Licht, wen er will, und er schenkt den Menschen Gleichnisse.
Gott weiß über alles Bescheid.

Dieser Vers enthält etwas typisch Islamisches. Gott weiß, dass der Mensch mit seinem begrenzten Verstand kaum in der Lage sein wird, sich eine Vorstellung vom Schöpfer zu machen. Aus Liebe zu seinen Geschöpfen beschreibt sich Gott selbst in einem seiner vielen Verse. Der Vergleich mit dem Licht ist eindringlich und doch geheimnisumweht. Die Worte sind verständlich und doch wiederum nicht zu verstehen: *Licht über Licht.* Es sind wunderbare Gleichnisse, die Gott hier anwendet. Und immer schwingt ein Gefühl von Allmacht mit, denn Gott «führt zu seinem Licht, wen er will». Diese Verse geben Rätsel auf, und wer sich von ihnen verzücken lässt, wird sein Leben lang nicht nachlassen, sie zu entschlüsseln. Die Verse bringen viele Eigenschaften Gottes zum Ausdruck: Er hat keinen Anfang und kein Ende. Er ist *arham ar-râhimîn*, also barmherziger als die Barmherzigsten. Er bürdet niemandem etwas auf, was er nicht tragen könnte. Gott ist der Frieden, *salâm*.

Islamkritiker werden jetzt einwenden: Von wegen Islam und Frieden! Diese Verbindung erscheint vielen abwegig. Ist der Islam nicht die Religion des Dschihad, des heiligen Krieges? Schauen wir genauer hin: Islam heißt genau genommen nicht Frieden, sondern Unterwerfung unter den einen Gott. Aber die drei Wurzelradikale *s-l-m* in *islâm* sind die gleichen wie in dem Wort für Frieden, *salâm*. In allen erdenklichen Varianten tauchen diese drei Buchstaben mehr als hundert Mal im Koran auf. Allein das Wort *salâm* kommt 42 Mal vor.

Im Arabischen wird der Begriff, der wörtlich «Frieden», «Segen» oder «Heil» bedeutet, in verschiedenen Zusammenhängen verwendet. Das Wort dient als Begrüßungsformel und spielt bei Lobpreisungen der Propheten und Gesandten eine Rolle. Eine schöne, bezeichnende Stelle dazu findet sich in Sure 56, «Das Eintreffende (Ereignis)», in den Versen 25 und 26:

Sie hören darin (d.h. in den Gärten der Wonne) kein (leeres) Gerede und keine Versündigung, sondern nur das (Gruß)Wort «Heil! Heil!»

Auch dies ist eine zentrale Aussage Gottes im Koran. Gott ist der Inbegriff des Friedens. Bei ihm gibt es nichts Menschliches und damit auch kein Unheil mehr. Gott steht im Islam neben seiner Barmherzigkeit eben für genau jenen absoluten Frieden, nach dem wir Menschen streben sollten.

Es gibt einen Vers im Koran, den ich zwar seit langem kenne, der mir aber das erste Mal aufgefallen ist, als ich ihn bei einer Begegnung mit den *Hui*, den Muslimen in China, in chinesischer Schrift bewundern durfte. In Xi'an, der Stadt, in deren Nähe man 1974 die Grabanlage mit der beeindruckenden Terrakotta-Armee des Kaisers Qin Shihuangdi gefunden hat, besuchte ich die Moschee im muslimischen Viertel und schlenderte anschließend über den Markt. Eine junge Frau war dort den ganzen Tag damit beschäftigt, in einem offenen Atelier chinesische Kalligraphie und andere chinesische Motive zu produzieren. Auch einen Koranvers hatte sie kunstvoll geschrieben und die englische Übersetzung darunter gesetzt. Sie wunderte sich über das Interesse einer Europäerin an dieser sonst nicht besonders beliebten Kalligraphie und erklärte mir, dass die Worte aus dem Koran stammten und der Koran das Heilige Buch der *Hui* sei. Sie selbst bekenne sich zum islamischen Glauben, sagte sie freundlich. Es überraschte sie, zu hören, dass ich den gleichen Glauben hatte, und so kamen wir ins Gespräch. Wir waren uns schnell einig, dass die von mir erstandene Kalligraphie genau das ausdrückt, was alle Muslime auf dieser Welt mit Gott verbindet. Auf der schön gestalteten Papierrolle, die heute in unserem Flur hängt, steht:

Und wenn dich meine Diener nach mir fragen, siehe,
Ich bin nahe.
Ich will dem Ruf des Rufenden antworten,
sobald er mich ruft.
Doch auch sie sollen Meinen Ruf hören und an Mich glauben;
vielleicht schlagen sie den rechten Weg ein.

Leider kennen nicht viele junge Muslime den 186. Vers der 2. Sure, «Die Kuh». Das Versprechen, dass man Gott um etwas bitten kann und er die Bitte erhört, ist für die religiöse Entwicklung sehr wichtig. Denn auch dies ist ein zentraler Gedanke des Islams, der hier eine Rolle spielt: Zwischen Gott und Mensch bedarf es keines Vermittlers. Ich kann direkten Kontakt mit Gott aufnehmen und ihn mit all meinen Sorgen, Nöten und Bitten im wahrsten Sinne des Wortes ansprechen. Diese direkte Verbindung zwischen Gott und Mensch ist mir sehr sympathisch, denn ich selbst bin für mein Tun und Handeln sowie für meine persönliche Beziehung zu Gott verantwortlich. Das bedeutet, dass ich Schuld, Dank und Vergebung auch nur zwischen mir und ihm ausmachen muss, ohne irgendeine Vermittlungsinstanz.

Dass ich Gott nahe bin, erfahre ich besonders intensiv während des Gebets oder während des Fastenmonats Ramadan. Ich gebe zu, dass es auch mir gelegentlich passiert, dass ich «eben mal schnell» bete oder dass ich für das Fastenbrechen so viel gekocht habe, dass eine ganze Fußballmannschaft davon satt werden würde. Aber ich gebe mir Mühe, alles, was ich aus religiösen Gründen tue, bewusst zu tun und mich dabei auf meinen Körper und meine Seele zu konzentrieren. Ich bete, weil ich es als eine Art Meditation, weniger als Pflicht betrachte und weil ich mich dabei Gott nahe fühlen kann. Ich faste, weil ich bewusst nicht nur auf Lebensmittel und Flüssigkeit verzichten will, sondern auch auf schlechte Umgangsformen. Mir geht es darum, mich an solchen Tagen in Bescheidenheit und Disziplin zu üben. (Während ich das schreibe, sehe ich das Lächeln meiner Mutter vor mir, die es doch schon immer gewusst hat.) Gebet und Fasten helfen mir, mich wieder auf die wichtigen Dinge im Leben zu konzentrieren. Religiöse Pflichten haben hier ihren Sinn. Man darf sie nicht dogmatisch und ohne jegliches Gefühl angehen.

Es gibt aber noch andere Wege zu Gott, bei denen ich heute ins Schwärmen gerate: etwa wenn ich Sufi-Musik hören darf. Die Musik von Omar Faruk Tekbilek aus der Türkei ist wunderbar meditativ und wirkt zugleich sehr entspannend. Auch eine gute Koranrezitation mit schöner, sanfter Stimme lässt mich die Nähe Gottes erleben. Der Klang beruhigt mich. Erst vor kurzem habe ich einen wunderbaren Rezitator aufgespürt, Omar Metioui, einen andalusischen Sufi. Jetzt habe ich die Musikanlage eingeschaltet. Seine Stimme begleitet mich, während ich weiter schreibe.

Andere Muslime meditieren, indem sie malen, tanzen oder selbst den Koran rezitieren. Diese unterschiedlichen Ausdrucksformen des Islams sind notwendig, sie werden aber viel zu wenig zur Kenntnis genommen. Es sind eben nicht alle Muslime dogmatische Anhänger einer «Gesetzesreligion». Und eines sind Muslime sicher nicht: eine homogene Gruppe.

3   DIE K-FRAGE

Eine wichtige Nebensache

W arum tragen Sie kein Kopftuch?» Viele Nicht-Muslime glauben, dass mir die K-Frage ausschließlich von Muslimen gestellt wird, und viele Muslime glauben, dass mir die Frage häufig von Nicht-Muslimen gestellt wird. Stimmt beides nicht. Eigentlich fragen beide Seiten gleich oft danach. Interessant ist jedoch, dass mich fast ausschließlich Frauen fragen. Warum? Nun, vielleicht hängt es damit zusammen, dass Frauen besser nachvollziehen können, wie es ist, ein Kopftuch zu tragen, es sich eventuell auch selbst vorstellen. Häufig sind die Frauen, die nach meiner nicht vorhandenen Verschleierung fragen, jenseits der vierzig. Liegt das vielleicht daran, dass Mädchen und junge Frauen offener sind, eher bereit, eine andere so zu akzeptieren, wie sie ist? Männer – egal ob muslimisch oder nicht – trauen sich vermutlich einfach nicht, nach meinem Kopftuch zu fragen. Häufig erlebe ich jedenfalls, dass sich Männer beschämt fühlen, wenn mir in ihrem Beisein eine Frau die K-Frage stellt.

Um ehrlich zu sein, manchmal nervt mich die Fragerei, denn jedes Mal wird das Thema unnötig in den Vordergrund gerückt. Die fortwährende Akzentuierung dieses Stückchens Stoff sowohl von Muslimen als auch von Nicht-Muslimen erweckt den Anschein, als ob das Kopftuch der Dreh- und Angelpunkt des Glaubens wäre, von dem Wohl und Wehe des gesamten Islams abhinge, und als ob andererseits der Weg zu einer guten Deutschen einzig und allein baren Hauptes beschritten werden könne. Zudem wird die K-Frage nicht immer aus Interesse oder Neugier gestellt, sondern drückt

auch Zweifel an meiner Haltung, manchmal Vorwürfe und auch
Möchte-Gern-Belehrungen aus. «Was kann man schon von einer
Frau erwarten, die kein Kopftuch trägt?», scheinen viele Muslime
zu denken: «Die Frau weiß nichts vom Islam, sie trägt nicht einmal
Kopftuch.» Oder: «Und Kopftuch trägt die Heuchlerin auch
nicht.» Kommentare wie diese höre und lese ich häufig. Es ist bemerkenswert und zugleich bedauerlich, dass solche Kommentare
meistens von Frauen kommen, nicht von Männern. Sie erlauben
es meinen Kritikern, sich in ihrer eigenen Vorstellungswelt bequem niederzulassen: Wenn eine Frau nicht mal ein Kopftuch
trägt, braucht man sich ja nicht weiter um ihre Aussagen zu scheren. «Möge Allah dich rechtleiten!» Auch solche frommen Wünsche kommen nicht selten. In ihnen schwingt Arroganz und Über-
heblichkeit mit, und sie bringen, finde ich, eine gewisse Form von
Gotteslästerung zum Ausdruck. Der Sprecher maßt sich schließlich
an, zu wissen, was Gott wirklich will. Wahre Islamgelehrte würden
das niemals tun. Es gibt kein theologisches Werk in der islamischen
Geschichte, das nicht mit der Aussage «*wa-llâhu a'lam*» – und Gott
weiß es besser – endet. Aber ich möchte diejenigen nicht einfach
verurteilen, die sich so ablehnend äußern, wenn Kritik am Islam
geübt wird und Veränderungen angestrebt werden. Die öffentlichen Debatten über Muslime und ihren Glauben sowie die mas-
siven Feindseligkeiten, die häufig damit einhergehen, machen es
den Menschen nicht leicht, kritischen Tönen gegenüber offen zu
sein. Häufig erlebe ich, wie sich Muslime reflexartig verteidigen,
eben weil es so viele Vorurteile gegenüber dem Islam gibt.

Während ich diese Zeilen schreibe, läuft im Fernsehen ein Kon-
zert der ägyptischen Sängerin Umm Kulthum. Der tunesische Sen-
der «TV Tunis» strahlt die in den fünfziger Jahren aufgezeichnete
Veranstaltung aus. Für die, die nicht wissen, um wen es sich hier
handelt: «Ihr Ruhm in der arabischen Welt ist mit dem von Maria
Callas und der Beatles in der westlichen Welt vergleichbar», heißt
es bei Wikipedia. Ich kenne keine Araberin und keinen Araber im
Orient, der Umm Kulthum nicht kennt. Außerhalb der arabischen
Welt sieht das schon anders aus. Ich fand diese Musik schrecklich,

wenn meine Eltern die alten verkratzten Aufnahmen von ihr oder von dem genauso bekannten Sänger Abdulhalim Hafiz auflegten. Jedes Lied dauert mindestens zwanzig Minuten – also eine gefühlte Ewigkeit. Während die Eltern auf Wolken schwebten, hatten wir Kinder das Gefühl, überhaupt nicht mehr von der Dudelei loszukommen. Als Kind arabischer Einwanderer kommt man nicht umhin, diese Lieder immer und immer wieder zu hören. Irgendwann macht es dann Klick. Zu meiner arabischen Ehrenrettung kann ich heute sagen: Ich gehöre auch zur Fangemeinde, ich bin eine «richtige Araberin», denn ich finde mindestens zwei Lieder der beiden Interpreten großartig: Umm Kulthum mit *Alf layla wa-layla*, «Tausend und eine Nacht», und Abdulhalim Hafiz mit *Zay al-hawa*, «So wie die Liebe».

Morgen ist das Opferfest, also der 8. Dezember 2008, und ich weiß natürlich, dass man gerade jetzt via Satellit die besten musikalischen Leckerbissen im arabischen Fernsehen genießen und nach Herzenslust mitsingen kann. Denn es ist Tradition, dass am Vorabend der Feste die schönsten Lieder – auch moderne – gespielt werden. Warum ich das erwähne? Vielleicht weil eben jene Umm Kulthum, die beliebteste Sängerin in der arabischen Welt, lange Zeit kein Kopftuch getragen hat, sondern sich erst im hohen Alter eines umgebunden hat. Im Fernsehen erscheint eine gut aussehende Dame in den Vierzigern, die ein hochgeschlossenes Abendkleid trägt, dazu ihre bekannte Turmfrisur. Ich stelle mir vor, wie sie wohl mit Kopftuch auf mich wirken würde. Wahrscheinlich kaum anders. Die Aufnahme ist in schwarz-weiß. Ihre riesige Perlenkette hängt ihr bis zur Brust hinab und sieht wie ein dicker Schal aus. Umm Kulthum steht mit einem Tuch in der linken Hand vor dem Mikrofon, kerzengerade. Sie trägt lange Ohrringe und an ihrem rechten kleinen Finger einen ziemlich protzigen Brillanten. Hinter ihr – wie immer – spielt das zwanzigköpfige, ausschließlich männliche Orchester. Das Publikum ist begeistert und wie in Trance. Es singt das Lied bereits seit fünfundzwanzig Minuten aus voller Brust mit. Geiger, Bassisten, Darbuka-Spieler und ein Qanûn(Zither)-Spieler machen den Gesang zu einem musikalischen Highlight. Die große Umm Kulthum, die konservativ aufwuchs und doch ihren eigenen Weg gegangen ist, singt mit ihrer tiefen Stimme nur von dem einen großen Thema: von der Liebe. Die Leidenschaft spiegelt sich in ihrem Gesicht, und genau das mögen die Araber. Die Liebe in Gesang oder in Gedichten beschwören – seit Jahrhunderten können sie dies mit ihrer reichhaltigen und blumigen Sprache einfach am besten. Jetzt ist Umm Kulthum fertig und bekommt Standing ovations – und es gibt eine Zugabe.

Das Kopftuch hat seine theologische Grundlage im Koran. Aus einer (orthodoxen) Sicht, die der klassischen Auslegung der entsprechenden Koranverse (24:31; 24:60; 33:32-33; 33:53; 33:59) und der Prophetenüberlieferungen (Sunna) folgt, ist das Verhüllen des Haares – und das Verdecken des Gesichts – für Frauen ein religiöses Gebot. Zudem haben die Religionsgelehrten dieses Dogma in den vergangenen Jahrhunderten mehrfach untermauert. Vor diesem Hintergrund muss man zunächst einmal voll und ganz akzeptieren, wenn Frauen dieser Argumentation folgen wollen und sich aus freien Stücken für ein Kopftuch entscheiden. Den meisten muslimischen Frauen in meinem Umfeld dient die Bedeckung jedenfalls dazu, den eigenen Glauben auszudrücken – und das muss in einer pluralistischen Gesellschaft vorbehaltlos akzeptiert werden. Allerdings sollte dem Kopftuch auch nicht mehr als ein religiöser Ausdruck zukommen. Tatsächlich gibt es jedoch Frauen, die ihre anti-westliche Haltung oder sonstige politische Gesinnungen durch das Tragen eines Kopftuches sichtbar machen wollen. Ihnen sei an dieser Stelle gesagt, dass sie uns anderen Muslimen damit keinen Gefallen tun, sondern einen Keil in die muslimische Gemeinde treiben. Durch ihr demonstratives Verhalten zwingen sie jede Kopftuchträgerin, in welcher Form auch immer politisch Stellung zu beziehen.

Zu Recht wird auch von verschiedenen Seiten darauf hingewiesen, dass es in Deutschland Frauen gibt, die von Eltern oder Ehemännern gezwungen werden, ein Kopftuch zu tragen. Wie groß diese Gruppe ist, vermag allerdings niemand zu sagen, da es bislang keine fundierten Erhebungen darüber gibt. Mein Eindruck ist jedoch, dass die Zahl dieser Kopftuch-Trägerinnen bei weitem geringer ist, als es die derzeitigen öffentlichen Diskussionen glauben machen wollen. Die 2009 erschienene Studie des Bundesamtes für Migration und Flüchtlinge «Muslimisches Leben in Deutschland» stellt zumindest fest, dass das Tragen des Kopftuchs in der zweiten Generation im Verhältnis zur ersten signifikant abnimmt. Das Alter der Frau spielt sicher eine entscheidende Rolle für diese Entscheidung. In meinem relativ großen Familien- und Bekanntenkreis in Deutschland ist der Zwang zum Kopftuch kein Thema. Diejenigen, die auf ihre Familienmitglieder Zwang ausüben, fügen am Ende ihrer Religion und der Kultur ihrer Vorfahren den schlimmsten Schaden zu. Deshalb sollten vor allem Gläubige, denen der Islam lieb und teuer ist, gegen solche Praktiken vorgehen, wann immer sie davon erfahren. Die Frau, die unter das Kopftuch gezwungen wird – mitunter durch Schläge –, hat ein schlimmes Problem. Will und kann sie noch länger mit ihrer Familie auf diese Weise leben? Eine äußerst schwierige Entscheidung, bisweilen ein fast unüberwindbares Dilemma. Eine Trennung bedeutet nämlich unter Umständen, dass sie auch die Wärme und Geborgenheit, den Schutz und die Liebe ihrer Eltern, Geschwister und sonstigen Verwandten, die ihr in anderen Lebenslagen zuteil geworden sind, aufgeben muss. Es bedeutet zugleich, dass sie mit ihrer Abwendung von der Familie Mutter und Vater ein schweres Erbe hinterlässt, da sie sich in einem traditionellen sozialen Umfeld permanent für die (ureigene) Entscheidung der Tochter rechtfertigen müssen. Das fällt ihr umso schwerer, wenn sie weiß, dass ihre Familie ihr das Kopftuch nicht aus Boshaftigkeit auferlegen will, sondern aus gelebter Tradition und dem Herzenswunsch, die Kinder mögen das Land und die Kultur ihrer Eltern nicht vergessen, ein Wunsch, der oft mit mangelnder Bildung einhergeht. Noch größer wird die seelische Belastung, wenn eigene Kinder durch eine Trennung vom Ehemann oder von der (Groß-)Familie betroffen sind.

Selbst in islamischen Ländern gibt es jedoch mittlerweile Anlaufstellen, die Frauen in Not helfen können. Häufig liegt es an den Betroffenen selbst, dass sie keine Hilfe in Anspruch nehmen. Auch in Deutschland gibt es Beratungs- und Hilfsangebote für Mädchen und Frauen. Erst kürzlich wurden in Wiesbaden und Berlin telefonische Seelsorgestellen eigens für Muslime eingerichtet. Die Betroffenen müssen nur die Hemmschwelle überwinden, die unterschiedlichen Angebote auch in Anspruch zu nehmen – da muss es zunächst auch egal sein, ob dort nun eine Ansprechpartnerin mit gleichem kulturellem Hintergrund sitzt oder nicht. Häufig wenden sich Musliminnen nicht an deutsche Beratungsstellen, weil sie davon überzeugt sind, dass man ihr Problem dort ohnehin nicht verstehen würde.

So schlecht es solchen Frauen zugegebenermaßen auch gehen mag, so rechtfertigt das noch nicht, vom Kopftuch nur noch als einem Symbol der Unterdrückung zu sprechen. Dieses Urteil wäre kurzsichtig und oberflächlich. Ich kenne Dutzende von Kopftuch tragenden Frauen, die dazu nicht gezwungen wurden und die gerade das Kopftuch als Ausdruck ihrer individuellen Freiheit verstehen. Eine gute Freundin, die eine weltweit angesehene erfolgreiche Kinderärztin ist, trägt ein Kopftuch und sieht darin ein frei gewähltes Stück Identität. Ihre Mutter trägt kein Kopftuch.

Meine Mutter trägt indes sehr wohl ein Kopftuch – und das aus voller Überzeugung. Selbstverständlich sähe sie es gern, wenn meine Schwestern und ich auch eines tragen würden. Sie und mein Vater haben sich bei meiner älteren Schwester mit Beginn der Pubertät aufrichtig darum bemüht, sie davon zu überzeugen. Sie lehnte es aber stets ab, und unsere Eltern akzeptierten die Entscheidung. Meiner jüngeren Schwester und mir haben sie es dann gar nicht erst angeboten. Ihnen war klar geworden, dass sie uns jungen Mädchen damit etwa in der Schule keinen Gefallen getan hätten. Unsere Entscheidung bedeutet allerdings nicht, dass wir eine dogmatische Haltung gegen das Kopftuch einnähmen. Im Urlaub, wenn wir beispielsweise das Heimatdorf meiner Eltern (unweit von Aleppo) besuchen, ist es selbstverständlich, dass wir unsere Kleidung – schon aus Anstand – den Gegebenheiten anpassen. Das Dorf ist ein recht traditioneller Ort, in dem die meisten Frauen eine Art Tracht – lange, bunte, wunderschön bestickte und bedruckte Kleider – mit einem Kopftuch tragen. Auch die Männer sind dort traditionell gekleidet, mit einem typischen weiten Gewand ohne Stickereien. In diese Kleidung schlüpfen wir Schwestern ebenso wie unser Bruder. Im Dorf versteht kaum einer das Kopftuch als Symbol für die Unterdrückung einer Frau – ganz im Gegenteil: Hier haben Frauen sogar oftmals das Sagen, viele sind gebildet und berufstätig.

Was der Koran sagt

Manche Zeitgenossen glauben, dass es beim Kopftuchgebot im Koran ausschließlich um die Haare der Frau geht. Die in diesem Zusammenhang erwähnenswerten Koranstellen sprechen aber an keiner Stelle von der Wirkung des weiblichen Haars etwa auf das andere Geschlecht. Die zentralen Aspekte sind hingegen die Schutzfunktion und die Wahrung des sittlichen Verhaltens. Beides soll durch eine adäquate Kleidung erreicht werden. Dies beschränkt sich längst nicht nur auf die Bedeckung des Kopfes und auch nicht auf Frauen allein. Für meine persönliche Entscheidung gegen das Kopftuch habe ich mich intensiv mit den einschlägigen Koranstellen auseinandergesetzt. Ich las zugehörige *tafâsîr* (die klassisch-islamische Literatur der Koranauslegung), ich sprach mit arabischen, türkischen und bosnischen Islamexperten, mit deutschen Islamexperten, mit Bekannten und Freunden.

Die Basis für das koranische Verständnis vom Schleiertragen liegt in Sure 33, Vers 59. Dieser Vers in der Sure *al-ahzâb,* «die Gruppen», lautet: «O Prophet, sag deinen Gattinnen und deinen Töchtern und den Frauen der Gläubigen, sie sollen etwas von ihrem Überwurf über sich herunterziehen. Das bewirkt eher, dass sie erkannt werden und dass sie nicht belästigt werden. Und Gott ist voller Vergebung und barmherzig.»

Es ist der einzige Vers, der alle Frauen, die des Propheten und die der gläubigen Männer, in diesem Zusammenhang direkt anspricht. Alle übrigen Verse, die zur Begründung des Kopftuchs herangezogen werden, beziehen sich auf die Ehefrauen Muhammads oder haben nur indirekt mit einer Verschleierung des Körpers zu tun. Sie fordern lediglich ganz allgemein zu einem sittlichen Verhalten auf, das erst in der späteren Auslegung der Koranverse mit der Verschleierung verknüpft wurde. Nur diese Stelle in Sure 33, Vers 59 fordert Frauen ausdrücklich dazu auf, ihren Überwurf herunterzuziehen. Das bedeutet, dass sie die verhüllende Kleidung, die alle Frauen zu Muhammads Zeiten unabhängig vom Islam in allen Kulturen des vorderasiatischen Raums auch zur Bedeckung des Haupthaars trugen, ein Stück ins Gesicht ziehen sollten. Der Koran liefert die konkrete Begründung dafür gleich mit: Schutz vor Belästigung. Gott hat diesen Vers also offenbart, um die Frauen zu beschützen.

Wenn Frauen nachts unverschleiert auf die Straße traten, kam es vor, dass sie für Sklavinnen gehalten wurden und sich gegen frivole Annäherungsversuche von Männern wehren mussten. Der konkrete Schutz durch die Verschleierung bestand darin, dass die Bedeckung die gehobene gesellschaftliche Stellung ihrer Trägerin in der altarabischen Stammesgesellschaft signalisierte, die Zugehörigkeit zu einem mächtigen Stamm, einer einflussreichen Familie oder eben zur Gruppe der Muslime. Sklavinnen oder Mägden war das Tragen eines Schleiers nämlich untersagt; allerdings war er für sie auch gänzlich ungeeignet, da er ihnen bei ihrer schweren Arbeit hinderlich gewesen wäre. Die Verschleierung gab ihre Trägerin als ehrenwertes Mitglied der Gesellschaft zu erkennen. Sollte sich jemand zu Belästigungen einer Verschleierten hinreißen lassen, musste der Übeltäter damit rechnen, eine blutige Fehde zwischen seiner und ihrer Familie vom Zaun zu brechen. Die Verschleierung bot somit in der damaligen Gesellschaft der arabischen Halbinsel einen echten Schutz und war auf die damals geltenden ethischen und moralischen Vorstellungen ausgerichtet. Die Frage, die man stellen muss, wenn man über das Bekleidungsgebot im Koran nachdenkt, lautet: Erfüllt das Kopftuch in Deutschland heute noch denselben Zweck?

Nach islamischem Verständnis hat Gott nur dann mit Offenbarungen in die Beziehungen der Menschen untereinander eingegriffen, wenn er eine Veränderung ihrer Gewohnheiten bewirken wollte. Das tat er beispielsweise beim Verbot von Alkohol, Glücksspiel oder der zahlreichen Rituale, die an heidnische Zeiten erinnerten. Das tat er umgekehrt bei der Erlaubnis, im Kampf gegen den Stamm der Banu Nadir Palmen abzuholzen, was damals ein ungeheuerlicher und weitreichender Skandal war, da Bäume angesichts des rauen Wüstenalltags als besonders wertvoll galten. Und das tat er auch bei dem Gebot, dass sich sozial niedriger gestellte Frauen nach der Heirat mit einem Muslim verschleiern sollten. Wenn Gott demnach eindeutig auf die damals herrschenden Umstände beziehungsweise konkret auf einzelne Situationen eingegangen ist, dann muss man beim Koranverständnis zwangsläufig die sich stets wandelnde Umwelt in Betracht ziehen – zumindest dann, wenn man sich bemüht, den wahren Geist der göttlichen Offenbarungen zu verstehen. Das heißt nicht, dass die Gebote Gottes im Laufe der Zeit einfach ihre Geltung verlieren würden, weil sie nicht mehr in die Zeit passen. Es heißt nur, dass man sie im Spiegel der jeweiligen Gegenwart betrachten muss, um den Willen Gottes überhaupt verstehen zu können. Die fundamentalistische Herangehensweise an die heiligen Texte, diese möglichst wortwörtlich zu verstehen, ist im Vergleich dazu natürlich viel bequemer. Man braucht sich dann keine weiteren Gedanken zu machen. Dabei dürfte jedem klar sein: Wenn sich Gott heute noch einmal den Menschen offenbaren würde, so würde er kaum dieselben Worte benutzen, die im Koran stehen. Er würde dieselbe Ethik, aber wahrscheinlich unterschiedliche Gebote und Verbote wollen, und er würde sich anders ausdrücken, um verstanden zu werden. Ich bin der festen Überzeugung, dass wir angesichts der wissenschaftlichen und technischen Errungenschaften der Menschheit geradezu den Auftrag haben, uns immer wieder um ein neues Verständnis des Korans zu bemühen. Schließlich markiert er aus muslimischer Sicht den Abschluss der Offenbarungen. Abgesehen von der praktischen Bedeutung eines historisierenden Textverständnisses wird erst durch diese hinterfragende Auseinandersetzung ein aufrichtiger und wertschätzender Zugang zum Koran ermöglicht. Was passiert, wenn wir uns dieser Herausforderung nicht stellen, war und ist eindrucksvoll am Regime der Taliban in Afghanistan und in Pakistan zu sehen.

Will man den Koran verstehen, muss man sich stets fragen, was die eigentliche Absicht Gottes für das Herabsenden eines Verses gewesen ist. In diesem Fall lautete sie sicher nicht, Frauen zu unterdrücken, sondern sie zu beschützen. Aber warum überhaupt mittels einer Kopfbedeckung? Nötig wurde dies vor allem wegen der damaligen Anziehungskraft des weiblichen Haares. Anders als heute war es mit viel mehr Bedeutungen aufgeladen. Das Haar wurde mystifiziert und regte die Fantasien der Männer an, deren Haar früher als das der Frauen spärlicher wird und ergraut. In etlichen Liedern und Gedichten der alten Araber wurde das Haar der Frauen besungen und bedichtet, es war besonderer Teil eines Schönheitsideals. Selbstverständlich entfaltet schönes Frauenhaar, oft geschickt frisiert oder gestylt, auch heute noch seine Wirkung. Im Deutschland des 21. Jahrhunderts – spätestens – wirkt es allein aber nicht mehr erotisierend. Der bloße Anblick von Kopfbehaarung animiert niemanden zu unsittlichem Verhalten. Wenn ich heute durch die Duisburger Innenstadt laufe, schaut mir niemand wegen meiner Haare hinterher. Erst wenn man sich aufreizend oder besonders originell kleidet und sich entsprechend gebärdet, zieht man den einen oder anderen Blick auf sich.

Das Kopftuch bewirkt heute sogar – so erfahre ich immer öfter – bei manchen Männern im Orient wie im Okzident statt Distanzierung eher das Gegenteil: Kopftuch tragende Frauen werden mehr denn je angeflirtet oder «angemacht», weil die Augen, der Mund und das Gesicht so schön betont werden. Die Geschichten meiner syrischen Cousinen und Freundinnen habe ich heute noch im Ohr: «Ich habe den Perversling dann mit meiner Handtasche geschlagen und ihn lauthals in der Menge beschimpft, weil er mir ekelhafte Dinge zurief.» Das Kopftuch allein hält also heutzutage wohl keinen Mann davon ab, die Frau als Objekt der Begierde zu betrachten.

Neben der Schutzfunktion wird das Kopftuch im Islam aber auch in Zusammenhang mit dem koranischen Keuschheitsgebot gebracht. Es soll helfen, das sittliche Verhalten zu wahren. Während die erste Funktion ganz klar in der Zeit des Propheten selbst ihre Verankerung hat, ist die zweite Funktion vor allem ein Resultat des Koranverständnisses späterer männlicher Rechtsgelehrter.

Der Koran sieht im Kopftuch beziehungsweise in der Verschleierung lediglich einen Teil einer insgesamt geforderten sittsamen Kleidung. Dennoch überwiegt heute die Vorstellung, gerade oder allein das Kopftuch garantiere die Sittlichkeit und kennzeichne eine im Sinne des Islams ehrbare, also gläubige Frau, eine gute Muslimin, die sich an alle religiösen Rituale hält. So lassen sich in jeder größeren Fußgängerzone in Deutschland – ebenso wie in Kairo oder in Teheran – junge Mädchen und Frauen beobachten, die zwar ein Kopftuch tragen, aber zugleich ihre weiblichen Reize durch extrem enge Kleidung, auffälligen Schmuck und aufdringliches Make-up herausstellen – als ob durch das Kopftuch allein alle islamischen Verhaltensnormen erfüllt würden. Damit überschätzt man die Kraft dieses Stückchens Stoff gewaltig, im Gegenteil: Es wird zum Alibi.

Die Betonung der Sittlichkeitsfunktion des Kopftuchs entstand ab dem Ende des 9. Jahrhunderts in der Abbasidenzeit. Zunächst wurde die Verschleierung für alle muslimischen Frauen, also auch für Sklavinnen und Mägde, durchgesetzt. Die soziale Differenzierung, die der Prophet Muhammad aus der Gesellschaftsordnung des alten Arabien gekannt hatte, wurde damit endgültig aufgehoben. Dieser Prozess der Ausweitung der Verschleierung vollzog sich unter dem stärker werdenden persischen und dann byzantinischen Einfluss und ging mit der zunehmenden Verbannung der Frauen aus der Öffentlichkeit sowie der Etablierung des Harems einher. Dass Frauen aus der Öffentlichkeit ausgeschlossen wurden, ist somit keine Maxime des Korans, sondern geht auf die Vorstellungswelt von rechtsgelehrten Männern zurück.

Zu ihnen gehörte auch der große Abu Hamid al-Ghazali aus dem 11. Jahrhundert, den ich mit seiner Verbindung von Theolo-

gie, Rechtswesen und Sufismus ungeheuer schätze, den man aber
selbst für die damaligen Verhältnisse ruhigen Gewissens als frauen-
feindlich bezeichnen kann. Hinter seinem Verständnis von der
Schleierpflicht, das auch seine Zeitgenossen teilten ebenso wie die
meisten nachfolgenden Generationen bis hin zu den Fundamentalisten unserer Zeit, stand und steht ein Menschenbild, das – poin-
tiert gesprochen – die Frau als böse Verführerin, als Männer fres-
sende *femme fatale* und reines Sexualobjekt, den Mann entsprechend
als geifernden Lüstling, als triebgesteuerten Rohling und zugleich
als willenloses Opfer der Begierde zeigt. «Wenn ein Weib kommt,
so ist es, als ob ein Teufel käme. Wenn darum einer von euch ein
Weib sieht und es gefällt ihm, so gehe er zu seinem Weibe», heißt
es in einem angeblichen Ausspruch des Propheten, mit dem al-
Ghazali die Beziehung zwischen Mann und Frau charakterisiert.
Die Frau ist für ihn lediglich «ein Mittel, das Herz [des Mannes]
reinzuhalten». Aufgrund seiner *psychischen* Unterlegenheit muss
der Mann vor der Macht der Frauen geschützt werden. Aber wegen seiner *physischen Überlegenheit* sieht der Schutz so aus, dass die
Frau die «erforderliche» Einschränkung zu (er-)tragen hat – nämlich ihre Blöße zu verbergen. Al-Ghazali schreibt: «Wenn sie [die
Frau] aber ausgeht, muss sie vor den Männern die Augen nieder-
schlagen. Damit meinen wir nicht, dass das Gesicht des Mannes für
sie in demselben Sinne ‹Blöße› sei wie das Gesicht der Frau für den
Mann.» Grundlage für al-Ghazalis Erläuterung ist der Koranvers
24:31:

Und sprich zu den gläubigen Frauen, sie sollen ihre Blicke senken und
ihre Scham bewahren, ihren Schmuck nicht offen zeigen, mit Ausnahme
dessen, was sonst sichtbar ist. Sie sollen ihren Schleier auf den Kleiderausschnitt schlagen und ihren Schmuck nicht offen zeigen, es sei denn ihren
Ehegatten, ihren Vätern, den Vätern ihrer Ehegatten, ihren Söhnen, den
Söhnen ihrer Ehegatten, ihren Brüdern, den Söhnen ihrer Brüder und
den Söhnen ihrer Schwestern, ihren Frauen, denen, die ihre rechte Hand
besitzen, den männlichen Gefolgsleuten, die keinen Trieb mehr haben,
den Kindern, die die Blöße der Frauen nicht beachten. Sie sollen ihre

Füße nicht aneinanderschlagen, damit man gewahr wird, was für einen Schmuck sie verborgen tragen. Bekehrt euch allesamt zu Gott, ihr Gläubigen, auf dass es euch wohl ergehe.

Auch die beiden vorausgegangenen monotheistischen Religionen, das Judentum und das Christentum, kannten Bekleidungsvorschriften, sodass es zunächst nicht verwundert, dass sie auch im Koran ausdrücklich angesprochen werden. Der Begriff «Schmuck» kann hier zum einen goldene, silberne oder sonstige Accessoires bezeichnen, zum anderen kann er aber auch für körperliche Reize stehen. Liest man Vers 24:31 ein zweites und ein drittes Mal, erkennt man, dass es hier nicht um ein ausdrückliches Kopftuchgebot geht. Man muss vermuten, dass es sich bei der Formulierung «Schleier auf den Kleiderausschnitt schlagen» um ein Tuch gehandelt haben mag, das eventuell vom Kopf oder vom Hals herab auf den übrigen Körper fiel und das zum gewöhnlichen Bekleidungsstil gehört hat.

Sowohl in Vers 24:31 als auch in Vers 33:59 wird am Ende Gottes Wohlgefallen an «anständiger» Kleidung zum Ausdruck gebracht. Das Gebot ist nicht einfach ein Gesetz, sondern hat einen moralischen Sinn. So heißt es «auf dass es euch wohl ergehe» und «Gott ist voller Vergebung und barmherzig». Gott ermahnt die gläubigen Frauen, sich nicht freizügig zu kleiden, weil es besser für sie ist.

Kein Zwang in der Religion

Vor eintausendvierhundert Jahren war es für Frauen gesellschaftlich noch wesentlich wichtiger als heute, körperliche Reize zu bedecken. Ihre Rechte waren in der rauen Wüstenwelt nicht sonderlich viel wert. Vor diesem Hintergrund kann man die neuen islamischen Vorschriften und Werte durchaus als eine Art Revolution oder zumindest als für damalige Verhältnisse enormen Fortschritt verstehen. So wurde beispielsweise muslimischen Frauen erstmals das Recht eingeräumt, als Erbin eingesetzt zu werden, auch wenn sie gegenüber männlichen Erben benachteiligt wurden. So weit, so gut.

Auf der Suche nach einer Antwort auf die K-Frage fiel mir ein dritter wichtiger Vers auf, der selten «verwendet» wird und relativ unbekannt ist: «Und für die unter den Frauen, die sich zur Ruhe gesetzt haben und nicht mehr zu heiraten hoffen, ist es kein Vergehen, wenn sie ihre Kleider ablegen, ohne dass sie jedoch den Schmuck zur Schau stellen. Und besser wäre es für sie, dass sie sich dessen enthalten. Und Gott hört und weiß alles.» (24:60) Ich gebe zu, dass ich diesen Vers weder als Jugendliche noch als Studentin kannte. Erst vor einigen Jahren, als sich islamischer Feminismus endlich Gehör verschaffte, wurde ich mit ihm konfrontiert. Die Formulierung «sich zur Ruhe setzen» kann Vieles bedeuten. Vielleicht, dass eine Frau zu alt ist, um geheiratet zu werden. Es könnte auch bedeuten, dass eine Frau angesichts ihres Alters keine Kinder mehr bekommen kann. Ebenso kann es bedeuten, dass sie wegen gesundheitlicher oder geistiger Einschränkungen nicht geheiratet werden kann. Der Vers ist trotz dieser Offenheit nicht schwer zu verstehen, und ich möchte die Bedeutung salopp so zusammenfassen: Wenn eine Frau auf dem Heiratsmarkt keine Angebote mehr bekommt, dann braucht sie auch keine Bedeckung im Sinne eines Schutzes mehr zu tragen. In unserer Zeit müsste es ergänzend heißen: Wenn eine Frau weder geheiratet wird *noch selbst heiraten will,* dann kann sie auf ihre Kleider – gemeint sind natürlich ihre Verschleierung beziehungsweise ihr Kopftuch – verzichten. Dieser Vers hat etwas sehr Befreiendes in sich, denn wenn an einer Frau kein Interesse seitens der Männerwelt besteht oder eine Frau selbst kein Interesse an der Männerwelt zeigt, dann kann sie etwas – auch bildlich gesprochen – ablegen.

Genau solche Stellen sind es, die ich in den heiligen Texten so liebe. Sie lassen sehr viel Interpretation zu und sind doch folgerichtig. Und genau darin liegt die Chance, Theologie weiterzuentwickeln und in unsere heutige Zeit zu holen. Der Islam hat genügend Potential dazu. Denn wenn man aus vernünftigen Gründen erwägen kann – nicht muss –, etwas zu verändern, dann lässt sich genau dieser Gedanke, dass Vorschriften vernünftigerweise der Situation angepasst werden müssen, ohne zeitliche Begrenzung auf anderes übertragen.

Wenn ich also als Muslimin heute in Deutschland oder Europa lebe: Erfüllt hier das Kopftuch noch seinen ursprünglichen Zweck? Nein, das Kopftuch erfüllt den Hauptzweck des Schutzes nicht mehr – es ist obsolet. In der heutigen deutschen Gesellschaft schützt mich das Kopftuch nicht mehr auf die Art und Weise, wie es zur Zeit der Koranoffenbarung möglich war. Den Schutz meiner körperlichen Unversehrtheit übernehmen heute in Deutschland Recht und Gesetz. Doch auch im Hinblick auf meine moralische Unversehrtheit bin ich angesichts der Freiheiten, die mir der moderne Rechtsstaat bietet, mehr den je selbst verantwortlich. Das Kopftuch kann mir diese Verantwortung nicht abnehmen. Ich kann mich nicht hinter einem Stückchen Stoff verstecken. Der freiheitliche Rechtsstaat schützt mich, indem er beispielsweise Angriffe auf meine Person unter Strafe stellt, und er legt mir zugleich Pflichten auf. Ich muss als erwachsener Mensch eigenverantwortlich handeln – in allen Belangen.

Eben auf diese Eigenverantwortung muss die elterliche Erziehung ausgerichtet sein. Dass mit dem Zwang unter ein Kopftuch nicht viel zu erreichen ist, dass damit – wenn überhaupt – nur kurzfristig und oft nur aus Elternsicht Erfolge erzielt werden können, zeigen die Familientragödien, die bisweilen mit Mord und Totschlag enden. Ein Mensch, der von seinen Eltern zu einem mündigen Wesen in dieser Gesellschaft erzogen worden ist und dem Wertschätzung für seine Religion vermittelt wurde, braucht das Kopftuch nicht, um sittsam zu leben. Ich kann mich mit und ohne Schleier ehrenwert verhalten – oder auch nicht. Da man es in Deutschland nicht mehr – oder zum Glück nur selten – mit einer Männerwelt wie vor tausend Jahren zu tun hat, ist auch die «Gefahr» von außen eine völlig andere geworden. Man sollte nicht etwa glauben, dass unter meinen Schülerinnen nur diejenigen ohne Kopftuch einen Freund haben ... Eine Studie des Bundesamtes für Migration und Flüchtlinge hat 2009 gezeigt, dass das Tragen eines Kopftuchs nicht unbedingt etwas mit starkem Glauben zu tun hat.

Gott verlangt sittsames Verhalten. Das muss man als Mensch erfüllen – angepasst an die jeweilige Lebenswelt. Das Kopftuch spielt in meinem Deutschland des 21. Jahrhunderts keine Rolle mehr. Ich habe mich also nicht deshalb gegen das Kopftuch entschieden, weil ich es nicht mehr als religiöse Vorschrift werte. Ich trage kein Kopftuch, weil es den eigentlichen Sinn, den Gott damit verbunden hat, in der Zeit und in der Welt, in der ich lebe, nicht mehr erfüllen kann.

Aber: Der mit dem Kopftuch verbundene Gedanke, sich gesittet zu kleiden, bleibt eine religiöse Vorschrift. Dieses Gebot möchte ich durch das Tragen angemessener Kleidung so gut es geht erfüllen, denn damit ist auch in unserer Gesellschaft noch eine Schutzfunktion verbunden. Eine Frau bewegt sich beispielsweise in einem Mantel sicherer durch die Nacht als hochhackig im Minirock und mit weit ausgeschnittenem hautengem Oberteil. Beides ist erlaubt, aber ich persönlich entscheide mich für den Mantel. So verstehe ich das Kopftuchtragen zwar als obsolet, das koranische Gebot der anständigen Bekleidung, die die körperlichen Reize bedeckt, bleibt mir indes wichtig. Klar ist allerdings auch: Was «angemessen», «anständig» und «sittlich» ist, wird durch die Vernunft definiert und nicht durch das Weltbild zumeist alter Männer – ob nun gelehrt oder ungelehrt –, die die Definitionsmacht hierüber für sich beanspruchen wollten und wollen.

Ich bin eine erwachsene Frau und kann frei für mich entscheiden, was «anständige Kleidung» bedeutet. Ich bin von meiner Meinung überzeugt, das bedeutet aber nicht, dass sie die für alle verbindliche Haltung zum Kopftuch sein muss. Ich respektiere und achte jede Frau, die sich aus freien Stücken für das Kopftuch entscheidet. Ebenso achte und respektiere ich jede Frau, die sich frei dazu entscheidet, kein Kopftuch zu tragen. Klar muss sein, dass keine Frau und kein junges Mädchen dazu gezwungen werden darf, ein Kopftuch zu tragen – oder keines zu tragen.

4 SEXUALITÄT UND GESCHLECHT:
ALLES EINE FRAGE DER EHRE

Vom Wert der Sonnenbrille

Jede Frau – egal ob jung oder älter – merkt es, wenn ihr in den Ausschnitt oder auf den Oberkörper gestarrt wird. Ich trage als gläubige Muslimin zwar kein Kopftuch, lege aber Wert auf eine nicht zu freizügige Bekleidung. Trotzdem animiert das etliche muslimische «Fachmänner», sich hinter meinem Rücken darüber auszulassen, wie tief dekolletiert meine Blusen und anderen Oberteile doch seien. Dieses Gerede ist so laut, dass es in der Regel schnell bei mir ankommt. Ich wundere mich, wie töricht und scheinheilig diese Männer sind. Eben noch begegneten sie einem mit einem freundlichen Lächeln, und kaum dreht man ihnen den Rücken zu, geht das Gemurmel los. Für einen frommen Muslim ist es absolut verpönt, so offensichtlich über eine Frau zu flüstern, dass die Betroffene es merkt. Wenn sich dann noch Männer unter sich darüber austauschen, wie «unislamisch» mein Auftreten ist, dann frage ich mich meinerseits, wie «islamisch» wohl diese Herrschaften sind. Doch dieser *achî* (Bruder)- und *uchtî* (Schwester)-Gesellschaft geht es selten darum, jemanden wirklich als Bruder oder Schwester anzusehen und respektvoll zu behandeln. Gerade als Schwester kann frau nur darauf hoffen, von ihren frommen Glaubensbrüdern in Ruhe gelassen zu werden – aber es geschieht häufig das Gegenteil. Meine Mutter sagte oft: «Nichts bleibt im Verborgenen. Eines Tages kommt alles ans Licht.» Sie hat Recht behalten.

Ich fing an, noch stärker darauf zu achten, was man zur Arbeit mit «gebildeten» Männern anzog. Auch Treffen mit frommen Funktionären wurden von mir so geplant, dass ich mit meinem Outfit auf keinen Fall provozieren konnte. Aber das hinderte einige trotzdem nicht daran, einen Blick in meine Bluse zu riskieren und einen zweiten und dritten. Einer meiner ehemaligen Arbeitskollegen konnte sich meiner «Anziehungskraft» (der *fitna*, siehe das erste Kapitel) offenbar gar nicht entziehen und dachte wohl, ich würde das nicht merken. Egal ob Rollkragenpullover oder dicke Strickjacke, bei jedem Gespräch ließ er seine Blicke endlos wandern. Wie verhält man sich als Frau und gläubige Muslimin in so einer Situation? Fange ich an, ein Kopftuch zu tragen, damit ich mich «unsichtbar» mache und niemanden mehr «nötigen» muss, mir ins Dekolleté zu schauen? Gewiss nicht. Nicht in einer modernen Gesellschaft wie der deutschen, in der es andere Mittel und Wege gibt. Also habe ich mich entschlossen, denjenigen, die mir keinen *halal*-Blick, also keinen reinen Blick, zuwerfen, einen wenig kollegialen und sehr verurteilenden islamischen Blick zurückzuschicken. Das brachte die «Täter» meist relativ schnell dazu, sich wieder auf ihre Frömmigkeit zu besinnen. Zu Beginn meiner Besprechungen mit solchen Exemplaren der muslimischen Gelehrtenwelt war dies allerdings ziemlich nervenaufreibend und sehr unangenehm.

In islamischen Ländern muss frau eine andere Strategie anwenden als hierzulande, um einem Mann unmissverständlich klar zu machen, was sie von ihm hält – nämlich nichts. Frau schaut einfach konsequent an ihm vorbei oder durch ihn hindurch. Einfach ist das nicht, denn man verspürt durchaus den Drang, dem «starken Geschlecht» in die Augen zu schauen, um ihm die Schamesröte vor aller Welt ins Gesicht zu treiben oder ihn zurechtzuweisen. Aber diesen Fehler sollte man nicht machen. Die meisten warten nur darauf, einen Blick zu erhaschen oder gar eine Äußerung zu erhalten, um damit für kurze Zeit die volle Aufmerksamkeit vom Objekt ihrer Begierde zu bekommen. Da hilft also nur noch ignorieren. Vielen Frauen ist das allerdings zu anstrengend. Darum setzen sie sich eine riesige Sonnenbrille auf. Zum einen verdeckt sie das halbe Gesicht, zum anderen muss man die eigenen Blicke nicht kontrollieren. Die Brille ist sowohl bei liberalsten

Christinnen und Musliminnen als auch bei den von oben bis unten Verschleierten in islamischen Ländern ein (lebens-)notwen-
diges Utensil. Sollte allerdings ein südländischer oder orientalischer Mann auf die aberwitzige Idee kommen, einer Frau körperlich zu nahe kommen zu wollen, braucht man nur einmal laut
aufzuschreien oder zu schimpfen und schon finden sich Dutzende
von anderen Männern, die dem »Angreifer« handfest klarmachen,
dass er einen Fehler begangen hat.

Zurück nach Deutschland: Hier funktionieren solche Strategien
nicht so richtig. Hier sollte frau demjenigen, der sie belästigt, verbal und nonverbal Stärke demonstrieren, mit einem klaren Satz
und einem unmissverständlichen Blick. Dem Gesicht des «Übeltä-
ters» ist dann schnell anzusehen: man(n) fühlt sich ertappt.

Es ist allzu menschlich, sich eher mit dem Äußeren einer Person
zu beschäftigen, als sich inhaltlich mit ihr auseinanderzusetzen.
Schade! Wenn die Herrschaften der beschriebenen Sorte aber permanent ihre Moral und Werte betonen und diese von anderen
einfordern, dann sollten sie sie doch zuerst für sich selbst ernst
nehmen, oder? Ich möchte niemanden in Sippenhaft nehmen.
Die hier beschriebenen Männer gehören zu einer Minderheit, aber
einer sehr unangenehmen. Zu der unerfreulichen Wahrheit – und
da werden mir viele Frauen mit orientalischem Aussehen Recht
geben – gehört leider auch, dass Männer gerade die Frauen auf
plumpste Weise anmachen, die (fast immer) aus dem gleichen
Kulturkreis wie sie selbst stammen.

Jungs und Mädchen in Lohberg

In der Schule beobachte ich unter den Jugendlichen die
Versuche, sich dem anderen Geschlecht anzunähern. Ich erlebe
häufig, dass Jungen mit einem ausgeprägten Machoverhalten bei
ihren Angebeteten gut ankommen. Sogar das selbstbewussteste
Mädchen möchte einen «starken Mann», der sie beschützt und
nur bei ihr «schwach» oder «weich» wird. Diese naiv-romantische

Vorstellung will aber dummerweise kein junger Mann öffentlich bestätigen, denn Schwachheit gegenüber einer Frau bereitet dem (angehenden) Macho Sorge: Er will keiner Frau «verfallen», weil er dann bei seinen Freunden nicht mehr als Mann, sondern als Pantoffelheld gilt. Mit Beginn der Pubertät bis weit in die Twenties tun junge Männer alles, um das kostbare Image nicht zu verlieren, das man(n) sich so lange und so hart erarbeiten muss.

Nicht selten hat dieses Verhalten bei Mädchen wie bei Jungen etwas mit ihrem sozialen Status zu tun. Es schafft eine gewisse Kompensation für andere Mängel: schlechte Noten, kein Geld, keine fürsorgliche Familie, Zukunftsängste und anderes. Die Jungs können sich als «Machos» gut fühlen: Sie sind etwas wert, werden von anderen angehimmelt. Einen «Macho» zu lieben heißt wiederum für die Mädchen: Sie haben es geschafft, einen coolen Typen an sich zu binden: «Seht her! In meinen Händen schmilzt er dahin wie Wachs.»

Meine Hauptschüler in Dinslaken-Lohberg sind fast alle hier geboren – selbst Eltern oder Großeltern leben schon lange im nördlichen Ruhrgebiet. Die Mädchen werden überwiegend traditionell erzogen. Das erkennt man sofort an ihrem Rollenverhalten: Mädchen nehmen sich in vielen Bereichen nicht die gleichen Rechte wie ihre männlichen Freunde und Verwandten. Ansehen und Ehre einer Lohberger Familie wird bei einigen tatsächlich klischeegerecht am Verhalten der Ehefrauen und Töchter festgemacht. In Dinslaken soll es vor etwa zehn Jahren einen sogenannten «Ehrenmord» gegeben haben – wohlgemerkt *einen*. Das ist zwar einer zu viel, er belegt aber keine größere Neigung zu Ehrenmorden unter muslimischen Einwanderern, wie die Islamkritik einiger Zeitgenossen glauben machen will. (Wie viele «Familiendramen» es hier in den letzten zehn Jahren in nicht-muslimischen Familien gab, konnte mir leider niemand sagen.) Die Schüler aus der zehnten Klasse erzählten mir von dem Fall im Rahmen der Unterrichtsreihe «Frauen im Islam». In der Klasse saß damals auch die Nichte der Ermordeten, die irgendwann weinend aus dem Raum rannte.

Die Jugendlichen, von denen ich erzähle, leben alle in Lohberg, einem Brennpunktstadtteil von Dinslaken, einer Stadt im Ruhrgebiet mit rund 72 000 Einwohnern. Schätzungsweise 6000 Einwohner haben eine Zuwanderungsgeschichte. Rund die Hälfte von ihnen wohnt im Stadtteil Lohberg. Der überwiegende Teil von ihnen ist türkischer Abstammung. Mehrere Einwanderergenerationen leben mittlerweile hier. Zum Teil wohnen sie vom Großvater bis zur Enkelin alle unter einem Dach. Der Marktplatz ist das Zentrum des Stadtteils. Durch seine alten Häuser, die unter Denkmalschutz stehen, wirkt er besonders im Sommer sehr einladend. Der türkische Einzelhändler, die «Trinkhalle», der deutsche Supermarkt, der Zeitschriftenladen, das türkische Schnellrestaurant, die Drogerie um die Ecke, das beliebte Stadtteilbüro sorgen für «pulsierendes» Leben. Sogar die Bürgermeisterin von Dinslaken wohnt hier in Lohberg.

Eine Idylle? Wo man ein zufriedenes Miteinander von Menschen unterschiedlicher Herkunft erwartet, herrscht unter den Bewohnern häufig nur ein Gefühl vor: Frustration. Die Älteren, die Rentner in den Teestuben, erzählen von ihrem langen und anstrengenden Leben in Deutschland, das sie am Ende doch nicht zum ersehnten Reichtum gebracht hat. Sie reden über ihre Heimat, über das, was sie alles zurücklassen mussten, und das, was sie als Einziges mitnehmen konnten und was nun zu behüten und zu beschützen ist: Tradition bzw. Religion. Oft verbringen die Großeltern die eine Hälfte des Jahres hier und die andere «zu Hause». Da ihre Kinder und ihre Enkel bereits in Deutschland heimisch geworden sind, wollen sie ihren Ruhestand ungern nur in der Türkei verbringen. Unter der ersten Einwanderergeneration gibt es – gerade bei den älteren Frauen – noch eine kleine Zahl von Analphabeten. Für sie war während ihrer Kindheit in Anatolien der Schulbesuch weniger wichtig als die Mitarbeit für den Unterhalt der Familie. Es fiel diesen Analphabeten natürlich noch schwerer, Deutsch zu lernen und sich in einer fremden Umgebung zurechtzufinden. Die Männer waren größtenteils im Steinkohlebergwerk Lohberg-Osterfeld beschäftigt und schufteten ihr ganzes Leben lang unter Tage. Zu Beginn des Jahres 2006 wurde die Schachtanlage geschlossen. Über Jahrzehnte waren sie als «Gastarbeiter» direkt vor der Haustür beschäftigt, jetzt müssen sich viele mit Arbeitslosigkeit abfinden. Die Ehefrauen kümmern sich nach wie vor tagein, tagaus um die Familie, um den Haushalt einerseits, um das Leben und die Probleme der Eltern, Schwiegereltern, Geschwister und Nachbarn andererseits. Da bleibt oft wenig Zeit für sich selbst oder für die aufmerksame Hinwendung zu ihren Kindern. Einen Beruf außerhalb ihres Hausfrauen-Daseins haben nur die allerwenigsten von ihnen. Ihre Kinder, also die zweite Einwanderergeneration, hatten es im Vergleich dazu schon besser.

Besonders kleine Kinder leiden unter dem autoritären Erziehungsstil der Eltern und Großeltern, der hier häufig anzutreffen ist. Die Angst vor dem Familienoberhaupt macht ihnen zu schaffen. Sie sehen sich körperlicher Züchtigung und anderen harten Strafen ausgesetzt. Meistens erreichen die Eltern damit ihr Ziel: unbedingten Gehorsam. Als Lehrerin fällt mir das immer dann auf, wenn die coolsten Jungs und Mädchen der Schule in einem Vieraugengespräch nach einem Fehlverhalten plötzlich ganz kleinlaut werden, sobald in Aussicht gestellt wird, dass man unter Umständen die Eltern einschalten müsse. Dann wird ganz besonders deutlich, dass diese jungen Menschen vor allem Unterstützung statt Strafe brauchen, dass sie gleichsam nach Zuwendung schreien und dass sie trotz ihres ruppigen Verhaltens vor allem eines sind: Kinder und Heranwachsende.

Tatsächlich ist es so, dass viele Kinder zu Hause «brav» sind. Doch die aufgestaute Wut darüber, dass man den Eltern nicht widersprechen kann, dass man ihnen nicht sagen kann, was einen stört, muss irgendwo und an irgendjemandem ausgelassen werden. Die beliebtesten «Tatorte» für Kinder sind die Schule und die Straße. Schon jüngere Kinder fangen an, zu spät zu kommen, machen ihre Hausaufgaben nicht, stören ständig, beteiligen sich nicht am Unterricht und machen gelegentlich einen vernachlässigten Eindruck. Werden diese Kinder älter, beginnen die ersten ernsteren Probleme mit dem Elternhaus.

Muslimische Väter bekommen in der Regel vom Leben der eigenen Kinder wenig mit: Erziehung ist Frauensache. Erst wenn «das Kind in den Brunnen gefallen» ist und sich das vor dem «Familienoberhaupt» nicht mehr verheimlichen lässt, wird der Vater gezwungenermaßen eingebunden. Die meisten meiner Schüler haben Angst vor Ärger und Streit mit dem Vater, sodass sie ihm eher selten von wirklich persönlichen Dingen berichten. Die Mütter sind somit oftmals die einzigen erwachsenen Vertrauenspersonen, denen sich die Kinder in einem Moment der Schwäche zumindest bedingt öffnen können. Zum Beispiel wenn die Söhne straffällig werden oder die Töchter erste Kontakte zu Jungen aufbauen.

Die unterschiedlichen Rollen der Geschlechter werden in manchen Elternhäusern mit der Muttermilch aufgesogen. Jungen wachsen in die Rolle des Familienoberhaupts hinein, Mädchen in die Rolle der Hausfrau. Jungen gewährt man schon als Kleinkindern mehr Freiheiten als Mädchen – nicht unbedingt bewusst, sondern ganz instinktiv. In traditionellen Familien bemüht sich ein Sohn auch heute um das gute Ansehen der Familie. Und manchmal scheint es, als würde das machohafte Verhalten der Jungen von den Eltern geradezu gefördert, als Rüstzeug für das künftige Leben.

Meine Lohberger Schülerinnen äußern nur selten ihren Unmut über die Ungleichbehandlung. Zu Hause können sie ihrem Frust nicht Luft machen. In der Moschee ist ihrer Meinung nach nicht der richtige Platz dafür, und die Schule bietet sich ebenfalls nicht an. Sie fürchten, dass man sie von ihren Familien trennen könnte, weil sie unter ihrer häuslichen Situation leiden. Im Freundeskreis beklagen Mädchen gemeinsam solche Ungerechtigkeiten und reden darüber, zu sehr kontrolliert zu werden. Es ist aber nicht so, dass diese Mädchen sich wünschen, ihr Elternhaus zu verlassen. Sie lieben ihre Familien und werden auch von diesen geliebt, aber es wird ihnen zu wenig zugetraut. Sie wünschen sich mehr Vertrauen und Verantwortung für ihr Leben, da sie – so ihre Argumentation – gut selbst auf sich aufpassen könnten und wüssten, wie weit sie gehen dürfen. Genau das will man ihnen aber nicht zugestehen.

Die aus einer Mixtur von Religion und Tradition stammenden Regeln greifen vor allem mit Beginn der Pubertät. So darf ein Mädchen aus einem konservativen Elternhaus in der Regel nicht mal einen Schulfreund haben, weil sonst der Verdacht nahe läge, dass es zwischen den beiden zu intim wird. Dann stünde die Familie gesellschaftlich schlecht da, weil sie es nicht hinbekommen hat, ihre Kinder unter Kontrolle zu halten. Und das heißt, entweder führt die Familie ein Lotterleben oder das Familienoberhaupt ist ein «Pantoffelheld».

Soweit die Praxis. Theoretisch ließen sich die Vorschriften des Islams aber auch differenzierter betrachten. Der Islam lehnt im Prinzip (Liebes-)Beziehungen nicht ab. Im Koran ist wie in der Bibel lediglich der Geschlechtsverkehr vor und außerhalb der Ehe verboten. Koran und Sunna sprechen sich zwar für die Verheiratung von ledigen Menschen aus, wenn sie der Ehe zugestimmt haben, aber an keiner Stelle wird erwähnt, dass man nicht lieben oder keine Beziehung ohne Geschlechtsverkehr führen darf. Die Vorschrift, überhaupt keine Liebesbeziehung zu haben, hat erst später Eingang in die islamische Rechtsliteratur gefunden.

Das koranische Gebot, bis zur Ehe sexuell enthaltsam zu leben, gilt ausnahmslos für beide Geschlechter. Doch viele Familien beziehen es nur auf die Töchter. Auch wenn den Söhnen eine (Liebes-)Beziehung zum anderen Geschlecht – oder gar zum eigenen Geschlecht – strikt verboten ist, so wird es in der Regel weniger streng sanktioniert und geächtet, wenn Söhne diese Regel missachten. Jungen billigt man einfach mehr Freiheiten zu. Ab einem bestimmten Alter könnten sie von den Vätern ohnehin nicht mehr körperlich gezüchtigt werden.

Ein ernst zu nehmendes Zerwürfnis droht erst, wenn ein Sohn gewollt oder ungewollt Vater wird. Dieses «Problem» wird dann möglicherweise durch Abtreibung gelöst – oder durch eine Heirat. Dabei muss wieder der Islam als Begründung herhalten. Abtreibung gilt der herrschenden islamischen Lehre zufolge spätestens

nach den ersten vierzig embryonalen Entwicklungstagen als
«Kindstötung» und ist damit *harâm*, also verboten. Auch wenn eine
Abtreibung nach deutschem Gesetz noch straffrei wäre, zwingt
man das Paar lieber in eine Ehe. Und wenn die Ehe dann schei-
tert, so wird sie in traditionellen Milieus doch nur schwerlich wieder geschieden. Für eine jugendliche Unachtsamkeit wird man
also mitunter ein Leben lang bestraft. Eine Geburt ohne Heirat
wäre freilich in solchen Kreisen «undenkbar». Mal wird islamisch
argumentiert, mal gesellschaftlich, mal so, mal so – immer wie es
gerade nötig ist und wie es gerade passt.

In den Fällen, die mir in Lohberg begegnet sind, war es bislang
stets «falscher Alarm». Einer meiner Schüler, der befürchtete, dass
seine Freundin schwanger sei, hatte den Wunsch, seine Situation
im Unterricht anzusprechen. Schnell stieß sein Verhalten bei den
Klassenkameradinnen auf massive Ablehnung. Sie warfen ihm Un-
vorsichtigkeit vor. Seine «Notlage» sei die gerechte Strafe dafür,
dass er ein Mädchen geschwängert habe. Zugleich forderten sie
aber auch offen mehr Freiheiten für sich selbst ein. Nur das Gebot, jungfräulich in die Ehe zu gehen, wird weiterhin sehr ernst
genommen – egal, wie viel Freiheiten eine junge muslimische Frau
besitzt. Für Mädchen sei es schließlich viel schlimmer als für Jungen, unverheiratet ihre Jungfräulichkeit zu verlieren, erläuterten
sie beinahe unisono. Natürlich gibt es einige muslimische Schülerinnen, für die Jungfräulichkeit keinen Wert mehr darstellt. Aber
sie sind eine Minderheit unter den Musliminnen von Lohberg.

Der Islamunterricht ist, wenn er durch ausreichend qualifizierte
Lehrkräfte erteilt wird, fast der einzige öffentliche Ort, an dem
solche Fragen der Jugendlichen überhaupt thematisiert werden
können. Wenn zum Pädagogen und auch untereinander ein relativ gutes Vertrauensverhältnis besteht, äußern viele Mädchen offen
ihren Unmut über solche ungerechten Traditionen – gelegentlich
auch über die Religion. Im Klassenverband sind die Jungen gezwungen, zuzuhören und sich mit den Frustrationen und Forderungen der Mädchen zu beschäftigen. Aber auch umgekehrt werden Mädchen zum ersten Mal mit dem Druck der Rollenerwartung

an Jungen konfrontiert. Jungen und Mädchen können im Islamunterricht oft erstmals ihre Gedanken zu den Geschlechterrollen
austauschen und aufeinander zugehen.

So viele Unterschiede! Dass die Jungen Freundinnen haben
dürfen, die Mädchen aber nicht. Dass Jungen länger bei Freunden
bleiben dürfen als Mädchen. Und dass Jungen für fehlerhaftes Verhalten nicht bestraft werden, die Mädchen aber schon. Die Jungen
scheint das nicht zu stören, aber die Mädchen! Sie müssen mit
ansehen, wie ihre männlichen Verwandten völlig anders erzogen
werden. Aus ihren Erzählungen spricht Neid. Am liebsten wären
sie genauso selbstbewusst und selbstbestimmt wie die Jungen. Aus
ihrer Perspektive fehlt ihnen diese absolute Freiheit. Sie müssen
aus dem Haus gehen, sich mit Freundinnen treffen oder einfach
nur zur Schule gehen, um das Gefühl zu haben, dass ihr eigenes
Leben beginnt. Ihre Unsicherheit zeigt sich oft an einem übertrie-
benen Kleidungsstil, den einige als Ausdruck von Willensfreiheit
empfinden. Hochhackige Stiefel, kurze Röcke und enge Jeans,
knappe, zum Teil bauchfreie Tops und grell geschminkte Gesichter
gehören zum sexy Image, dem sehr viele Mädchen hinterherren-
nen. Ein Handy hat hier jede und jeder. Trotz Handyverbot an der
Schule werden ständig Kurznachrichten an Freunde geschickt.

Der enge Spielraum, den die Mädchen in diesem Stadtteil zur
Entfaltung ihrer Persönlichkeit haben, und das daraus resultie-
rende verschrobene Verständnis von Freiheit drängen einige Mädchen in ein Doppelleben. Sie können es sich nicht leisten, etwas zu
tun, was offenkundig dazu beitragen könnte, die Familienehre zu
beschmutzen. Weil sie nicht raus dürfen, sitzen diese jungen Frauen
häufig zu Hause vor dem Computer – dem Tor zur vermeintlichen
Freiheit. In unzähligen Chatrooms «treffen» sich hier die Jugendlichen. Sie «treffen» Freunde und auch ihren «Liebsten», um un-
gestört durch ein Pseudonym mit ihm sprechen zu können. Stun-
denlang. Die Eltern gewähren diese Freiheit, weil sie zumeist völlig
ahnungslos sind; die Pseudonyme lassen sowieso keinerlei Rückschlüsse auf das Geschlecht des Gesprächspartners zu. Enthemmt
und zugleich naiv lassen die Schülerinnen und Schüler hier ihren

Gefühlen freien Lauf. Es werden verbal Zärtlichkeiten ausgetauscht und geheime Treffen organisiert – reale Treffen. Alles ist dann zulässig, wonach sich das Liebespaar sehnt. Nur die körperliche Liebe bleibt für sie die Grenze – gewollt oder ungewollt. Wenn sie sich einen Freund aussuchen, ist die Wahl der Mädchen in der Regel klar. Sie gehen selten Beziehungen mit Nicht-Türken ein, denn so ist zumindest immer noch die Aussicht da, den jeweiligen Jungen im Zweifelsfall wenigstens ohne «Katastrophen-Szenario» heiraten zu können beziehungsweise von ihm geheiratet zu werden.

Trotz aller Vorsicht bleiben solche Aktivitäten nicht allzu lange unbemerkt. Gelegentlich findet sich ein Liebespaar innerhalb eines Freundes- und Bekanntenkreises. Das bekommen dann die anderen irgendwann mit. Die Nachricht verbreitet sich wie ein Lauffeuer. Wenn ein Mädchen aus einem traditionellen Elternhaus in Lohberg einen Freund hat, müssen Brüder, Cousins und andere engagierte Wächter der Ehre diese Beziehung beenden, unbedingt. Selbst wenn es der eigene Kumpel ist. Das Ansehen der beiden Familien könnte sonst darunter leiden.

Das Thema «Sex» im Islamunterricht

Im Unterricht spreche ich diese Themen in jedem Jahrgang an, vor allem aber in der neunten und zehnten Klasse: Worin lässt sich das Islamische an der Erziehung unserer Eltern festmachen? Und gibt es festgelegte Geschlechterrollen? Eine Unterrichtsstunde kann dann typischerweise so verlaufen: Schnell sind sich die meisten männlichen Jugendlichen der Klasse 10 A1 einig, wie die Rollen aufgeteilt sind. Mehmet fasst es zusammen: «Die Jungen dürfen eigentlich alles. Die Mädchen dürfen das nicht. Wenn die Mist bauen, gibt es Ärger. Das liegt daran, dass Mädchen unsere Ehre darstellen. Wir kontrollieren also, was sie tun.» Ich bitte Mehmet, genauer zu erklären, wann und wie ein solches Mädchen «Mist» baut. Mehmet definiert es genauer: «Sie baut Mist, indem sie beispielsweise einen Freund hat, den sie gar nicht haben darf, und sonst was mit ihm macht.» Sichtlich angegriffen äußern sich einige Mädchen zu diesem Sachverhalt und vertreten den Standpunkt, dass dies aber nicht gerecht sei und wie die Jungen überhaupt dazu kämen, auf sie aufzupassen.

Tatsächlich ist es so, dass sich fast alle Jungen im Stadtteil verpflichtet haben, «auf die Lohberger Mädchen» aufzupassen. Das geht so weit, dass Mädchen mit ihrem jeweiligen Freund in bis zu sechzig Kilometer entfernten Städten von den «Lohberger Jungs» gesichtet worden sind. Doch es bleibt leider nicht immer beim bloßen Sichten. Der Freund des Mädchens wird häufig mit körperlicher Gewalt daran «erinnert», sich von dem Mädchen fernzuhalten. Das Mädchen selbst bekommt es mit dem älteren Bruder oder seinem Vater zu tun. Viele der Lohberger Mädchen wurden schon einmal erwischt, wenn sie sich mit ihrem Liebsten irgendwo getroffen haben.

Im Unterricht sind die meisten Mädchen von dem Thema hellauf begeistert, da sie sich Unterstützung gegen diese offenkundige Ungerechtigkeit von mir erhoffen. Die erhalten sie natürlich auch. Auf die erneute Frage meinerseits, warum Mehmet beispielsweise eine Freundin haben darf, Ayla aber keinen Freund, tobt der männliche Teil der Klasse. Said fasst es mit folgenden Worten zusammen: «Frau Kaddor, Sie wissen doch, wie das ist. Die Mädchen dürfen keinen Freund haben, weil sonst unser Namuz [türkischer Begriff für Ehre] beschmutzt wäre. Die Jungen haben ja meistens nur deutsche Freundinnen. Diese haben wir ja auch nur, um Erfahrungen zu sammeln. Sie wissen schon, was ich meine. Aber das wäre für ein muslimisches Mädchen undenkbar. Bei den Deutschen wird das ja alles viel lockerer gesehen, und mit meiner deutschen Freundin kann ich ja schlafen.»

Die Mädchen in der Klasse bleiben ruhig bei dieser Erklärung, da sie sich durch diese Aussage in gewisser Weise geschmeichelt fühlen, schließlich sind sie keine «Schlampen» und verhalten sich ehrenvoller als die Jungen. Auf meine vorsichtige Frage, was denn wäre, wenn ein muslimisches Mädchen doch auf die Idee käme,

einen Freund zu haben und auch sexuellen Kontakt zu ihm pflegen würde, kommt schnell die passende Antwort von Orhan:
«Dann ist es ja klar. Sie gilt als Schlampe, und dagegen muss man
was tun. Wenn sie einen Freund hat, ohne Geschlechtsverkehr gehabt zu haben, dann gibt es für den Typen nur Schläge. Wenn die
beiden jedoch auf die wahnsinnige Idee gekommen sind, miteinander zu schlafen, dann sind sie beide dran. Ich würde sie umbringen, wenn sie das getan hätte. Das darf ein Mädchen im Islam
nicht. Sie muss doch Jungfrau bleiben, oder?»

Bestürzt halte ich dagegen, dass dieses Gebot für beide Geschlechter gilt. Außerdem könne man von «deutschen Mädchen»
nicht als Schlampen sprechen, nur weil sie andere Wertvorstellungen vertreten. Ich frage provokativ, worin der Unterschied zwischen diesen Mädchen und dem Verhalten der Jungen bestehe.
Wer im Glashaus sitzt, soll nicht mit Steinen werfen. Davon unbe-
rührt, mischt sich der schüchterne Adem ein: «Ja, das ist vielleicht
so im Islam, aber wir sind Jungen. Sie haben vielleicht recht, aber
trotzdem haben wir nicht so ein Problem mit Namuz wie die Mädchen hier. Wir können und dürfen Freundinnen haben, also am
besten keine Lohbergerin, aber ansonsten können wir alles machen. Wir können auch ins Bordell gehen.» Bordell? Auf meine
naive Frage, ob schon mal einer der Jungen tatsächlich da gewesen
sei, kommt das Unausweichliche: Ein einziger Junge aus der Klasse
gibt zu, noch nie im Bordell gewesen zu sein. Die anderen schweigen. Dazu muss man wissen, dass es in Lohberg ein offenes Geheimnis ist, dass Verbindungen zum Rotlichtmilieu etwa in Duisburg bestehen.

Ich frage den sechzehnjährigen Hakan, wie alt er war, als er das
erste Mal in einem Bordell war. – «Fünfzehn.» – «Wieso hast Du
das gemacht?», frage ich. «Mal ausprobieren und dann muss man
auch keine anstrengende Beziehung führen. Da ist doch nichts
dabei, oder ist das wirklich *harâm?* Aber alle Lohberger gehen da
hin, das ist normal hier. Und dann arbeiten ja auch einige Leute da
als Zuhälter.» Alle in der Klasse wissen, von wem Hakan spricht.
Dennoch komme ich zum Punkt zurück: «Es herrscht doch eine

offenkundige Ungerechtigkeit zwischen Männern und Frauen. Der Islam sieht das aber ganz anders vor. Vor Gott sind wir alle gleich, und das Gebot, bis zur Ehe keusch zu bleiben, gilt für uns alle.» Hüseyin, der Meinungsführer der Klasse, ist sichtlich wütend und fragt mich, warum ich unbedingt dieses Thema bringen musste. Ich habe damit die Stellung der Mädchen gestärkt, und das sei nicht gut. Ich male Hüseyin eine Situation aus, die ihn sichtlich berührt und zum Nachdenken bringt: «Stell dir vor, du stehst irgendwann vor dem lieben Gott, und er fragt dich, warum du dir das Recht herausgenommen hast, eine Freundin zu haben, aber deine eigene Schwester wegen ihres Freundes verprügelt hast. Er ist der Schöpfer, und seine Gebote gelten für beide Geschlechter.» Hüseyin ringt nach Luft und überlegt. Mit einem unterdrückten verlegenen Lächeln erklärt er, dass die Mädchen nie wieder zu den Jungs kommen sollen, wenn es ihnen schlecht gehe und sie wegen irgendeiner Sache ihre Hilfe bräuchten. Er wäre nicht mehr bereit, dann noch einem Mädchen zu helfen, wenn es in Schwierigkeiten steckt.

Während der ganzen Diskussion halten sich die meisten Mädchen zurück. Nur wenige verteidigen sich, weil sie selbst einen Freund haben. Nach Schulschluss kommen mehrere Mädchen zu mir und bedanken sich dafür, dass ich das Thema angesprochen habe. Sonst würde es ja keiner machen. Sie erzählen mir, dass es mittlerweile eine Art Bande gibt, zu der alle «Lohberger Jungs» gehören, um sie mit ihren Freunden zu erwischen, egal wo. Einige erzählen, wie sie von Ali gesehen worden seien und anschließend zu Hause großen Ärger bekommen hätten. Selbst die Väter der Mädchen rufen das Bandenoberhaupt an, damit es auf ihre Töchter aufpasst.

Dass die beschriebenen sozialen Probleme von muslimischen Jugendlichen nur zu einem Teil durch die Kultur oder die Religion bedingt sind, zeigt ein kurzer Vergleich mit den anderen Schülern. Unsere nicht-muslimischen Schülerinnen und Schüler, die zumeist aus Deutschland stammen und etwa zwanzig Prozent der Schülerschaft in Lohberg ausmachen, haben es mit ähnlichen Problemen zu tun. Sie werden zwar nicht von den Irrungen und Wirrungen eines kruden Ehrbegriffes verfolgt, doch sie haben andere Schwierigkeiten. So erlebe ich beispielsweise ebenfalls starke Vernachlässigung durch arbeitslose und manchmal alkoholabhängige Eltern. Eine fünfzehnjährige Schwangere unterbrach zuletzt für ein Jahr die Schule und holte dann als Mutter ihren Abschluss nach. Einige der Jugendlichen ohne Migrationshintergrund pflegen und verbreiten rechtsradikales Gedankengut. Sie sind in Schlägereien verwickelt und plagen sich mit schulischen Disziplinarvergehen und deren Folgen. Weder Religion noch Kultur sind für solche Probleme verantwortlich. Es sind vielmehr Bildungsdefizite und soziale Umstände, die dieses Verhalten begünstigen und verursachen.

In jüngster Zeit erkenne ich eine Tendenz zu mehr Offenheit bei muslimischen Jugendlichen. Immer häufiger erlebe ich, dass Mädchen zugeben, einen Freund zu haben – natürlich ohne dessen Namen zu nennen. Genauso häufig wird über Freundinnen der Jungen gesprochen. Zu Beginn meiner Tätigkeit als Lehrerin im Jahr 2003 befanden sich die Mädchen noch in einer anderen Situation. Sie waren eher still und verhielten sich teilnahmslos auf ihren Schulbänken. Als ich zwei Jahre dort unterrichtet hatte, begann eine junge Deutsche mit türkischer Herkunft an der Schule zu arbeiten. Ihr Aufgabenbereich war gezielt auf die Förderung der Mädchen ausgerichtet. Zwar ging es vordergründig darum, sie auf die Berufswelt vorzubereiten und ihnen bei den Bewerbungen um einen Arbeits- und Ausbildungsplatz zu helfen, allerdings sahen die Mädchen in der Sozialpädagogin ein weiteres Vorbild. Wir beide treffen uns nachmittags regelmäßig mit den Schülerinnen und führen viele private, persönliche Gespräche, die uns einen wertvollen und tiefen Einblick in ihre Lebenswelt gestatten. Auch deshalb bin ich heute fest davon überzeugt, dass man als junger Mensch Vorbilder braucht, um seine Identität zu finden und zu stärken. Meine Kollegin und ich führen ihnen allein durch unser Dasein jeden Tag von Neuem vor Augen, dass man es in Deutschland auch mit einer Zuwanderungsgeschichte zu etwas bringen kann. Wenn man sich darum bemüht, stehen einem fast immer Türen offen – man muss nur hindurch gehen. Bildung ist für die Mädchen zu einem ganz konkreten, anschaulichen Wert geworden. Einige entwickelten den Wunsch, ebenfalls Lehrerin, Sozialpädagogin oder ähnliches zu werden. Auf einmal war ein Ehrgeiz bei ihnen zu spüren, sich nach dem Hauptschulabschluss weiterzubilden. Einige von ihnen werden es schaffen, aber für andere kommt diese Erfahrung leider zu spät. Für sie ist der Zug wegen ihrer bisher schlechten Leistungen vermutlich schon abgefahren.

Nach sechs Jahren haben die Mädchen offenbar einiges gelernt. Sie geben sich viel selbstbewusster. Zum ersten Mal erlebe ich, dass sie lautstark Rechte für sich einfordern und diese verteidigen. Zwar holen sie sich immer wieder bei mir oder meiner Kollegin Rückhalt, aber sie erheben ihre Stimme. Und auch die Jungen zeigen Fortschritte. Ich bin fest davon überzeugt, dass der an der Schule neu eingeführte Islamkundeunterricht in deutscher Sprache und die Arbeit der neu eingestellten Sozialpädagogin den Horizont meiner Schülerinnen und Schüler erweitert haben.

Ich berichte hier über einen kleinen Stadtteil am nordwestlichen Rand des Ruhrgebiets: Lohberg. Andernorts in Deutschland werden Muslime vielleicht anders leben. Lohberg ist nicht repräsentativ, aber doch in gewisser Weise ein ermutigendes Beispiel.

Im Club der überintegrierten muslimischen Frauen

Es gibt viele junge muslimische Frauen, die ihr Leben selbstbestimmt und selbstbewusst führen. Sie sind gebildet und stehen mitten im Leben. Aber auch sie haben Schwierigkeiten, einen geeigneten Partner zu finden, allerdings aus ganz anderen Gründen als eher ungebildete, traditionell lebende Musliminnen. Neulich traf ich mich mit einer Freundin türkischer Herkunft, die in einer Landesbehörde tätig ist. Wie es nun einmal bei Gesprächen unter Frauen ist, kamen wir nach Politik, Religion und Karriere zum Thema «Männer». Sie ist Anfang dreißig und erzählte mir, dass sie ernsthafte Probleme hat, einen «vernünftigen» muslimischen Mann kennenzulernen. Ich fragte sie, was denn ihre Anforderungen an den Traummann seien. Sie hatte zunächst keine Schwierigkeiten, mir aufzuzählen, wie er am liebsten sein sollte: gebildet, politisch interessiert, offen und tolerant, muslimisch, gut aussehend, sportlich …

Ich stellte die Frage andersherum: Was für einen Mann sie nicht haben wolle? «Keinen Türken. Keinen Südländer oder Orientalen. Ich will auf keinen Fall einen Macho haben.» Ich brauchte gar nichts mehr darauf zu erwidern. Wie in einem Plädoyer nannte sie mir tausend Gründe, warum sie mit einem Macho nicht klarkommen würde. Sie sei ja schließlich «auch nicht ohne». Im Stillen dachte ich mir, dass ich das jetzt schon zum hundertsten Mal höre. Diese «Probleme» sind kein Einzelfall. Wie erwartet, erklärte sie mir anschließend, dass sie eigentlich einen «autochthonen Deutschen» möchte – damit meinte sie: einen Menschen, der wie ein Deutscher in ihren Idealvorstellungen denkt. Sie gehört wie viele andere zum «Club der überintegrierten Musliminnen». So nenne ich scherzhaft diese Gruppe von muslimischen Frauen, wenn es um das Liebesleben geht. Kaum hatte sie erklärt, dass sie einen verständnisvollen Partner an ihrer Seite haben will, schränkte sie prompt ein: «Aber ich will schon einen richtigen Mann, also einen sehr männlichen Mann.» Ich lächelte, denn dabei zog sie ihre Augenbrauen so zusammen, als ob sie sich damit für ihre naiven und unmöglichen Vorstellungen entschuldigen wollte. «Da findet man wohl eher die berühmte Nadel im Heuhaufen, oder?» Das stimmt. Wir «überintegrierten» Frauen wollen etwas, was es nur sehr selten gibt. Wir wollen einen Mann, der tolerant und gebildet ist, charmant, ohne Machoallüren, aber männlich, stark, durchsetzungsfähig – und muslimisch. Außerdem muss er unsere Herkunftskultur so bereichernd empfinden, wie wir es selbst tun. Und frau will natürlich nicht verkuppelt werden, sondern ihn zufällig finden – möglichst in einer romantischen sternklaren Sommernacht. «Im Grunde würde vieles für einen hier geborenen und hier soziali-

sierten Muslim mit ausländischen Wurzeln sprechen, oder?»
Meine Freundin nickte, aber dabei stieg in ihr eine Art Enttäuschung und zugleich Empörung auf: «Diese Männer heiraten lieber
alles andere als uns – wir sind denen doch viel zu dominant.» – «Ja,
sind wir – und zu zickig obendrein.»

Meine Schulzeit als «Migrantin»

Von klein auf musste ich lernen, dass «wir» wir sind und dass die Deutschen «die anderen» sind. Allerdings haben mir das nicht nur meine Eltern beigebracht, sondern auch mein deutsches Umfeld. «Wir» und «die anderen» hatten es nicht leicht mit mir, weil ich immer beide Sprachen fließend gesprochen und mich gleichermaßen arabisch wie deutsch gefühlt habe. Nur, dass ich so gefühlt habe, hat eigentlich niemanden interessiert. Für meine arabischen Eltern war ich selbstverständlich Araberin. Für meine deutschstämmigen Mitbürger bin ich in der Regel die Ausländerin – im besten Fall die Türkin. Mit meinen dunklen Haaren und dunklen Augen ist die Auswahl da offensichtlich stark eingeschränkt. Und das hatte Konsequenzen. Zum Beispiel in der Schule: Was machen Lehrer einer deutschen Grundschule in den achtziger Jahren mit einem solchen Kind? Sie stecken es in den Muttersprachlichen Ergänzungsunterricht – den türkischen natürlich. Erst Wochen später merkten die Lehrer, dass ich zwar keine Türkin bin, aber schon erste Sätze akzentfrei auf Türkisch sprechen konnte.

In der fünften und sechsten Klasse des Gymnasiums wusste man mich offensichtlich ebenfalls nicht so recht zuzuordnen. Praktischerweise hat man aber auch da schnell die Schublade «ausländisch»/«türkisch» aufgemacht. In dem Fall hieß das: Ab in den Förderunterricht! Dort sollte, wenn die übrige Klasse in Religion unterrichtet wurde, mein Hochdeutsch gefördert werden. Nun durfte ich also eine Sprache lernen, mit der ich aufgewachsen war

– mit leicht westfälischem Akzent. Unsere Eltern sprachen zwar seit unserer Geburt nur Arabisch mit uns – was sollten sie auch sonst tun? Uns gebrochenes Deutsch beibringen? –, aber sie spekulierten darauf, dass wir mit unseren Freunden im Kindergarten, in der Schule und im Verein Deutsch lernen würden. Ihr Plan ging auf. Ich kann mich jedenfalls nicht daran erinnern, jemals bewusst Deutsch gelernt zu haben – es sei denn als Vorbereitung auf eine Klassenarbeit.

Die Lehrer im Förderunterricht bekamen relativ schnell mit, dass ich Deutsch längst konnte. Nur geändert hat es an meiner «Förderung» nichts. Für mich gab es halt keinen anderen Platz. So saß ich gefühlte fünf Jahre in diesem Unterricht, wie viele es tatsächlich waren, kann ich heute gar nicht mehr sagen.

Zu dem Zeitpunkt, als das Etikett «Ausländer» angesichts einiger frustrierter Deutscher, die Mitte der neunziger Jahre Asylantenheime in Brand steckten, irgendwie problematisch erschien, bekam ich in der Schule – das war damals nicht anders als heute – das Label «Migrantin» aufgedrückt, damit ich auch ja nicht vergesse, dass ich anders bin. Dabei bin ich in meinem bisherigen Leben noch in kein einziges Land der Welt eingewandert, ich bin in Deutschland geboren! Auch als «Migrantin» habe ich meiner Schule Kopfzerbrechen bereitet: Wohin bloß mit diesem Kind? Dann lief irgendwann die Parkuhr im Förderunterricht aus. Und jetzt?

Zum Glück kam neben dem Migrations-Label in meinem Fall auch noch das Branding «muslimisch» hinzu. Dem Förderunterricht entronnen, durfte ich dank dieser Erkenntnis dann doch «Reli» besuchen. Den christlichen Religionsunterricht, versteht sich. Ein islamisches Pendant gibt es ja bis heute nicht; und konfessionsübergreifende Lehrangebote wie Ethikunterricht in der Mittelstufe steckten damals noch in den Anfängen und waren bis zu meiner Schule noch nicht vorgedrungen. Ich, das muslimische Mädchen «mit Migrationshintergrund», durfte mich nun also in die letzte Reihe setzen und mir die Zeit mit anderen Dingen wie Malen, Hausaufgabenmachen oder einfach nur Zuhören vertreiben. Eigentlich durfte ich alles machen, nur nicht aktiv am christlichen Unterricht teilnehmen. Wie gut wäre es gewesen, wenn ich einen eigenständigen Unterricht zum Islam hätte besuchen können. Auch eine beaufsichtigte Freistunde wäre allemal besser gewesen, als so offiziell ratlos an den Rand geschoben zu werden; ich war ja nicht die einzige, die nicht ins Unterrichtsraster passte. Die pragmatischste Lösung wäre damals vermutlich gewesen, mich ordentlich am christlichen Religionsunterricht beteiligen zu lassen, was sicher eine Bereicherung für mich gewesen wäre. Das Traurige ist: Schüler machen heute, zwanzig Jahre später, immer noch dieselben Erfahrungen. Nicht jeder kann damit so locker umgehen, bei manchen verstärkt sich durch solch eine Behandlung nur die Erkenntnis, dass man nicht deutsch ist, dass man nicht wirklich hier zu Hause ist. Das ist massiv kontraproduktiv für die Integrationsbemühungen, weil diese Erfahrungen – bei dem einen mehr, bei dem anderen weniger – die sensible und aufnahmestärkste Lebensphase der Kindheit prägen. Mich hat diese Erfahrung später in meinem Einsatz für die Einführung eines islamischen Religionsunterrichts bestärkt. Heute nehmen 25 Prozent der muslimischen Schüler am Ethikunterricht teil, 5 Prozent am katholischen und 3 Prozent am evangelischen Religionsunterricht. 76 Prozent der im Jahr 2009 vom Bundesamt für Migration und Flüchtlinge befragten Muslime (und Aleviten) befürworten die Einführung eines islamischen Religionsunterrichts.

Die Schwierigkeiten der dritten Generation

Viele meiner Freunde mit denselben «Labels» haben es leider nicht aufs Gymnasium geschafft. Anders als bei uns zu Hause spielte Bildung bei ihnen oftmals keine allzu große Rolle. Meine Eltern haben täglich nach den Hausaufgaben gefragt. Ihre nicht. Meine haben trotz Sprachproblemen und Verständnisschwierigkeiten Elternsprechtage wahrgenommen. Ihre nicht. Meine haben dazu aufgefordert zu lernen. Ihre haben sie zu anderen Arbeiten herangezogen. Die große Verantwortung, die den Eltern zukommt, liegt auf der Hand. Aber der Schlüssel liegt bei den Kindern. An die Eltern kommt man nur schwer heran. Das hat verschiedene Gründe. Viele sind aufgrund negativer Erfahrungen in Deutschland misstrauisch gegenüber Einflüssen von außen geworden. Einige Eltern haben selbst eine zu geringe Bildung, als dass sie sich abstrakten Erziehungsproblemen widmen könnten. Die meisten sind in der Regel nicht in Vereinen oder Ähnlichem organisiert, in denen sie sich selbst bilden könnten. Am besten erreicht man die Eltern über die Kinder, die ihre Väter und Mütter in Gesprächen mit neuen Denkweisen, die sie im Unterricht kennengelernt haben, konfrontieren. Leider spielt bis heute Bildung in vielen Einwandererfamilien der größten Gruppe, nämlich der türkischen, laut der neuen BaMF-Studie immer noch eine geringere Rolle als etwa die Bemühung, die Kultur und die Traditionen der Eltern und Großeltern zu bewahren. «Vergiss nicht, wo Du herkommst!» hört man immer wieder.

Die Eltern der ersten Generation wünschten sich für sich und ihre Kinder ein besseres Leben als in ihrem Herkunftsland. In vielen Fällen klappte das auch, man hatte Arbeit und einen gewissen Lebensstandard. Die dritte Generation hingegen hat große Schwierigkeiten. Warum? Vielleicht weil ihre Eltern, die zweite Generation, nie aus kärglichen Lebensverhältnissen, wie sie etwa im Ostanatolien der sechziger und siebziger Jahre herrschten, geflohen sind? Vielleicht weil sie in einer Gesellschaft aufwachsen, die ihnen immer wieder zu verstehen gibt, dass sie trotz ihrer Geburt in Deutschland «Ausländer» und damit «anders» sind? Vielleicht weil ihre Eltern zwischen Hochöfen und Fördertürmen, zwischen Gemüseauslagen und Schnellrestaurants zwar zu etwas Wohlstand gelangten, aber nie so viel Bildung genossen, dass sie ihrem Nachwuchs das nötige Rüstzeug an die Hand geben konnten, um mit pauschalen Vorurteilen und Anfeindungen souveräner umgehen zu können? Vielleicht weil sie in Stadtvierteln leben, wo sich die täglichen Gespräche um Hartz IV, Arbeitslosigkeit, Lebensmittelpreise oder Ärgernisse auf deutschen Ämtern drehen?

Vielleicht liegt es daran, dass die erste und zweite Generation keine andere Wahl hatten, als sich der Mehrheitsgesellschaft anzupassen. Wenn ich an meine Kindheit denke, gab es niemanden, mit dem ich außerhalb der Familie hätte Arabisch sprechen können. Die dritte Generation türkischer Einwanderer indes kann mit ihren Familien in ganzen Stadtteilen leben, in denen die meisten Nachbarn türkischstämmig sind, in denen der Gemüsehändler und der Metzger schon seit Jahrzehnten dieselbe Muttersprache sprechen wie die Großeltern, und neuerdings auch der Hausarzt, der Apotheker, der Rechtsanwalt oder der Steuerberater. Die dritte Generation kann beinahe ihren gesamten Alltag in Deutschland auf Türkisch erledigen. Der Druck, Kontakte mit der nicht türkischstämmigen Umgebung aufzunehmen, ist für sie noch geringer geworden – wenn die Eltern nicht den Schritt wagen, aus solchen Stadtteilen wegzuziehen.

Die Höhe des Minaretts

Der Islam in Deutschland bekommt Konturen. Er hat immer mehr Ecken und Kanten, ist aber an vielen Stellen noch blass. Nie haben sich die Medien so intensiv mit dem Thema Moscheebau beschäftigt wie 2008, und noch nie haben sich die Gemüter darüber so erhitzt wie in diesem Jahr. Beinahe wöchentlich berichteten lokale und überregionale Zeitungen über die diversen Projekte. Der bekannteste Austragungsort für diese Debatte war Köln, die «Hauptstadt des deutschen Islams». Die Zentrale der dort ansässigen DITIB e.V., der «Türkisch-Islamischen Union der Anstalt für Religion», wollte nach Jahrzehnten eine repräsentative Moschee im modernen Baustil errichten lassen. Bisher mussten die Gläubigen wie in vielen anderen Städten Deutschlands in einem umgebauten Fabrikgebäude beten. Kaum lag der Bauentwurf vor, begannen die Auseinandersetzungen. Kritiker warfen dem Verein unter anderem vor, eine viel zu große Moschee geplant zu haben. Von einem «falschen Signal» war die Rede. Die «Großmoschee» würde die Islamisierung der Gesellschaft unterstützen. Schließlich wurden die Dimensionen des Gebäudes etwas verkleinert, im Prinzip wurde der Entwurf aber beibehalten. Nach Stand der Planung soll die Moschee, die zweitausend Gläubigen Platz bietet, 2010 eröffnet werden. Neuerdings versammeln sich immer wieder Rechtspopulisten vor dem Grundstück, um sowohl gegen den Moscheebau als auch gegen die «barbarische, frauenfeindliche und Gewalt verherrlichende» Religion des Islams zu demonstrieren.

Neben diesem umstrittenen Fall eines geplanten Moscheebaus in Deutschland gab es im Jahr 2008 aber auch ein vielbeachtetes positives Beispiel: Im Oktober konnte die bisher größte Moschee Deutschlands feierlich eröffnet werden – im Duisburger Stadtteil Marxloh. Die *Merkez Camii* (Zentralmoschee), in der mehr als eintausendzweihundert Menschen gleichzeitig beten können, kostete insgesamt 7,5 Millionen Euro und wurde mit 3,2 Millionen vom Land Nordrhein-Westfalen und der Europäischen Union mitfinanziert. Die Differenz von 4,3 Millionen Euro übernahm nach eigenen Aussagen die DITIB Duisburg. Die Öffentlichkeit im und außerhalb des Stadtteils stand dem Projekt weitgehend aufgeschlossen gegenüber. Die Gemeinde hatte bereits früh angefangen, die Bürgerinnen und Bürger über das Projekt zu informieren und in die Planungen einzubeziehen, um größtmögliche Transparenz zu schaffen. Die baulich nach osmanischem Vorbild gestaltete Zentralmoschee erfreut sich großen öffentlichen Interesses und hat ihre Türen auch während der Gebetszeiten für Besucher geöffnet. Ich persönlich finde die Innengestaltung der Moschee wunderschön, habe aber mit dem osmanischen Baustil meine Probleme. Er passt nicht wirklich hierher – in diese Landschaft, in diese Kultur und zu den Muslimen in Deutschland. Aus meiner Sicht hätte ein moderner Moscheebau, wie zum Beispiel in Penzberg, ein zukunftsorientierteres Signal – vor allem auch in die muslimische Gesellschaft hinein – gesendet.

Nach mehr als dreißig Jahren Präsenz sind die bis zu 4,3 Millionen Muslime in Deutschland «sichtbar» geworden. Endlich erfüllt sich die seit langem gestellte Forderung, aus den sogenannten

Hinterhofmoscheen herauszukommen. Genau das aber ängstigt nun die Menschen in Deutschland. Viele Fragen sind aufgekommen: Wozu braucht man Moscheen? Wer predigt darin, und wer finanziert diese Bauten?

Aus muslimischer Sicht scheint zumindest die Antwort auf die erste Frage einfach: Die Moschee ist ein repräsentatives Gebäude, durch das und in dem der Glaube der Muslime ausgedrückt wird. Die Moschee bietet primär Raum für das Gebet. Gleich auf das Glaubenszeugnis, die erste der insgesamt fünf Säulen des Islams, folgt das fünfmalige rituelle Gebet als zweitwichtigste Pflicht, die ein gläubiger Muslim in seinem Leben erfüllen muss. In der Regel wird das Gebet im Privaten und meist allein abgehalten. Eine Moschee ist erst dann notwendig, wenn man sich die Pflicht des Gemeinschaftsgebetes am Freitag vor Augen führt: Für jeden (männlichen) Muslim ist es nach herkömmlicher Lesart vorgeschrieben, das Mittagsgebet am Freitag in der Gemeinschaft mit anderen zu beten. Die Moschee ist aber nicht nur Versammlungsort für den Ritus, sondern spielt auch im gesellschaftlichen Leben der muslimischen Gemeinde eine wichtige Rolle. Sie ist Treffpunkt für Jung und Alt. Einen besonders großen Andrang erfahren Moscheen im Fastenmonat Ramadan, wenn zum Teil bis in die Nacht hinein ein spezielles Gebet verrichtet wird.

Fragen nach den Auswirkungen solcher Gebäude auf die bundesdeutsche Gesamtgesellschaft sind legitim, denn sicherlich kann und muss eine Moschee auch als Ort der – nicht nur religiösen – Integration betrachtet werden. Repräsentative Bauten wie in Duisburg oder Köln sind das sichtbarste Zeichen dafür, dass sich Muslime in Deutschland heimisch fühlen und dass sie sich als Teil dieses Staates begreifen wollen. Vor diesem Hintergrund kommt der Architektur eine besondere Bedeutung zu. Sie kann dabei helfen, alte Stereotypen und Denkmuster, die an Muslimen ebenso haften wie an den «versteckten» Hinterhofmoscheen – Abschottungstendenzen, Teilnahmslosigkeit, Undurchsichtigkeit, Fremdheit etc. – aufzubrechen. Dieser Herausforderung sollte sich die moderne Moschee-Architektur in Deutschland stellen. Daher auch meine Skepsis, ob das mit einer osmanisch anmutenden Moschee optimal gelingt.

Kann die bauliche Gestaltung etwas über die theologische Grundhaltung der Gemeinde aussagen? Zu einer Moschee gehören zunächst einmal bestimmte Elemente, die sichtbar sein sollten, um den Bau als Moschee identifizieren und wiedererkennen zu können. Dazu gehören vor allem das Minarett, aber auch ein einladendes Portal, ein Waschraum oder ein großzügiger Gebetssaal. Der Waschraum bietet den Gläubigen die Gelegenheit, sich der rituellen Reinigung zu unterziehen. Das klassische Element wäre hier ein Brunnen oder ähnliche Vorrichtungen. Für den Innenraum spielt besonders die Ornamentik eine große Rolle. Arabische Kalligraphie, aber auch florale Motive bilden in der Regel die Verzierungen. Zum eigentlichen Gebetsraum gehören die Gebetsnische, die Richtung Mekka zeigt, und die Kanzel, von der aus der Imam die Freitagspredigt hält. Grundsätzlich sollte eine anspruchsvolle Architektur bestimmte Emotionen vermitteln können, zum Beispiel Ruhe und den Respekt vor der göttlichen Hoheit.

Innerhalb dieses Rahmens sind verschiedene bauliche Gestaltungen möglich. Die integrative Funktion einer Moschee sollte im Entwurf auf jeden Fall eine Rolle spielen. Dazu ein paar Überlegungen:

Der Großteil der Muslime ist in Deutschland angekommen – nicht vor tausend Jahren, nicht vor hundert Jahren, sondern in den vergangenen vierzig bis fünfzig Jahren. Ein moderner Moscheebau sollte dies widerspiegeln, indem er die vielfältigen Optionen für die Verknüpfung von orientalischer Tradition und zeitgenössischer deutscher oder europäischer Bauweise nutzt. Diese Verbindung ist beispielsweise in der oberbayerischen Gemeinde Penzberg ausgesprochen gut gelungen. Mit einer solch mutigen Architektur läuft man zwar Gefahr, dass sich ältere Generationen mit dem Gebäude nicht identifizieren können. Auf der anderen Seite liegt darin gleichzeitig die Chance, ein sichtbares Signal nach außen, an das städtische Umfeld, und nach innen, an die eigene Gemeinde, zu senden. Das Signal nämlich, dass der Islam weitergedacht werden muss. Architektur könnte diesen Appell an die Gläubigen untermauern, ihre Religion im Kontext des 21. Jahrhunderts zu verstehen.

Eine anspruchsvolle, innovative Architektur lässt sich einer Gemeinde nicht oktroyieren. Aber ein moderner, dem Lebensumfeld angepasster Moscheebau kann die Integration von Muslimen erleichtern. Auch dazu ein paar Überlegungen:

1. Es müssen immer noch Theologen aus den jeweiligen Herkunftsländern eingeflogen werden, um das Gemeindeleben aufrechtzuerhalten. Obwohl muslimische Einwanderer bereits in der dritten Generation hier leben, gibt es bis dato in Deutschland keine fundierte universitäre oder außeruniversitäre Imamausbildung. Um heutigen Ansprüchen zu genügen, müsste eine solche Ausbildung (zusammen mit der Islamlehrer-Ausbildung) in den Bereichen Theologie und Islamische Religionspädagogik vorangebracht werden. Vor allem mit Bezug auf die Religionspädagogik und den Alltag in Deutschland müsste weiterentwickelt werden, wie und was gepredigt wird.

2. In unseren Moscheen in Deutschland wird noch immer fast ausschließlich in der Herkunftssprache derjenigen gepredigt, die die Mehrheit der Besucher bilden, zumeist also auf Türkisch, Arabisch oder Persisch. Dadurch wird zum einen der Eindruck verstärkt, die Inhalte und Aussagen ließen sich nicht in deutscher Sprache wiedergeben. Zum anderen werden Menschen, die die jeweils gesprochene Sprache nicht verstehen, von der Teilnahme am Gemeindeleben ausgeschlossen. Wenn die Predigt sowohl in deutscher als auch in der Herkunftssprache des Großteils der Besucher gehalten würde, wären nicht nur diese Probleme gelöst, sondern es wäre zudem der Transparenz einer Moscheegemeinde enorm zuträglich.

3. In den Moscheen predigen immer noch ausschließlich männliche Imame und Theologen, obwohl nach islamischem Recht auch Frauen predigen könnten. Die Leitung des Gebetes ist ebenfalls nur Männern vorbehalten. Dabei wäre es sogar in konservativen Gemeinden möglich, dass eine Imamin beziehungs-

weise Theologin zumindest vor Frauen das Gebet leitet. Nicht
einmal in den Debatten über eine Imamausbildung in Deutschland wird deutlich, dass auch Frauen Zugang zu dieser Ausbildung erhalten müssen.

Der Islam gewinnt in Europa zunehmend an Konturen. Diese
Entwicklung sollte zu einem innerislamischen und einem interreligiösen Diskurs anregen und einladen.

Ein liberaler, zeitgemäßer Islam

Durch meine Mitarbeit in diversen Projekten rund um die
Integration von muslimischen Jugendlichen und aufgrund der po-
larisierten Diskussion rund um den Islam entstand die Idee, dass
sich endlich eine gemäßigte, liberal-gläubige Stimme schriftlich
äußert, die sich in Deutschland zu Hause fühlt und ihren Glauben
offen und ohne Zwänge lebt. Ich möchte versuchen, eine muslimische Lebensart aufzuzeigen, die in Europa längst ihren Platz
gefunden hat. Gedanken und Ideen, die mich seit Jahren begleiten, kreisen unter anderem um die Fragen: Wie kann muslimisches
Leben in Deutschland aussehen? Wie kann man den Islam hier
lebbar machen? Ist er im 21. Jahrhundert angekommen?

Dies sind die Leitfragen für meine tägliche Arbeit. Um eines
vorwegzunehmen: Ich bin mir sicher, dass der Islam im 21. Jahrhundert ankommen wird. Mir stellt sich jedenfalls nicht die Frage,
ob der Islam kompatibel mit der «freien Welt», der «Demokratie»,
dem Grundgesetz ist. In den nächsten Jahren muss es darum gehen, den Anhängern der Religion (und offensichtlich auch den
Nicht-Muslimen) zu zeigen, wie das konkret geht. Nämlich den
Islam als das zu verstehen, was er zunächst ist: eine Offenbarung
Gottes an Menschen – die vor mehr als 1400 Jahren lebten, die
keine Verfassungsgerichte, keine Massenmedien, keine Kernspin-
tomographie, keine Teilchenbeschleuniger kannten.

Würde sich Gott im heutigen Saudi-Arabien noch einmal offenbaren, dann wohl nicht in der uns überlieferten Sprache des Ko-

rans – das würde kaum jemand verstehen. Wenn man den Glauben stets als eine vom Faktor Zeit unabhängige Lehre betrachten würde, entstünde ein Missverhältnis, denn Zeitgeist und Wissensstand entwickeln sich kontinuierlich weiter. Ich stelle mir eine unendlich lange, leicht ansteigende Linie vor. Das ist die zeitliche Entwicklung. Dazu eine unendlich lange Gerade ohne Steigung. Das wäre der Islam nach orthodoxem, nach fundamentalistischem Verständnis. Irgendwo kreuzen sich die Geraden mit und ohne Steigung. Der Punkt markiert das Jahr 610, das Jahr, in dem Muhammad die erste Offenbarung empfangen hat. Wenn wir nun den Verlauf beider Linien weiter verfolgen, dann entfernen sie sich langsam immer weiter voneinander – unaufhaltsam und bis ans Ende aller Tage. Wir Menschen wandeln auf der Zeitachse. Wenn der Islam sich nicht ändert, dann werden wir uns immer weiter von ihm entfernen. Wir werden immer weniger von ihm verstehen und ihn irgendwann vergessen. Die ansteigende Linie ist in meinem Bild für uns Menschen unveränderbar. Die liegende Gerade nicht. Sie müssen wir mit aller Kraft zu packen kriegen und biegen, sodass sie wie die schräge Linie mit ansteigen kann. Erst dann wird sie uns bis zum Jüngsten Tag begleiten. Diejenigen, die mit anpacken wollen, sind die vielen liberalen, die progressiven Muslime. Ohne diese Verknüpfung von Zeit und Religion lässt sich keine Religion in eine moderne Gesellschaftsordnung einfügen, das heißt: Sie ließe sich auf Dauer nicht bewahren.

Die größte Herausforderung bei dieser Aufgabe wird sein, denjenigen, die heute die Deutungshoheit über den Islam für sich reklamieren, ein Stück von ihrer Macht zu nehmen und auf andere zu verteilen. Dazu gehören viele immer noch einflussreiche Scheichs und Islamgelehrte, viele Verbandsvertreter und Gremienfunktionäre, viele Familienoberhäupter. Sie werden sich mit Händen und Füßen dagegen wehren. Doch wir liberalen Muslime, wir, die schweigende Mehrheit, müssen sie davon überzeugen, dass ein bisschen mehr Machtverteilung, ein bisschen mehr Ausgleich und Kompromissbereitschaft am Ende allen guttun werden.

Um diese Aufgabe anzunehmen, müssen sich Muslime mehr damit auseinandersetzen, was «der Islam» wirklich will und wie sie als Muslime heute eigentlich sein wollen. Meiner Meinung nach müssen die Gläubigen mehr über ihr Leben nachdenken; sie müssen sich in Bescheidenheit üben, Demut vor der Schöpfung samt der darin erschaffenen Menschheit zeigen, sich um ihre Familien kümmern, ihre Ehepartner respektieren, freundlich und zuvorkommend sein, sich der Menschen in Not annehmen und nach Wissen suchen.

Gewiss gibt es viele Muslime, die das längst verinnerlicht haben, aber es gibt einfach viel zu wenige, die laut darüber sprechen, die sich öffentlich darüber austauschen. In der Regel spricht man über Werte nur innerhalb der Familie. Zudem fehlt es in Deutschland an intellektuellen Debatten über Religion. Wo sprechen etwa prominente Muslime offen über diese Fragen? Spontan fällt mir nur der Schriftsteller und Islamwissenschaftler Navid Kermani ein, der sich regelmäßig äußert. Vielleicht noch der Publizist Feridun Zaimoglu, der sich im Zuge der Islamkonferenz von Bundesinnenminister Wolfgang Schäuble laut zu Wort gemeldet hat. Wir brauchen jedoch einen öffentlichen Austausch, um etwas ins Rollen zu bringen, was schon längst hätte ins Rollen gebracht werden sollen. Um der aktuellen Islamdebatte eine andere Färbung als das übliche Schwarz-Weiß zu verleihen, ist es notwendig, dass sich die «normalen» Muslime stärker in der Öffentlichkeit zeigen. Es ist ihre Aufgabe, der schweigenden Mehrheit ein Gesicht zu geben.

Dazu können wir uns organisieren. Wir können uns über Parteien in die Politik einmischen. Wir können Leserbriefe schreiben. Wir können uns in Theatergruppen engagieren, Projekte im Internet starten. Wir können in unserem eigenen Umfeld für Aufklärung sorgen. Man kann dem Nachbarn und dessen festgefahrenen Äußerungen etwas entgegenstellen. Je konsequenter man dabei ist, desto mehr wird es ihn beeindrucken. Nach wie vor denke ich, dass Gespräche auf Augenhöhe – egal ob mit dem Nachbarn, mit Politikern oder Journalisten – das beste Mittel sind, um Menschen mit unterschiedlichen Positionen füreinander zu öffnen.

Wenn nun der Islam zeitgemäß ausgelegt, sozusagen «weiterentwickelt» wird, dann bedeutet das nicht, dass Muslime zu religiös gleichgültigen Menschen werden oder Frauen ihre Kopftücher ablegen sollen. Orthodoxie und liberale Auffassung haben beide eine Daseinsberechtigung, solange sie andere Lebensauffassungen neben sich akzeptieren und der Maxime «leben und leben lassen» folgen. Es verhält sich genauso wie in unserem funktionierenden politischen System. Wir können darin die verschiedenen Grundeinstellungen zwischen Konservatismus, Liberalismus und Sozialismus beobachten. Sie alle sind elementar für unsere Grundordnung. Niemand in Deutschland könnte ein ernsthaftes Interesse daran haben, wenn etwa CDU oder SPD bis zur Bedeutungslosigkeit schrumpfen würden – nicht einmal die eingefleischtesten Anhänger der jeweils anderen Partei. Deshalb geht es auch nicht darum, eine Grundhaltung, die sich aus den islamischen Quellen ableitet, gänzlich beiseite zu schieben – solange sie andere Haltungen neben sich duldet. Das wäre kontraproduktiv, wenn man bedenkt, dass erst durch das Verdrängen «islamischer» Traditionen und Werte im Zeitalter des Kolonialismus die Basis für den Aufstieg des islamischen Fundamentalismus und des Islamismus geschaffen wurde. Die Muslime in Europa müssen mehr miteinander kommunizieren und sich besser organisieren, damit sich im Dialog ein Islam herausbilden kann, der den Ansprüchen des 21. Jahrhunderts genügt.

Ein Schulbuch wird zum Politikum

Ich möchte dieses Kapitel mit einer Geschichte beenden, die zeigt, womit sich die eine oder andere muslimische Organisation heute lieber beschäftigt, anstatt sich um eine echte inhaltliche Auseinandersetzung zu bemühen.

Im Sommer 2008 erschien das erste deutschsprachige Schulbuch für den Islamunterricht in Deutschland: «Saphir». Es wurde von mir initiiert und mit herausgegeben. Inzwischen ist es in vier Bundesländern für den Einsatz in der Islamkunde sowie im isla-

mischen Religionsunterricht genehmigt worden. Das Buch entspricht modernsten pädagogischen Ansprüchen und versucht einen weltoffenen, transparenten und liberalen Islam zu vermitteln,
ohne die Grundlagen der Religion aufzuweichen, aber auch ohne
dabei den Alltag der Schülerinnen und Schüler aus dem Blick zu
verlieren. Die Resonanz aus der Fachwelt und aus den Medien auf
dieses Buch war sehr positiv. Der Kösel Verlag – spezialisiert auf
katholische Religionsbücher – stand diesem spannenden, aber auf-
wändigen Projekt offen gegenüber und begleitete es so professionell wie möglich.

Zum Erscheinen von «Saphir» war eine Pressekonferenz in Köln
geplant, der eine Podiumsdiskussion mit einem Vertreter des Koordinationsrats der Muslime (KRM) vorausgehen sollte. Doch das
kam nicht zustande. Statt dessen kam ein Vertreter der Islamischen
Gemeinschaft Milli Görüş (IGMG) und erklärte, dass es zwar ein
wichtiger Schritt gewesen sei, dieses Projekt anzugehen. Allerdings
hinterfrage er sowohl die Herausgeberschaft, die Autorenschaft als
auch die Konzeption des Buchs – zum Inhalt könne er nicht viel
sagen, da er zu kurzfristig als Teilnehmer der Podiumsdiskussion
benannt worden sei. Aus privaten Vorgesprächen mit Verbandsver-
tretern ist mir bekannt, dass einige etwas verschnupft darüber waren, dass dieses Buch ohne ausreichende Einbindung «ihrer» Organisationen realisiert worden war. Politisch wäre eine Einbindung
heikel gewesen, da die Verbände nicht den Status einer anerkannten
Religionsgemeinschaft genießen. Unter Umständen hätte ein solcher Schritt den Verlag sogar die Genehmigung des Buches in den
vier Bundesländern kosten können – jedenfalls gab es diese Be-
fürchtungen. Das Risiko wollten die Herausgeber nicht eingehen.
Außerdem hindert niemand die Verbände daran, ein weiteres Buch
zu erarbeiten. Konkurrenz belebt bekanntlich das Geschäft. Nach
langer Überzeugungsarbeit – letztlich geht es hier ja um unsere
Kinder, die sich einen eigenen islamischen Schulunterricht wünschen – konnten wir die muslimischen Organisationen davon überzeugen, Gesprächsbereitschaft zu zeigen.

Über diesen kurzen Auftritt bei der Podiumsdiskussion ging es dann allerdings nicht mehr hinaus. Mehrfach boten wir Gespräche an, um uns mit ihren Einwänden und Kritikpunkten genauer zu beschäftigen. Vergeblich. Zwar wurden zwischendurch ein paar Mal zumindest Gesprächsangebote angekündigt, die dann aber doch nicht ausgesprochen wurden. Umso mehr war ich überrascht, als ich am 20. Mai 2009 – also gut ein Jahr später – eine Stellungnahme zu «Saphir» las – auf der Homepage der Islamischen Gemeinschaft Milli Görüş (IGMG), die unter dem Dach des Islamrats für die Bundesrepublik Deutschland e.V. organisiert ist, der wiederum Mitglied des Koordinationsrats der Muslime ist. Ihre Form von konstruktiver Kritik beinhaltet in der Hauptsache folgende Punkte (Hervorhebungen von mir):

Bei einem Vergleich der überschaubaren Menge an Schulbüchern für den IRU [Islamischen Religionsunterricht] kann man [...] dieses Buch vom Ansatz her zwar als positiv beurteilen. Bei genauerer Betrachtung lassen sich jedoch konzeptionelle Ansätze erkennen, die Fragen bezüglich den vom Grundgesetz beabsichtigten Zielen aufwerfen sowie dem *Selbstverständnis und den Erziehungszielen der muslimischen Religionsgemeinschaften zum Teil erheblich widersprechen.* Dazu gehört sowohl die Diskrepanz zwischen einem bekenntnisorientierten und einem islamkundlichen Ansatz (1.) als auch die interreligiöse Ausrichtung (2.) des vorliegenden Lehrbuchs. [...] Dies lässt sich insbesondere an dem verwendeten Bildmaterial und den Zeichnungen (3.), aber auch an der Sprache und Begriffsverwendung (4.) festmachen. [...] Ohne Zweifel gebührt den Autoren Respekt und Wertschätzung für ihren Einsatz bei der Konzeption des vorliegenden Buches, zumal es sich bei dieser Arbeit um eine auch aufgrund der politischen Umstände, aber trotz allem *seit vielen Jahren versäumte Arbeit* handelt.
Saphir 5/6 ist anspruchsvoll ausgearbeitet. Jedoch ist es aufgrund der Diskrepanz zwischen einem bekenntnisorientierten und einem islamkundlichen Ansatz, der sich in vielerlei Hinsicht bemerkbar macht, nicht für den bekenntnisorientierten islamischen Religionsunterricht geeignet. Genauso ist fraglich, inwieweit die *verzerrende Darstellung der eigenen Religion* eine pädagogisch sinnvolle Vermittlung des Islams gewährleistet. Nicht zuletzt manche Darstellungen und die verwendeten Bilder, durch

die teilweise *negative Assoziationen in Bezug auf die Muslime und den Islam* hergestellt und bestärkt werden, lassen das Buch auch für den islamkundlichen Unterricht als überarbeitungsbedürftig beurteilen.

Im Prinzip ist eine solche Stellungnahme in Ordnung – ich respektiere die freie Meinungsäußerung. Unverständlich ist aber, dass sie das Buch sowohl für den Einsatz im bekenntnisorientierten Islamischen Religionsunterricht als auch im islamkundlichen Unterricht infrage stellt. Abgesehen davon, dass das Buch von vier Bundesländern genehmigt worden ist: Erstens gibt es noch gar keinen ordentlichen Religionsunterricht – also warum ein Buch dafür konzipieren? Zweitens, warum ein Buch für einen rein islamkundlichen Unterricht konzipieren, wenn es das erklärte Ziel aller Herausgeber ist, einen ordentlichen Religionsunterricht zu erreichen? Beide Konzepte miteinander zu verbinden war daher von Anfang an beabsichtigt.

Mich würden einmal das angesprochene Selbstverständnis und die Erziehungsziele der «muslimischen Religionsgemeinschaften» interessieren. Eine solche Religionsgemeinschaft im Sinne des Grundgesetzes Art. 7, Abs. 3 gibt es noch gar nicht. Milli Görüş repräsentiert nicht einmal ansatzweise eine Mehrheit der Muslime – weder in Deutschland noch anderswo. Wie viel kann sie also über etwaige islamische Erziehungsziele aussagen? Bis heute haben es die muslimischen Verbände weder geschafft, die Anerkennung als Religionsgemeinschaft zu erlangen (zugegebenermaßen spielen die deutschen Landesregierungen eine entscheidende Rolle dabei), noch ist es ihnen bis dato gelungen, ihr Selbstverständnis, geschweige denn ihre vermeintlichen Erziehungsziele so transparent zu gestalten, dass dies in der breiten Öffentlichkeit angekommen wäre. Dass man nun auf dem Rücken eines Schulbuchprojekts die «Diskrepanz zwischen einem bekenntnisorientierten und einem islamkundlichen Ansatz» beklagt, ist unzulässig, denn es richtet sich schlichtweg an die falsche Adresse. Es ist nicht die Aufgabe eines Schulbuchs, die Konflikte zwischen einem Bundesland und islamischen Organisationen zu lösen.

Interessant ist das Eingeständnis, dass es sich um eine «trotz allem seit vielen Jahren versäumte Arbeit handelt». Das ist zwar schmeichelhaft für die Herausgeber des Schulbuchs, aber dass erst heute – nach Jahrzehnten muslimischen Lebens in Deutschland – ein erstes Schulbuch erscheint, haben sich die muslimischen Organisationen zum großen Teil selbst zuzuschreiben. Es ist bezeichnend, dass das gesamte Buchprojekt ausgerechnet von solchen Personen verantwortet wird, die nicht organisiert sind und keinem der Verbände angehören.

Für vermessen halte ich die letzten beiden Aussagen der Stellungnahme. Wer entscheidet denn, ob das Schulbuch eine «verzerrende Darstellung der eigenen Religion» wiedergibt? Und vor dem Hintergrund, dass Fachleute für Islam, Religion, Pädagogik, Didaktik und sonstiges das Buch landauf, landab loben, stellt sich die Frage: Welches Selbstverständnis muss eigentlich Milli Görüş für sich definieren, wenn sie feststellt, dass «negative Assoziationen in Bezug auf die Muslime und den Islam hergestellt und bestärkt werden»?

Ich lese aus diesen Aussagen eine dogmatische Haltung heraus, zugleich den Ärger darüber, dass hauptsächlich Personen an diesem Buch mitarbeiten, die nicht konservativ genug erscheinen. Ich hätte mir eine konstruktive inhaltliche Auseinandersetzung gewünscht, mehr jedenfalls als den abgegriffenen Hinweis, das sei nicht der wahre Islam, der Islam werde verzerrt dargestellt. Am liebsten wäre es mir gewesen, wenn es zunächst zu dem angekündigten Gespräch gekommen wäre, statt zuerst zu einem öffentlichen Vorstoß, der eher gegen seinen Verfasser und für das Schulbuch spricht. Vielleicht ist das ja die «Strafe» dafür, dass wir die Verbände nicht ordentlich eingebunden haben. «Auge um Auge, Zahn um Zahn»?

6 INTEGRATION ALS MODERNER DSCHIHAD

Der nüchterne Blick auf die in Wirklichkeit größtenteils fried-
liche Entwicklung der Einwanderungsgesellschaft wird in
Deutschland oft verstellt durch solche Beschwörungen einer allgemeinen «Integrationskrise» mit einseitiger Konzentration auf
abschreckende Stichworte wie «Ehrenmorde», «Zwangsheiraten»,
«Genitalverstümmelungen» und «Parallelgesellschaften» als selbst
gewählte «Ghettosituationen», organisiert in «ethnischen Kolo-
nien» als Zentren von Kriminalität und häuslicher Gewalt. Die
Inszenierung solcher Horrorkulissen vorzugsweise anti-islamischer
Provenienz wird geläufigerweise begleitet von der nicht minder
einseitigen und undifferenzierten, zwar wissenschaftlich längst
widerlegten, aber immer wieder aufs Neue aufgetischten Legende von der volkswirtschaftlich angeblich rein negativen Kos-
ten-Nutzen-Bilanz der Zuwanderung seit Mitte der 1950er Jahre.

Klaus J. Bade, 2007

Von Damaskus nach Ahlen

Ein Mittwoch im Winter des Jahres 1976 sollte das Leben
meiner Familie grundlegend verändern. Mein Vater lebte
bereits seit einem Jahr in Deutschland und wollte an diesem Nachmittag seine Frau und die beiden gemeinsamen Kinder am Flughafen in München abholen. Ein Freund fuhr ihn mit seinem Auto
dorthin, und nun stand er da in München und wartete auf seine
kleine Familie.

In Damaskus begleitete mein Onkel meine Mutter und meine
beiden Geschwister zum Flughafen. Meiner Mutter fiel es sehr

schwer, Syrien den Rücken zu kehren. Schließlich musste sie ihre geliebten Eltern, ihre Geschwister und ihre Freunde zurücklassen. Sie war neunundzwanzig Jahre alt und hatte zwei Kinder im Alter von vier und fünf Jahren bei sich. Mein Onkel machte sich Sorgen um die drei und bat einen Mitreisenden, einen Blick auf seine Schwester und die Kinder zu werfen und ihr gegebenenfalls zu helfen, da meine Mutter weder Deutsch noch Englisch sprach. Die Abschiedsumarmung fiel sehr lang und intensiv aus. Sie weinte so viele Tränen wie noch nie, und ihr großer Bruder wollte sie nur ungern gehen lassen.

Es war ihr erster Flug überhaupt. Es gab kein Rückreiseticket. Meine Eltern hatten sich zwar vorgenommen, nicht allzu lange in Deutschland zu bleiben, aber wann sie zurückkommen würden, hatten sie noch nicht entschieden. Mit großer Aufregung, Sorge um die Kinder und einem starken Gefühl der Ungewissheit stieg sie ins Flugzeug. Sie wusste nicht, was das Leben noch für sie bereithalten würde. Die drei nahmen ihre Sitzplätze ein und fieberten dem Wiedersehen mit ihrem Ehemann beziehungsweise ihrem Vater entgegen. Nachdem sich die Aufregung der beiden Kinder gelegt hatte, ertönte plötzlich eine Durchsage aus dem Cockpit. Aus Sorge um die kleine Familie wiederholte der Mitreisende die Durchsage für meine Mutter auf Arabisch: «Wir werden nicht in München landen. Wir fliegen jetzt aufgrund des starken Schneesturms nach London.» Meine Mutter war besorgt. Wo sie denn alle in London bleiben sollten? Er beruhigte sie damit, dass man allen dort ein Zimmer zur Verfügung stellen wolle. Aber ob man auch ihren Mann informieren würde?

Der stand zu der Zeit wartend auf dem Münchner Flughafen. Nach eineinhalb Stunden erfuhr er von der Umleitung des Flugzeugs. Er machte sich Sorgen, schließlich konnte sich seine Frau in dem fremden Land nicht verständigen. Und wie es ihr und den Kindern wohl gehen mochte? Sein Freund konnte ihn nicht beruhigen.

Um 21 Uhr schloss meine Mutter die Hotelzimmertür in London hinter sich. Die beiden Kinder waren völlig übermüdet und verstanden nicht, was geschehen war. Sie hatten sich gefreut, ihren Vater wiederzusehen und woanders zu leben. Doch nun standen sie hier in diesem spartanischen Zimmer irgendwo weit weg. Man hatte ihnen gesagt, dass es in Deutschland Arbeit gebe und dass es dort schön sei, dass die Leute dort alle ein eigenes Auto hätten und dass man dort ganz viele Sachen kaufen könne. Nachdem meine Mutter die beiden ins Bett gebracht hatte, klopfte der sich sorgende Mitreisende an der Tür und fragte sie, ob sie mitkommen wolle, um einen kleinen Spaziergang mit den anderen Reisenden zu unternehmen. Gerne wäre sie mitgegangen, aber sie konnte ihre zwei kleinen Kinder ja nicht alleine im Hotel lassen. Also legte auch sie sich nach einiger Zeit hin und sprach im Bett mehrere Bittgebete (*du'â's*). Denn wie heißt es im Koran: «Sprich: ‹Nicht kümmert sich mein Herr um euch, wenn ihr ihn nicht anrufet.›» (25:77)

Die Fluggesellschaft versicherte den Wartenden in München, dass die Maschine am nächsten Morgen ganz sicher ankommen werde. Mein Vater fragte nach einer Telefonnummer, dann nach dem Namen des Hotels, nach irgendeiner Möglichkeit, seine Frau zu erreichen. In den Siebzigern gab es noch keine Mobiltelefone. Doch es hieß nur: «Beruhigen Sie sich, es wird alles gut. Die Kollegen in London kümmern sich um Ihre Familie.» Mein Vater übernachtete mit seinem Freund in der Ankunftshalle des Münchener Flughafens und sehnte den nächsten Morgen herbei.

Beim Frühstück trafen meine Mutter und Geschwister den Mitreisenden wieder, der ihnen ein Omelett bestellen sollte. Dazu gab es für meine Mutter etwas Ungewöhnliches zu essen: eingelegte Gewürzgurken. Sie fand sie zunächst schrecklich, weil sie Gurken eher in Knoblauch und Salz eingelegt kannte. Der süßliche Geschmack irritierte sie, aber sie sollte ihn später sehr mögen.

Gegen Mittag des 29. Dezember 1976 stiegen meine beiden Geschwister und meine Mutter in München aus dem Flugzeug und sahen zum ersten Mal in ihrem Leben so viel Schnee. Über einen Meter hoch. Auch meine Mutter hatte so viel Schnee auf einmal noch nie gesehen. Sie freute sich, alle Koffer bei der Gepäckausgabe zu finden. Schließlich hatte sie sich in Syrien so viel Mühe damit gegeben, Lebensmittel so zu konservieren, dass sie sie mitbringen konnte. Getrocknete Minze und Thymian, getrocknete ausgehöhlte Auberginen, Pinienkerne, selbstgemachter Käse, eigenes Olivenöl – das brauchte sie, um sich wenigstens für einige Wochen etwas Heimat in Deutschland bewahren zu können. Und dann war die Familie endlich wieder vereint.

Auf dem Weg zum Auto sollte meine Mutter mit einem weiteren völlig neuen Anblick konfrontiert werden: Sie sah ein sich küssendes Liebespaar. Diese Erfahrung haben vermutlich alle Einwanderer gemacht, die aus Kulturräumen stammen, in denen Intimitäten in den privaten Bereich gehören. Dass sich Menschen öffentlich küssten, fand meine Mutter zwar unmoralisch, aber auch bemerkenswert. Unmoralisch deshalb, weil Sexualität in der Öffentlichkeit nichts zu suchen hatte, und bemerkenswert deshalb, weil Menschen hier offensichtlich «frei» lebten. Diese Art der Freiheit wollte sie für sich zwar nie haben, aber sie fand sie hochinteressant.

Meine Mutter war ziemlich erschöpft, als sie ins Auto stieg. Die Nacht im Hotel war zu kurz gewesen und der Flug mit den Kindern anstrengend. Papas Freund setzte sich ans Steuer. Ächzend zog der alte, vollbeladene Ford Taunus an. Sie verließen den Flughafen und fuhren über die A3 nach Norden, einem neuen Leben entgegen. Mein Vater und sein Freund sprachen nicht viel, schauten meist schweigend geradeaus auf die Straße. Meine Mutter betrachtete die fremde Landschaft, die draußen am Fenster vorbeiflog. Zwar lag in Damaskus auch hin und wieder Schnee, aber die Kälte dort war sehr viel milder. Sie sah die weißen Anhöhen, die verschneiten Nadelwälder und die kleinen Dörfer mit ihren weithin sichtbaren Kirchtürmen. Sogar einen echten Hirsch habe sie am Waldrand stehen gesehen, berichtet sie noch heute – doch vielleicht hat sich in der Zwischenzeit auch nur das Gemälde eines röhrenden Zwölfenders, den sie später mal bei irgendjemandem über dem Sofa hängen sah, in ihre Erinnerung eingeschlichen. Der eisige Wind schnitt ihr ins Gesicht, wenn mein Vater das Fenster einen Spalt öffnete, um den Qualm seiner Zigarette abziehen zu lassen. Sie fror. Doch es war nicht nur die feuchte Kälte, die ihr unter die Haut ging. Sie atmete schwer, wenn sie an all das dachte, was sie zurückgelassen hatte. Irgendwann nahm sie die Jacken und deckte die Kinder neben ihr auf der Rückbank zu. Als sie eingeschlafen waren, fielen auch meiner Mutter die Augen zu. Ihre Gedanken drehten sich im Kreis. Zu viele neue Eindrücke wechselten sich mit den Bildern der Vergangenheit und den Vorstellungen von der Zukunft ab.

Es war schon Nacht, als sie die Autobahn verließen. Kurz darauf waren sie angekommen: Ahlen in Westfalen. Die Kinder schauten mit großen müden Augen in die nächtliche Stille. Der Schnee war schon seit einer ganzen Weile aus der Landschaft verschwunden. Diese Nacht im Dezember hatte etwas Besonderes, fast Heiliges an sich. Überall leuchteten Häuser, und gelegentlich konnte man durch die Fenster schauen und einen Lichterbaum erkennen. Weihnachten war gerade erst vorbei, und es waren kaum Menschen auf der Straße. Mein Vater spürte, wie gebannt meine Mutter war, und erzählte ihr, dass die Christen hier so Weihnachten feiern. In Syrien feierten die Christen in den siebziger Jahren noch sehr viel bescheidener Weihnachten. Und meistens waren dort die Rolläden heruntergelassen.

Da waren sie nun also in ihrem neuen Leben angekommen. Niemand hatte eine Ahnung, welche Konturen dieser Lebensabschnitt annehmen würde. Wie lange er dauern und wie er mal enden sollte. Dass er aber einmal enden sollte, das war meinem Vater und meiner Mutter klar.

Nach und nach spielte sich der Alltag ein. Schritt für Schritt verschaffte sich meine Mutter einen Eindruck von ihrer Umgebung. Sie erkundete die Nachbarschaft und die Wohngegend. Irgendwann wich auch die Verwunderung über zumeist unbevölkerte Straßen. Ihre Wege wurden weiter und führten zum alten Marktplatz, zur alten Schuhfabrik, zur Sankt-Marien-Kirche, an den Schaufenstern entlang und bald auch hinein in die Lebensmittelgeschäfte.

Meine Mutter musste Obst und Gemüse besorgen. So wenig Auswahl! In den siebziger Jahren gab es in deutschen Supermärkten noch selten Zucchini, frische Blattpetersilie oder scharfe Peperoni – da musste man schon zum Italiener oder Türken gehen. Als sie vor den Tomaten stand und bereits die Tüte in der linken Hand geöffnet hielt, nahm sie mit der rechten Hand eine der noch unreifen, geruch- und geschmacklosen Tomaten. Anstatt sie in die Tüte zu legen, hielt sie die Frucht in der Hand und dachte an die Tomaten, aus denen sie zu Hause Tomatenmark herstellten. Dafür benötigt man besonders große, saftige, sonnengereifte Tomaten. Mit diesem Bild im Kopf und dem süß-sauren Tomatenduft in der Nase merkte sie plötzlich, wie sie angestarrt wurde. Eine Mutter stand mit ihrem zehnjährigen Sohn neben ihr. Die junge Frau, wohl im gleichen Alter wie meine Mutter, versuchte ihre Neugier zu überspielen und schaute ganz verlegen weg. Noch völlig vertieft in Gedanken an die leckeren Speisen mit Tomatenmark, die sie gemeinsam mit ihrer Mutter für ihre vielen Geschwister zubereitet hatte, hörte sie mit einem Ohr, wie der Junge zu seiner Mutter sagte: «Mama Mama, schau mal, die Ausländerin trägt 'n Kopftuch!» Er stand zwei Meter entfernt und zeigte mit dem Finger auf sie, als stünde etwas Außerirdisches vor ihnen. Seine Mutter lief rot an, drückte seinen Arm schnell herunter und hoffte, dass «die Ausländerin» kein Wort davon verstand. Schnell zog sie ihren Sohn hinter sich her zur Fleischtheke.

Meine Mutter verstand den Satz sofort – schließlich waren «Ausländer» und «Kopftuch» zwei Wörter, die man als muslimische Einwanderin schnell lernt, wenn man in Deutschland lebt. Sie sagte sich, dass das Kind zwar recht hatte mit seinen Feststellungen, aber sie fühlte sich dennoch schlecht. Erst kurz vor dieser Begegnung im Supermarkt hatte sie sich für das Kopftuch entschieden. Jetzt fühlte sie sich unerklärlicherweise ertappt und minderwertig. Es war der Tonfall, der das bewirkte, und sie fragte sich, warum es schlecht sei, aus dem Ausland zu stammen und ein Kopftuch zu tragen. Schließlich gab es in Syrien viele Frauen, die kein Kopftuch trugen: Christinnen wie Musliminnen, Drusinnen wie Alawitinnen.

Diese Frauen wurden öffentlich nie auf ihre Art zu leben angesprochen. Sie packte schließlich ein Kilo Tomaten in die Tüte und
tröstete sich mit den Gedanken an ihre Geschwister, Eltern und
Freunde in Syrien über die Erniedrigung hinweg. Nur so konnte
sie diese Äußerung, diese Blicke ertragen. Und sie hoffte, dass sie
nicht mehr allzu lange in diesem Land leben müsste.

«Sie sprechen aber gut Deutsch!»

Auch heute noch, nach über dreißig Jahren in Deutschland, kennt meine Mutter solche Situationen, in denen Menschen
sie wie eine Außerirdische anschauen und behandeln. Doch früher wurde sie wegen ihres undeutschen Aussehens, wegen ihrer
ausländischen Herkunft und Kultur stigmatisiert. Heute erzählt
sie, dass es wohl eher die Vorbehalte gegen ihren Glauben sind,
der durch das Kopftuch sichtbar wird. «Damals wusste niemand,
was der Islam ist», erzählt sie heute. «Da wurde man gemieden,
weil man fremd war. Heute meinen die Menschen zwar, mehr über
unsere Religion zu wissen, aber sie meiden und diskriminieren uns
jetzt aufgrund der Religion und weniger wegen unserer Herkunft.
Beides belastet aber gleich viel und ist wirklich schade. Die Deutschen haben doch auch viel von ihren Ausländern gelernt. Als wir
nach Deutschland kamen, da war ab 18 Uhr nichts und niemand
mehr auf den Straßen zu sehen. Kaum jemand hat im Sommer
draußen gegrillt. Und die Ausländer haben doch Vielfalt auf den
Teller gebracht. Aber es gibt ja auch genügend ungebildete Menschen auf Seiten der Muslime.»

Insbesondere nach dem 11. September 2001 hat sich die Wahrnehmung von Fremden muslimischen Glaubens verändert. Man
spricht weniger von «Migranten» und immer häufiger von «Muslimen». Zugleich verbindet ein nicht geringer Teil der Bevölkerung
heute mit Muslimen vor allem negative Eigenschaften und eine
radikale Weltanschauung, wie jüngere Studien immer wieder belegen. Warum aber ist es für manche Menschen – Muslime wie Nicht-

Muslime – ein so krasser Widerspruch, gläubige Muslimin oder gläubiger Muslim zu sein und zugleich die Demokratie zu lieben? Stereotypen erobern unsere Köpfe: «Muslime wollen lieber in einem islamischen Gottesstaat leben als in einer westlich aufgeklärten Demokratie!», heißt es. Weit gefehlt! Der Großteil der Muslime will lieber in einer Demokratie leben. Wer in Europa möchte schon in einem islamischen Gottesstaat wie dem Iran oder Saudi-Arabien leben, sich freiwillig im Alltag herumkommandieren lassen oder permanent beobachtet und bewacht werden? Letztlich gibt es nur eine Gruppe von Menschen, die an einem solchen System Interesse haben kann, weil sie von ihm profitiert: diejenigen, die die Macht über andere innehaben – im Iran etwa die «Kleriker» – oder durch das System finanzielle Vorteile abschöpfen. Diese Gruppe macht allerdings nur einen winzigen Bruchteil aller Muslime aus.

Noch immer ist man als hier geborener Deutscher mit Eltern nicht-deutscher Herkunft in den Augen vieler ein Ausländer oder ein Migrant und wird auch so bezeichnet. Sätze wie: «Sie sprechen aber gut Deutsch!» sind zwar meistens als Kompliment gemeint, aber für den Betroffenen unangenehm, da sie ihn ausgrenzen oder – anders ausgedrückt – positiv diskriminieren. Sie bedeuten ihm, dass er anders ist als ein «richtiger» Deutscher. Der blonde Junge mit den himmelblauen Augen, der direkt neben dem schwarzhaarigen, braunäugigen Mädchen auf der Säuglingsstation gelegen hat, wird diesen Satz in seinem Leben nie hören. Zudem schwingt darin eine antiquierte Haltung mit: Man meint, nachdem Deutschland nun so großzügig war, Ausländer aufzunehmen, müssten diese auch Dankbarkeit zeigen – etwa indem sie die deutsche Sprache ordentlich lernen. Wir befinden uns aber nicht in einem Sandkasten, wo wir die fremden Kinder, die sehnsüchtig am Rand stehen, gnädig zum Spielen einladen können. Das mag gegenüber den ersten «Gastarbeitern» noch eine noble Geste gewesen sein. Spätestens seit deren Kinder und Kindeskinder ebenfalls im Sankt-Franziskus-Hospital Ahlen, im Kreiskrankenhaus Leer oder im Münchner Klinikum rechts der Isar das Licht der Welt

erblicken, steht ihnen ein Platz im Sandkasten schlicht zu, und alle
anderen müssen ein Stück näher zusammenrücken, um Platz zu
schaffen. Ich bin nicht anders. Mich unterscheidet im Grunde genommen nichts von Gleichaltrigen, deren Familien seit Jahrhunderten in Mitteleuropa leben. Ich habe in diesem Land dieselben
Rechte und Pflichten. Nachdem ich den Satz über meine tolle
Ausdrucksfähigkeit in deutscher Sprache immer wieder zu hören
bekomme, habe ich es mir zur Gewohnheit gemacht, mit dem Satz
«Sie sprechen aber auch gut Deutsch!» zu antworten – und mir
anschließend die erstaunten Gesichter anzuschauen.

Muslim Americans

Kann es überhaupt ein Land geben, in dem Faktoren wie
Glaube, Herkunft und Hautfarbe keine oder eine viel geringere
Rolle spielen? Wahrscheinlich gibt es nur eine Region auf dieser
Welt, in der die heutige Identität eines Volkes aus diesem Pluralis-
mus gebildet wird: Es lohnt sich der Blick ins ferne Nordamerika,
zum «großen Satan» USA, dem ärgsten Feind des Islams, wie Islamisten zu hetzen pflegen. Dort lässt sich beobachten, dass man
natürlich als Muslim einem demokratischen Staat gegenüber loyal
sein kann. Muslime gelten in den USA als eine der am besten inte-
grierten Gruppen, wie aktuelle Studien des renommierten «Pew
Forum on Religion & Public Life» belegen. Die meisten muslimischen Amerikaner fühlen sich wohl im Land und sprechen von
«ihrem» Amerika. Sie verdienen mehr als der durchschnittliche
Amerikaner und sind überdurchschnittlich gebildet. Sich als Pakis-
tanerin oder als Araber zu definieren kommt selten jemandem in
den Sinn, der sich hier eingelebt hat. Vielmehr fühlt man sich als
Amerikaner, und zwar als «Muslim American».

Mein erster Eindruck von den Muslim Americans war sehr nach-
haltig. Ich besuchte im Jahr 2007 ein muslimisches Ehepaar mit
pakistanischem Migrationshintergrund in der Cowboy-Metropole
Dallas. Mr. und Mrs. Naziri, ein gläubiges Ehepaar in den Mittfünf-

zigern, leben in einem riesigen Haus. Ich würde es Villa nennen, sie nennen es schlicht Wohnhaus. Bei der Fahrt dorthin fiel mir bereits die Wohngegend auf: ein bewachtes und abgegrenztes Viertel am Stadtrand, eine der vielen *Gated communities*, in denen die Wohlhabenderen leben. Die Villa, dessen Dach man nicht erkennen konnte, weil sie so groß war, beeindruckte zusätzlich mit einem penibel gepflegten Garten und einem sauberen, einladenden Pool. Die Familie hatte noch eine Reihe von Freunden eingeladen, die teilweise muslimischen Glaubens waren, teilweise anderen Religionen angehörten. Beim Eintritt in die «Empfangshalle» wurden wir aufgefordert, uns die Schuhe auszuziehen, um dann das komplett mit cremefarbenem Teppich ausgelegte Wohnzimmer betreten zu können.

Der gigantische Raum erweiterte mein Verständnis von einem *Living room* um einige Dimensionen. Er bot den rund zwanzig bis dreißig Gästen mühelos Platz, und zwar nicht auf irgendwelchen zusätzlich herbeigeschafften Stühlen, sondern auf dem gewöhnlichen Mobiliar. Auffällig war, dass die Frauen spontan alle auf der einen Sofareihe Platz nahmen und die Männer uns gegenüber saßen. Man achtete also auf eine gewisse Geschlechtertrennung. Die Freunde der Gastgeber waren ebenfalls alle verheiratet. Zwei Frauen trugen ein traditionelles pakistanisches Gewand, einen Zweiteiler aus Hose und Tunika, und schlugen locker ein Tuch über den Kopf. Das Gespräch war anregend. Alle zeigten sich interessiert am muslimischen Leben in Europa. Ich erzählte von meiner Arbeit und einigen Erfahrungen. Bisweilen starrten sie mich an, als ob ich vom Melmac käme oder einem mindestens genauso weit entfernten Gestirn. Sie fragten sich: «Berichtet die Frau wirklich von Deutschland – jenem wohlhabenden Land in Europa mit einer so reichhaltigen Geistesgeschichte?» Dabei hatte ich mich wirklich bemüht, meine detaillierte Darstellung gar nicht so negativ rüberkommen zu lassen, schließlich wollte ich auch mein eigenes Licht nicht unter den Scheffel stellen. Von manchen Problemen ihrer Glaubensgeschwister in der «alten Welt» schienen sie allerdings schon eine ganz konkrete Vorstellung zu haben. Mitleidig erzählten sie, dass sie bereits gehört hätten, in welch schlechter sozialer Lage sich die Muslime in Europa befänden. Sie würden diskriminiert. Ja, und sie seien vielfach ungebildet. Und sie hätten keine Jobs. Manche brächten sogar ihre eigenen Töchter um. Es fiel ein Stereotyp, ein Klischee nach dem anderen. Und in Amerika? Nein, da stelle dies alles kein Problem dar, hob Mrs. Naziri hervor und blickte in die Runde. Prompte Zustimmung. Nein, hier gehe es den Muslimen im Vergleich dazu sehr gut. Sie könnten ihren Glauben frei leben. Sie könnten Moscheen bauen und sogar eigene islamische Schulen eröffnen.

Die Berichte beeindruckten mich zugegebenermaßen – auch mit der gebotenen Distanz und im Bewusstsein, dass da ein gewisser Stolz bei den Schilderungen mitschwang –, aber die Damen neben mir auf dem Sofa faszinierten mich noch mehr. Die Gastgeberin war eine erfolgreiche, promovierte Psychologin, die in Downtown eine eigene Praxis betrieb, und auch alle ihre Freundinnen hatten studiert und mussten mindestens so wohlhabend sein wie die Naziris.

Nach gut einer halben Stunde Smalltalk bat uns die Dame des Hauses in Richtung Küche. Eine Küchenkraft mazedonischer Herkunft war bereits dabei, ein riesiges pakistanisches Buffet vorzubereiten. Wir kamen durch einen ausladenden Rundbogen in die feudale Küche. Schnell betonte der Hausherr – seines Zeichens ein erfolgreicher Frauenarzt –, dass es sich bei dem Fleisch selbstverständlich nur um *halal-Fleisch* handele, also von Tieren, die nach islamischem Gebot geschlachtet worden waren. Mit silbernen Gabeln, Messern und Löffeln ausgerüstet, reihten wir uns hintereinander auf. Einer nach dem anderen häufte sich von dem reichhaltigen Angebot aus Huhn in Currysoße, Lamm in Joghurt, Seekh Kebab, Shishleek, gefüllten Teigtaschen, Naan, Linsen, Okras und was dort sonst noch die Tische bog auf die großen, mit erhabenen Floralmustern verzierten Porzellanteller. Schwer beladen suchte sich jeder seinen Platz an einem Tisch. Auch hier war interessant, dass Männer und Frauen getrennt voneinander aßen – aber immerhin, wir befanden uns alle in der riesigen Küche und im angrenzenden Kaminzimmer.

Mit vollen Mägen gingen wir zurück ins Wohnzimmer, die Sonne war inzwischen untergegangen. Der riesige bleikristallene Kronleuchter erleuchtete den Raum, und Mr. Naziri rief zum gemeinsamen Gebet, um «die Wärme des göttlichen Lichts» zu spüren! Die für unsere Ohren vielleicht schwülstigen Worte schienen hier ganz normal zu sein. Die meisten der anwesenden Gäste erhoben sich und stellten sich in Reih und Glied auf, Männer vorn – Frauen dahinter. Rund zehn Minuten dauerte das gemeinsame Abendgebet, bevor wir uns wieder hinsetzten.

Der Lebensstil dieser Menschen überraschte mich in mehrfacher Hinsicht. Etwas Ähnliches hatte ich zuvor nicht gesehen. Allein schon das riesige Haus war beeindruckend, auch wenn es für amerikanische Verhältnisse nicht allzu außergewöhnlich war; die Nazaris gehören zur gehobenen Mittelschicht. Die anwesenden Muslime waren ohne Ausnahme akademisch gebildet und haben ohne Ausnahme gebetet. Auf muslimisch-pakistanische Traditionen wurde ebenso Wert gelegt wie auf einen *American way of life*. Diese gelungene Mischung aus Moderne und Religion kenne ich aus Europa kaum. Es war inspirierend, Muslime zu sehen, die gebildet, weltoffen und trotzdem gläubig sind.

Auch wenn einem als asiatischem, afrikanischem oder auch europäischem Muslim in den USA schnell alles rosarot erscheint – natürlich ist das Land kein Paradies. Das wurde insbesondere nach 9/11 deutlich. Nach dem verheerenden Angriff auf das World Trade Center, das Pentagon und die gesamte amerikanische Nation veränderte sich auch und gerade hier das Bild von den Muslimen. Viele Amerikaner geben zu, dass sie sich vor den Terroranschlägen nie Gedanken über Muslime gemacht hätten und sie diese erst seitdem bewusst wahrnähmen. Muslime wiederum bekunden Veränderungen im Alltag: Menschen würden vorsichtiger und zurückhaltender im Umgang mit ihnen. Aber die Muslim Americans zeigen auch Verständnis für die Reaktionen, denn der 11. September hat sie nicht weniger erschüttert als alle anderen

Bürger dieses Landes. Mr. Naziri brachte das auf den Punkt: «Alle Welt denkt, nur weil die Attentäter von 9/11 einen islamischen Hintergrund hatten, müssten gleich alle anderen Muslime erst einmal Solidarität mit den Taten ihrer ‹Glaubensbrüder› empfinden. Deren Islam und meiner haben aber nichts, rein gar nichts miteinander zu tun.»

Es bleibt die Frage, warum amerikanische Muslime besser integriert sind als ihre europäischen Glaubensbrüder. Der Blick nach Amerika zeigt, dass es offensichtlich weniger an der Religion als an sozialen Faktoren liegen muss.

Integration statt Assimilation

Beginnen wir mit dem Begriff der «Integration». Debatten über die Integration von Menschen mit ausländischer Herkunft stehen seit Jahren auf der Tagesordnung. In Deutschland ist aber längst nicht allen klar, was Integration im umfassenden Sinn bedeutet. Fällt das Stichwort «Integration», dann dauert es nicht lange, und man landet bei der angeblich weder integrationsfähigen noch integrationswilligen Gruppe der Muslime in Deutschland. Das hängt auch damit zusammen, dass viele Zeitgenossen von der Minderheit erwarten, sie möge sich der Mehrheit vollkommen anpassen. Assimilation. Am liebsten wäre vielen das komplette Aufgehen in der Gesellschaft und damit das Verschwinden aus der öffentlichen Wahrnehmung. Das ist jedoch keine Integration. Integration würde bedeuten, dass die Heimat- und Herkunftskultur samt Sprache, Traditionen und Religion geschätzt und gepflegt werden darf.

Stattdessen ertönen in Europa Stimmen, die fordern, der Koran solle verboten werden, wie bei Geert Wilders mit seinem unsäglichen Propagandafilm *Fitna*. Bei den Europawahlen 2009 wurde dessen Islamhasser-Partei sogar zur zweitstärksten (!) politischen Kraft in den einst als so liberal und fortschrittlich gepriesenen Niederlanden. Es ist schon erstaunlich, wie schnell bei einigen Politikern und Teilen der Bevölkerung der pluralistische Ansatz der europäischen Verfassungen in Vergessenheit gerät, obwohl sie ihn zugleich beschwören, wenn es gegen die vermeintliche Intoleranz des Islams geht. Ich stelle auch in Deutschland immer häufiger fest, dass diejenigen, die sich am lautesten auf das Grundgesetz berufen, weil es gerade en vogue ist, Muslime damit zu belehren, den Geist dieses Textes nie wirklich eingeatmet haben. Im Grunde kennen sie ihn nicht einmal oder wollen ihn nicht kennen, weil sie spüren, dass die Ausrichtung ihnen nicht passt. Denn vor dem Hintergrund seiner Entstehung ist das Grundgesetz gerade für alle Deutschen mit Zuwanderungsgeschichte von allerhöchstem Wert. Es misst ihnen prinzipiell die gleichen Rechte zu wie den Alteingesessenen. Gerade auch uns Muslime bewahrt es davor, benachteiligt zu werden – was allerdings hiesige Politiker nicht davon abhält, das Grundgesetz ganz anders zu interpretieren.

Dass mancherorts in Deutschland muslimische Frauen das Kopftuch abnehmen müssen, ist ein Beispiel dafür. Schließlich leben wir hier im «christlich geprägten Abendland», in dem islamische Symbole – also die Zeichen des großen Feindes der vergangenen Jahrhunderte – nichts zu suchen haben, Grundgesetz hin oder her. Derart assimiliert, also ohne Kopftuch, passt man offenbar besser in das europäische Gesamtbild. Dabei ist Assimilation in Deutschland oder in Europa bei weitem keine Garantie für eine Lösung der Probleme. Vielmehr ist sie eigentlich nichts als ein Mythos – jedenfalls für Nichtchristen, für Asiaten, Afrikaner oder auch Südamerikaner in Europa. Da hilft es auch nichts, wenn ich Sauerkraut mit Schweinshaxe esse oder mir eine Lederhose anziehe, mich mit einem Glas Weißbier an die Theke stelle und über die verlorengegangene Spielkultur der deutschen Fußballnationalmannschaft philosophiere. Ich kann mir mein schwarzes Haar blondieren, ich kann mir einen anderen Namen zulegen. Ich kann mir sogar die Haut aufhellen lassen. Ich kann mich also völlig selbst verleugnen. Aber in Europa kann ich vor meiner asiatischen oder afrikanischen Herkunft, vor meinen religiösen Wurzeln nicht fliehen. Sie werden irgendwann zum Vorschein kommen und zum

Thema gemacht werden, solange es in Deutschland Menschen gibt, die darauf Acht geben. Die deutsche Vergangenheit hat das des Öfteren gezeigt. Gegen eine solche falsch verstandene Integration müssen wir uns gemeinsam stemmen – Einheimische, Einwanderer und deren Nachkommen gleichermaßen.

Integration ist wie ein großer Dschihad, vor allem in Europa. Nach einer Überlieferung des Propheten Muhammad gibt es zwei Arten des Dschihad: Der Kampf gegen das eigene Ego und die Erlangung inneren Friedens ist der «größere Dschihad», *al-dschihâd al-akbar;* der berüchtigte militärische Kampf ist dagegen der «kleinere Dschihad», *al-dschihâd al-asghar.* Die Eingliederung in eine fremde Gesellschaft erfordert enorme Anstrengungen. Sie ist mit Niederlagen und Enttäuschungen verbunden. Integration erfordert, einen gewissen Teil seiner kulturellen und religiösen Wurzeln zu kappen und zugleich andere Teile zu bewahren, um die eigene Identität nicht zu verlieren. Nicht selten ist dieser Kampf eine Gratwanderung.

In Amerika ist dieser moderne Dschihad etwas einfacher zu führen als in Europa, obwohl das Land mehrheitlich ebenfalls christlich-abendländisch geprägt ist. Das liegt vor allem an einem anderen Verständnis von Integration. Man ist dann integriert, wenn man drei Voraussetzungen erfüllt: wenn man *erstens* für die grundlegenden Werte der Freiheit, der Gleichheit und des Eigentums einsteht, wenn man *zweitens* seinen eigenen Lebensunterhalt verdient und wenn man *drittens* wenigstens soviel Englisch beherrscht, dass man sich verständigen kann.

Von Anpassung oder Assimilation ist dabei keine Rede. Die weiße Mehrheit ist auch nicht homogen, auch sie ist irgendwann vor gar nicht so langer Zeit eingewandert, und sie erwartet von der neu einwandernden Minderheit keine Aufgabe ihrer Herkunftskultur oder Religion. Ganz im Gegenteil: Amerikaner sind sogar stolz auf ihre diversen *microcosms,* die einen Gewinn für die amerikanische Gesellschaft darstellen.

Auch das Verständnis von Gesellschaft ist unterschiedlich. In Deutschland besteht eine Gesellschaft zum einen aus einer relativ homogenen Mehrheit von Menschen mit gemeinsamer ethnischer Zugehörigkeit und zum anderen aus einer Minderheit, die als fremd wahrgenommen wird. Demzufolge muss sich die Minderheit den soziokulturellen Eigenarten der Mehrheit angleichen, um dazugehören zu können. «Die» Deutschen lieben die Frage: Fühlst du dich als Deutscher oder als Türke, Araber, Chinese…? Als «Betroffener» muss man für diesen Fall eine Antwort parat haben. In den Vereinigten Staaten besteht die Gesellschaft aus der Gesamtheit aller Teilgesellschaften. All diese Mikrokosmen – in Europa würde man von «Parallelgesellschaften» sprechen – ergeben das amerikanische Ganze. Mit dem Glauben an den *American dream* kann sich jeder Amerikaner identifizieren. Da sich der Staat als Einwanderungsland, als *country of immigrants*, sieht, kann im Prinzip keine Gruppe Überlegenheitsansprüche anmelden. Schließlich hat jeder Amerikaner eine sogenannte Zuwanderungsgeschichte. Die amerikanische Gesellschaft hat den Anspruch, sich nicht auf ethnische Zugehörigkeit, sondern auf gemeinsame Werte zu gründen. Natürlich gibt es auch in Amerika Rassisten, doch tut das dem pluralistischen Grundkonsens keinen Abbruch. In Europa dagegen haben nicht nur Politiker lange Zeit nicht wahrgenommen, dass ihre Staaten heute faktisch ebenfalls Einwanderungsländer sind.

Eine Gesellschaft sollte Minderheiten warmherziger und offener empfangen. Dann kommt der Wille zur Integration bei vielen ganz von allein. Den meisten Einwanderern und ihren Nachkommen ist sehr wohl bewusst, dass sie selbst einiges zu leisten und die Mehrheitsgesellschaft zu respektieren haben. Aber sie brauchen auch das Gefühl und die Überzeugung, dass sich der Einsatz lohnt, dass sie aus eigener Kraft ein Ziel erreichen können und nicht immer auf eine Wand der Ablehnung stoßen, die sie allein niemals einreißen können. Die Lebensgeschichte Barack Obamas hat der ganzen Welt vor Augen geführt, wie wichtig dies ist.

Der eingangs zitierte Klaus Bade sagt an anderer Stelle, Integration sei keine Einbahnstraße. Auch die Aufnahmegesellschaft muss sich bewegen. Die deutsche Bevölkerung muss sich die zwei Seiten

der Integration vergegenwärtigen, wenn es einen dauerhaften gesellschaftlichen Frieden geben soll: Die eine Seite ist die Funktion
des Staates. Dieser muss fördern und fordern, was in letzter Zeit
mehr und mehr geschieht. Und das ist gut so. Die zweite Seite ist
eine fast noch bedeutendere Aufgabe, die leider zunehmend ins
Hintertreffen gerät. Sie betrifft die breite Bevölkerung. Hier ist weiter Aufklärungsarbeit nötig, um das nach wie vor in weiten Teilen
der Gesellschaft mehr oder weniger vorhandene Denken in ethnischen Kategorien weiter zu reduzieren. Das gilt in Bezug auf die
dumpfen Rassisten im Land ebenso wie auf die vermeintlich welt-
gewandten Kosmopoliten, die in einer stillen Minute doch leichtes
Unwohlsein befällt, wenn sie sich vorstellen, dass möglicherweise
irgendwann nur noch Kopftuchträgerinnen das Ortsbild im Ne-
ckartal, an der Schlei oder am Dresdner Elbufer prägen könnten.
Aber keine Sorge, so weit wird es nicht kommen, auch wenn Schlagzeilen wie «Immer mehr Muslime in Deutschland» dies suggerie-
ren. Es gab eine Zunahme, das stimmt; heute leben schätzungsweise
bis zu 4,3 Millionen Muslime in Deutschland. Insgesamt leben hier
jedoch knapp zwanzig Mal mehr Menschen mit einem anderen
Glauben. Wer hier alarmistisch von Islamisierung spricht, will bewusst Ängste schüren und davon profitieren. Seit mehr als zehn
Jahren stagniert die Zahl der Einwanderer in Deutschland oder
geht sogar leicht zurück. Wen angesichts der Szenerie in Berlin-
Kreuzberg, Köln-Kalk oder Duisburg-Marxloh trotz aller empi-
rischen Erhebungen Beklemmung befällt, der sollte mal sonntags
eine Fahrt aufs Land machen und sich in den rund 10000 Dörfern
und Kleinstädten des Landes mit weniger als 10000 Einwohnern
umsehen und die Muslime oder Einwanderer zählen, die ihm dort
begegnen; übrigens leben mehr als 60 Prozent unserer Bevölkerung in solchen Dörfern und Kleinstädten.

In Amerika heißt es: «Der Feind des Menschen ist die Ignoranz.
Und der Feind der Ignoranz ist die Bildung.» Vergleicht man Muslim Americans mit europäischen Muslimen, besteht der wohl gra-
vierendste Unterschied im Bildungsstand. Ein Großteil der Musliminnen und Muslime in Amerika hat einen akademischen

Abschluss und gehört zur gehobenen Bildungs- und Gesellschafts-
schicht. Das ist in den USA zum einen der Einwanderungspolitik
geschuldet, zum anderen den Möglichkeiten zur persönlichen
Entwicklung, die das Land bietet. In Europa gehören Muslime
meist zum «Prekariat». Ins Land kamen vor allem ungebildete
Hilfsarbeiter, und bis heute ist es nicht gelungen, deren Nachkommen echte Chancengleichheit zu gewähren. Immer noch entscheidet der ausländische Name eines Bewerbers mit über die Beset-
zung einer Ausbildungsstelle. Klaus J. Bade formuliert es so:
«Integration kann man, unabhängig vom Migrationshintergrund,
definieren als möglichst gleichberechtigte Partizipation an dem
Chancenangebot in zentralen Bereichen der Gesellschaft. Sie ist
Ergebnis vor allem von entsprechender Teilhabe an Erziehung,
Bildung und Ausbildung, die z. B. wiederum die Voraussetzung zur
Teilhabe am wirtschaftlichen Leben im Allgemeinen und am Ar-
beitsmarkt im Besonderen ist.»

Um (muslimische) Menschen aus sozial schwachen Familien
besser zu integrieren, müssen die europäischen Staaten ihnen Bil-
dungsangebote machen und deren Nutzung einfordern. Dafür
müssen mehr Sozialarbeiter mit muslimischem Hintergrund in
den Schulen eingesetzt, mehr Sprach- und Berufsförderungsange-
bote für junge Menschen gemacht und Lehrstühle für Islamische
Theologie und Religionspädagogik eingerichtet werden.

Häufig hören wir von Bildungspolitikern und Integrationsex-
perten, dass eines der wichtigsten Kriterien, die erfüllt sein müssen, um hier als integriert zu gelten, die Beherrschung der deutschen Sprache ist. «Sprache ist der Schlüssel zur Integration.» Das
ist richtig. Das darf aber nicht so verstanden werden, dass Kinder
mit Migrationshintergrund zu Hause nur noch Deutsch sprechen
sollen. Ganz im Gegenteil: Dutzende Studien belegen, dass die
Pflege der Herkunfts- oder Muttersprache im Elternhaus für die
Identität sehr wichtig ist. Wissenschaftler gehen davon aus, dass
weitere Sprachen dann viel leichter erlernt werden können. Anders ausgedrückt: Je besser man seine Muttersprache beherrscht,
desto leichter lernt man eine zweite oder dritte Sprache.

Genauso lief es auch bei uns zu Hause. Bis heute sprechen meine Geschwister und ich mit unseren Eltern nur Arabisch, wobei wir Geschwister untereinander fast nur Deutsch sprechen. Mit unserer Nichte und unserem Neffen sprechen wir bewusst mehr Arabisch als Deutsch, da die Kinder die deutsche Sprache durch den Dialog der Eltern zu Hause ohnehin erlernen werden. Wie gut man die jeweiligen Sprachen beherrscht, hat viel mit dem Wortschatz und der Grammatik der Eltern zu tun. Je schlechter die Eltern ihre eigene Muttersprache sprechen, desto schlechter sind die Sprachkenntnisse der Kinder. Am Beispiel von Jugendlichen in der dritten Einwanderergeneration lässt sich dies deutlich erkennen. So sprechen die meisten meiner Schüler nicht gut Türkisch, aber auch nicht richtig Deutsch.

In beinahe jeder Vortrags- oder Diskussionsveranstaltung erlebe ich, wie entweder die Zuhörer oder meine Mitdiskutanten davon sprechen, wie *die Muslime* sich anstrengen müssen, um sich der freiheitlich demokratischen Grundordnung anzupassen. *Der Islam* würde es ihnen schließlich sehr erschweren, hier frei zu leben. Außerdem müssten sich *die Muslime* hier in Deutschland dafür stark machen, dass in ihren Heimat- beziehungsweise Herkunftsländern die Religionsfreiheit für Christen gesichert wird und der Bau von Kirchen vorangeht. Das wäre ja sonst merkwürdig einseitig, denn schließlich sprieße in Deutschland aus jedem Loch eine Moschee. In Deutschland müsse man das tolerieren, aber in Saudi-Arabien dürfe man als Christ nicht einmal ein Kreuz tragen. Außerdem sollten *Muslime* wie ich sich anstrengen, um endlich andere *von uns Muslimen* davon zu überzeugen, die Scharia abzuschaffen oder zumindest von Deutschland und Europa fernzuhalten. Die Rolle der muslimischen Frau sei auch nicht befriedigend, da die meisten muslimischen Frauen, die selbstverständlich alle ein Kopftuch tragen, doch unterdrückt seien. Außerdem vermittle der Koran ein erschreckend negatives Gottesbild, wohingegen das Gottesbild im Christentum durchgehend positiv sei.

Wenn ich mich dann lange mit jedem einzelnen Punkt, jeder Behauptung und Diffamierung beschäftigt habe – und das durchaus auch islamkritisch –, folgt das Totschlagargument: «Sie, Frau Kaddor, sind ja auch ganz anders. Wenn *alle Muslime* so wären wie Sie, hätten wir keine Probleme mehr!»

Es gibt sehr viele Muslime wie mich. Ich bin eine in Deutschland geborene Deutsche muslimischen Glaubens mit syrischem Migrationshintergrund. Meine Heimat ist ohne Wenn und Aber Deutschland. Eine andere Heimat gibt es nicht. Aber es gibt ein weiteres Land, mit dem ich mich verbunden fühle, weil meine Eltern aus diesem Land stammen und ich dorthin in die Ferien fahre. Syrien ist für mich ein Urlaubsland mit Heimatgefühlen, weil ich Arabisch spreche und die arabische Kultur liebe. Aber ich bin in Deutschland in den Kindergarten, in die Schule und auf die Universität gegangen. Hier leben meine deutsch-syrischen lieben Eltern, meine ältere Schwester mit ihrem türkischstämmigen Ehemann und einer süßen Tochter, mein älterer Bruder mit seiner russischstämmigen Ehefrau und ihrem reizenden Sohn, meine jüngere Schwester mit ihrem mikrobiologischen Promotionsprojekt, mein zweites Ich in Gestalt eines deutschstämmigen muslimischen Ehemannes, meine deutschstämmigen christlichen Schwiegereltern, meine wunderbaren Freunde mit sämtlichen Hautfarben, Religionen und Nationalitäten, meine netten Arbeitskollegen, meine liebenswerten Schüler! Hier wähle ich, interessiere mich für Politik und zahle meine Steuern. Hier verteidige ich *unsere* demokratische Ordnung und stehe für die Meinungs- und Religionsfreiheit sowie für die Gleichberechtigung ein. Ich lebe also nicht nur in Deutschland. Ich partizipiere an gesellschaftlichen und politischen Prozessen und fühle mich hier in Deutschland pudelwohl. Ich bin gläubige Muslimin, und das hindert mich nicht daran, eine gute Demokratin zu sein.

Wir muslimischen Deutschen und zugleich *wir* deutschen Muslime möchten genau als das verstanden werden. Es muss Schluss sein damit, uns als Fremde anzusehen. Nicht andere sagen mir, ob und wie ich deutsch bin, sondern ich möchte selbst bestimmen, was mein Deutschsein bedeutet. Nicht andere sagen mir, was der Islam ist oder sein sollte, sondern ich möchte selbst bestimmen, wie ich meinen Islam lebe. Es muss endlich Schluss sein damit, Muslime als ein Volk zu betrachten und alle über einen Kamm zu scheren. Immer wieder heißt es: *Die Muslime* können nicht in einer Demokratie leben, *die Muslime* wollen die Scharia, *die Muslime* heiraten nur untereinander, *die Muslime* kennen keine Gleichberechtigung … Es gibt aber nicht *die Muslime!* Und es gibt keine muslimische Weltverschwörung gegen den Westen. *Die Muslime* haben für die nächsten eintausendvierhundert Jahre genug mit ihren eigenen Angelegenheiten zu tun. Schließlich muss immer noch geklärt werden, wer der beste *Muslim* ist …

Als Muslimin oder Muslim wächst man in Deutschland mit den gleichen psychischen Herausforderungen und Problemen wie andere Jugendliche auf – zumindest fast. In der Regel ist es so, dass Jugendliche während der Pubertät nicht nur damit klarkommen müssen, dass sich ihr Körper verändert, sie haben auch viele Hindernisse zu überwinden. Konflikte mit Eltern und Geschwistern, mit Lehrern und anderen Autoritäten müssen ausgetragen werden, aber auch Auseinandersetzungen mit Gleichaltrigen. Identitätssuche und -findung durch Abgrenzung und Zugehörigkeitsgefühl stehen im Mittelpunkt der Pubertät eines jeden Menschen. Bei muslimischen Jugendlichen kann es Faktoren der Identitätsbildung geben, die sich von den üblichen unterscheiden: Religion, Sprache, Wertvorstellungen des Elternhauses, Traditionen.

Zweifeln und Nachfragen

Der Islam spricht den Menschen als Individuum an, aber auch als Teil der *umma*, der weltweiten muslimischen Gemeinde. Der Islam regelt (a) die Beziehung zwischen dem Menschen als Geschöpf und Gott als Schöpfer, (b) das Miteinander der Menschen, (c) die Ordnung der Gesellschaft und – nicht zu vergessen – (d) die Spiritualität. Für sehr viele Muslime der ersten Einwanderergeneration ist der Glaube das Wichtigste im Leben. Religion ist die Quelle, von der ein gläubiger Mensch sein ganzes

Leben lang zehrt. Der Koran ist aus islamischer Sicht das direkt überlieferte Wort Gottes an den Menschen. Deshalb gilt für viele Muslime aus unserer Elterngeneration, dass SEIN Wort nicht hinterfragt werden darf. Mit Gott zu hadern oder gar SEINE Existenz kurzfristig zu hinterfragen und dies auch noch (öffentlich) zuzugeben, gilt bis heute als Tabubruch. Der Glaube an Gott als Schöpfer ist nicht in Zweifel zu ziehen. Deshalb ist es auch üblich, sich Gott nicht vorzustellen. Im Koran wird kein Bilderverbot ausgesprochen, wohl aber in der Sunna, der Überlieferung des Propheten Muhammad. Dort heißt es in einem der bekanntesten Hadithe: «Die Engel betreten kein Haus, in dem sich ein Hund oder eine bildliche Darstellung befindet.» (nach Buchârî)

Viele der heutigen Muslime interpretieren diese und ähnliche Aussagen des Propheten als Verbot, sich über Gott nähere Gedanken zu machen. Als ich als Kind meine Mutter fragte, warum Gott sich nicht einfach zeigen könne, damit wir alle wissen, dass es ihn gibt und wie ER aussieht, antwortete sie mir, dass man erstens solche Fragen nicht stellen darf und dass zweitens wir Menschen IHN ohnehin nicht mit unserem begrenzten Verstand begreifen und erkennen können. Damit war die Frage schnell vom Tisch, und nie wieder wagte ich es, meine Mutter erneut nach Gott zu fragen. Ich fragte zwar meinen Vater, was sie nicht mitbekam, allerdings war die Antwort die Gleiche: «Meine Tochter, es gibt Dinge, die dürfen wir nicht hinterfragen. Eines dieser Dinge ist Gott. Wir glauben einfach, dass es IHN gibt und dass der Koran SEIN direktes Wort an Muhammad enthält.» Mein Vater verstand, dass mich diese Frage interessierte, konnte aber keine bessere Antwort finden. Immerhin war ich fürs Erste zufrieden.

Während der Pubertät brannte mir die Frage erneut unter den Nägeln. Es war einer unserer ganz normalen Sonntage. Ich war seit einiger Zeit in der Küche beschäftigt und saß in einer wohlriechenden Dunstwolke aus Kreuzkümmel, Zwiebel und Zitrone, die aus der vor sich hin köchelnden Linsensuppe aufstieg. Während ich meiner Lieblingsaufgabe nachkam und büschelweise Petersilie für Tabbuleh, den typisch syrisch-libanesischen Petersiliensalat, möglichst fein schnitt, wollte ich die Frage der Fragen erneut stellen. Ich hatte ja Zeit, denn für eine Tabbuleh für zehn Bäuche – sechs Familienmitglieder plus Kater Charly plus drei Portionen auf Vorrat, sicherheitshalber – muss man etwa drei Stunden einkalkulieren. Während sich meine Mutter um die Linsensuppe kümmerte, hörte sie der durchdringenden Stimme aus der schwarzen viereckigen Flimmerkiste zu. Im Hintergrund lief selbstverständlich der Fernseher, der einen muslimischen Geistlichen zeigte, der reihenweise Fatwas von sich gab, also die Fragen von Muslimen aus aller Welt beantwortete, die live bei ihm anrufen konnten. Jeden Sonntag lief seine Sendung (sie läuft immer noch), und die durfte meine Mutter auf keinen Fall verpassen. Ich war siebzehn, und mich interessierte das mahnende, ja fast schon bedrohlich klingende Sprechen des alten Mannes mit Vollbart überhaupt nicht. In der Werbepause zwischen Maggi mit *halal*-Zubereitung extra für Muslime und Vollwaschmittel ergriff ich die Chance. Schließlich war unsere Mutter so etwas wie der Familienmufti. Sie war – neben unserem Vater – die einzige Person, an die wir uns als muslimische Kinder in Sachen Religion wenden konnten. «Mama, an was für einen Gott glauben wir eigentlich? Was sind das für angeblich so große Unterschiede, die wir gegenüber Juden und Christen haben?» Auch diesmal fiel die Antwort klar aus: «Wir glauben nur an einen einzigen Gott und Muhammad ist SEIN Diener und Gesandter.» Hm. Na, das weiß ich doch, dachte ich. Da ich weiter mit der Petersilie zu kämpfen hatte, die überhaupt nicht weniger werden wollte, riskierte ich einen Einwand: «Aber die Juden und Christen glauben doch auch nur an einen einzigen Gott.» Sichtlich genervt von meiner Frage und meiner Rückfrage, die sie provozierte, setzte sie sich an den Tisch und musste erst einmal eine Zigarette anzünden. Sie sagte in sicherem Ton: «Ja, schon, aber sie haben Teile ihrer Schrift verfälscht – jedenfalls steht es so im Koran. Außerdem glauben die Christen, dass Jesus der Sohn Gottes ist.» Ich stand auf und öffnete das Fenster, weil der Zigarettenqualm den leckeren Geruch der Linsensuppe überlagert hatte. Ich schaute aus dem Fenster und forderte sie noch einmal heraus: «Ja, aber ist der Gott deshalb ein anderer? Und selbst wenn ihre Schriften anders sind, wo liegt denn das Problem? Woher wissen wir eigentlich, dass wir und nicht sie recht haben? Nur weil andere anderes glauben, heißt das doch nicht, dass wir was Besseres sind, oder?» Das war eine Steilvorlage für meine Mutter, die sie gekonnt anzunehmen und zu verwandeln wusste: «Genau so ist es. Jeder darf glauben, was er will. Bevor man mit dem Finger auf Andere zeigt, sollte man sich zuerst an der eigenen Nase packen und fragen, ob man sich selbst an den eigenen Glauben hält – nicht wahr, Lamya?!» Ich starrte auf die Tomaten vor mir, die auch noch alle geschnippelt werden mussten. Irgendwie fühlte ich Scham in mir aufsteigen und dachte, dass ich jetzt wohl genauso rot wie die Tomaten aussah. Ich stand irgendwie blöd da, denn ich war für meine Familie nicht nur als der ewige Quälgeist enttarnt, sondern es wurde auch auf meine Kosten die Moralkeule geschwungen. Ich sollte also erst mal meinen eigenen Glauben richtig praktizieren, bevor ich ihn infrage stellte und auf die anderen Religionen schaute.

Inzwischen war die Werbepause beendet und die nächste Fatwa-Runde im TV ging los. Die erste Frage kam von einem Mann aus Großbritannien: Ob seine muslimische Frau eine Arbeitsstelle annehmen dürfe, die nach der Scharia für sie erlaubt sei, wo sie also mit Kopftuch und an einem für jedermann öffentlich zugänglichen Ort arbeiten könne? Als der Scheich zur Antwort ansetzte, war ich in Gedanken schon wieder bei dem Gespräch mit meiner Mutter. Es war wie immer gelaufen, und im Endeffekt hieß das für mich, dass es keinen Sinn hatte, über religiöse Themen zu diskutieren. Meine Mutter wich den Fragen aus und kam schnell wieder auf «unsere Fehler» zurück. Das hat mich bis heute geprägt: Einerseits durfte man Gott und alles, was mit dem Islam zu tun hat, nicht hinterfragen, und andererseits durfte ich nicht über einen anderen Menschen richten.

Ich schaute wieder zum Fernseher. Der «heilige» Mann bekundete, dass es in Ordnung sei, wenn eine Frau unter Scharia-konformen Umständen arbeiten ginge. Dann schaute ich ins Gesicht meiner Mutter, um zu sehen, wie sie auf die Worte reagierte. Sie

wirkte angetan. Aber was ging wirklich vor in ihr? Fand sie das tatsächlich gut, was der Geistliche da von sich gab, oder tat sie nur so?
Neben meinem Bruder hatte sie doch auch noch drei Töchter, die
alle studierten beziehungsweise studieren und arbeiten wollten.
Auf mich wirkte die Diskussion um die «Arbeitserlaubnis» für
Frauen wie aus einer anderen Welt, auch wenn der Anrufer sich
aus einem europäischen Land meldete. Merkte meine Mutter
nicht, dass der Geistliche von einer Realität sprach, in der wir gar
nicht lebten?

Ich wollte nicht schon wieder nachfragen. Aber ich versank in
Gedanken. Ich dachte daran, dass meine Eltern nicht in Deutschland geboren und aufgewachsen waren, sondern als Araber in
einer völlig anderen Gesellschaft groß geworden waren. Vermutlich durften sie selbst nie Gott und den Islam wirklich hinterfragen. In jedem Menschen kommen aber doch irgendwann diese
oder ähnliche Fragen hoch. Während ich die Tomaten würfelte
und meine jüngere Schwester unseren geliebten Kater fütterte,
überlegte ich, ob die meisten Menschen aus muslimischen Ländern diesen Wunsch vielleicht unterdrückten, weil man mit solchen Fragen riskierte, als «ungläubig» oder «zu wenig gläubig»
betrachtet zu werden? So schien es mir manchmal. Meine ständige
Fragerei deuteten meine Eltern jedenfalls nicht als gesunde Neugier oder als Versuch der Identitätsfindung, sondern als Schwach-
stelle in meinem Glauben. Offensichtlich dachten sie (und zum
Teil denken sie es immer noch, weil ich nicht aufhöre zu fragen),
ich glaube zu wenig oder vielleicht gar nicht. Daher immer der
erhobene Zeigefinger! Nachfragen und Hinterfragen wird einem
in muslimisch-arabisch geprägten Gesellschaften als Glaubens-
schwäche ausgelegt. Die Gläubigen sind es nicht gewohnt, nach
Gott zu fragen. Es ist beinahe peinlich. Das bedeutet im Umkehrschluss: Je weniger ich nach Religion und Gott frage, desto stärker
muss mein Glaube sein.

Ich bin ein Kind muslimischer Araber, das diese Denkkultur gut
kennt. Aber ich bin in Deutschland erwachsen geworden. Mein
Leben ist hier. Ich bin ein Kind dieser Gesellschaft. Und hier ist es

mit dem Fragen nach Gott beinahe genau umgekehrt: Je mehr ich nach Gott und nach Religion frage, auch kritisch, desto mehr und stärker werde ich als gläubig, als interessiert identifiziert. Die Gläubigen, ja sogar die Atheisten in Westeuropa – und ich meine hier ganz bewusst Westeuropa und nicht die restliche christliche Welt – sind es gewohnt, nach Gott zu fragen, weil es gesellschaftlich akzeptiert wird, Antworten auf alle möglichen Fragen zu finden. Und auch hier gilt wiederum der Umkehrschluss: Je weniger ich nach Gott und Religion frage, desto weniger interessiere ich mich offensichtlich für Religion, desto weniger glaube ich. Wir haben es also mit zwei völlig entgegengesetzten Denkkulturen zu tun.

Dass viele Muslime sich damit schwer tun, zu (hinter-)fragen, liegt nicht am Islam. Dass viele Menschen in Deutschland Fragen stellen, liegt nicht am Christentum. Vielmehr liegt es an der jeweiligen Kultur. In weiten Teilen der muslimischen Welt herrscht die Kultur der Tradition. In Westeuropa hat sich im Rahmen der Aufklärung die Kultur des Diskurses etabliert. Wenn man beide Kulturen gleich gut kennt, wird man ständig nach einer Präferenz gefragt. Doch wer weiß besser, dass beides seine Vor- und Nachteile hat, als solche Menschen, die mit beiden Kulturen vertraut sind? Auch aus moderner religionspädagogischer und soziologischer Sicht ist es wichtig zu (hinter-)fragen, wenn man einen Menschen zu einem mündigen Wesen erziehen will. Für den Prozess der religiösen Identitätsfindung im Islam muss der Versuch erlaubt sein, bei gleichzeitiger Wertschätzung für Rituale alles Wissenswerte in Erfahrung zu bringen – auch ob man an Gott glauben will, und wenn ja, an welchen.

Muslimische Identität

Jeder Mensch benötigt bestimmte Fähigkeiten, um eine Identität ausbilden zu können. Dazu gehört zunächst einmal, sich über sich selbst klar zu werden. Erst wenn man das kann, ist man in der Lage, einen anderen in seiner Andersartigkeit zu erkennen und zu akzeptieren. Und je mehr ich die Andersartigkeit eines anderen erkenne und akzeptiere, desto besser bin ich wiederum in der Lage, mich selbst zu erkennen und zu akzeptieren. Diese beiden Prozesse, sich über sich selbst klar zu werden und Unterschiede zu anderen wahrzunehmen, sind für jeden Menschen auf der Welt, egal ob in Ouagadougou oder in Bad Münstereifel, entscheidend für die Identitätsbildung. Zugleich liegt in dieser allgemein menschlichen Eigenart eine ebenso allgemein menschliche Gefahr. In der Abgrenzung zu anderen gilt es darauf zu achten, keine Wertungen vorzunehmen. Europa hat in seiner Geistesgeschichte versucht, sich stets anders zu begreifen als «die» Muslime. Wir waren wir, und die waren die, wobei das Wir immer für das Bessere stand. Dieselbe Grundhaltung lässt sich bei zahlreichen Ethnien beobachten, was die These stützt, dass sich menschliche Gemeinschaften immer durch eine solche wertende Abgrenzung bilden. Viele Völker bezeichnen sich in ihrer Sprache selbst als «die Menschen» oder ähnlich, womit zugleich alle anderen aus dieser Kategorie ausgeschlossen sind. So ist es etwa in der Sprache der Inuit am Polarkreis, der Komantschen in Amerika, der Ainu in Japan, der Kanaken im Pazifikraum, der Zulu, Bantu und Kikuyu in Afrika, bei den Malaien in Südostasien, bei den Tschuktschen in Sibirien und so weiter. Identitätsbildung ist essentiell mit der Abgrenzung von einem Gegenüber verbunden.

Die Suche nach Unterschieden und Gemeinsamkeiten, die ständig neu entdeckt werden, ist ein dynamischer Prozess, der im Idealfall ein Leben lang anhält. Identität muss sich verändern können. Mit fünfzehn Jahren hat man nicht das gleiche Selbstverständnis wie mit dreißig, vierzig, fünfzig oder achtzig Jahren. Die wenigsten meiner Schülerinnen und Schüler erleben diesen Prozess bewusst. Niemand hat sie bislang dazu angeregt, bewusst zu fragen: Wer bin ich? Wie will ich sein? Warum lebe ich und warum sterbe ich? Woran glaube ich und woran *will* ich glauben?

Grundlegende Fragen wie diese sind notwendig, um sich darüber klar zu werden, was einen Menschen als Individuum ausmacht. Identität gibt es nicht ohne Selbstreflexion. Der schlichte Hinweis darauf, dass die Sinnfrage des Lebens bereits im Koran beantwortet werde, ist – ich bitte um Verzeihung – naiv und hilft nicht weiter. Dass das diesseitige Leben nur eine Vorbereitung auf die Prüfung beim Letzten Gericht ist, ob man Gottes Gebote brav eingehalten hat oder nicht und ob man nun ins Paradies darf oder in der Hölle schmoren muss, ist ein Feigenblatt. Denn wer kann mir sagen, was die verbindlichen Gebote sind? Die Eltern? Der arabische TV-Scheich? Der Hodscha oder Imam? Welcher Imam – der aus der DITIB-Moschee oder der aus der Milli-Görüş-Moschee? Auf dieser Ebene drehen wir uns missmutig im Kreis. Es gibt für uns Muslime keine verbindliche Antwort außer der, die wir uns selbst geben. Und dafür müssen wir uns Wissen erarbeiten. Schon Jean-Jacques Rousseau meinte: «Man muss schon viel gelernt haben, um über das, was man nicht weiß, Fragen stellen zu können.» Zumindest dann, wenn wir die Religion ernst nehmen wollen, liegt die Verantwortung am Ende bei jedem Einzelnen selbst.

Viele muslimische Jugendliche stellen sich zwar von Zeit zu Zeit Fragen nach ihrer Existenz und finden darauf unterschiedliche Antworten. Aber sie finden selten Gehör, da das einzelne Individuum in ihrer Umwelt relativ wenig zählt. Meist sorgt der kulturelle Hintergrund der Eltern dafür, dass die Aufmerksamkeit primär auf das Kollektiv, die ganze Familie gerichtet ist. In traditionellen muslimischen Kreisen zählt das Zusammengehörigkeitsgefühl mehr als die individuellen Werte und Wünsche.

Befragt man muslimische Jugendliche danach, wer oder was sie sind, so erhält man häufig – das lässt sich sowohl durch Studien als auch aus täglichen Erfahrungen belegen – eine eindeutige Antwort: «Ich bin gläubiger Muslim» oder «Ich bin gläubige Muslimin.» Manchmal folgt darauf ein beherztes *wa-l-hamdu li-llâh*, «Und Gott sei Dank (dafür)». Man könnte sich vorstellen, dass auch Antworten kommen wie «Ich bin ein Mensch», «Ich bin Europäer», «Ich bin ein Geschöpf Gottes», «Ich bin Deutscher und/oder Türke» – doch weit gefehlt!

Gerade wenn ein einzelner Identitätsfaktor so übermächtig ausgeprägt ist, sollte darüber besonders häufig und intensiv nachgedacht werden. Doch genau diesen Schritt können nicht nur meine Schüler, sondern auch viele andere muslimische Jugendliche nicht gehen. Sie haben Religion sprichwörtlich mit der Muttermilch in frühestem Kindesalter aufgenommen. Bis heute werden ihnen im familiären Umfeld nicht nur religiöse Werte und Traditionen vermittelt, sondern bedauerlicherweise auch jene absolute und nicht hinterfragbare Haltung zur Religion. Eben diese starre Haltung, diese Unfähigkeit zur kritischen Reflexion – kritisch nicht im Sinne von «ablehnend», sondern von «nachfragend», «analysierend» – wird die meisten bis ins Alter begleiten. Es sei denn, es passiert etwas Einschneidendes in ihrem Leben, das sie grundsätzlich zum Nachdenken, zum Zweifeln bringt.

Die starre religiöse Haltung zeigt sich vor allem in der Gottesvorstellung. Niemand verlangt, diese vollständig über Bord zu werfen und Gott «loszuwerden». Das Fragen hört aber auch hier nicht auf. Einige der zentralen Fragen, die wir uns stellen sollten, sind bereits mehrfach angeklungen: Würde sich Gott heute nochmals auf die gleiche Art und Weise offenbaren? Hat Gott für jedes meiner heutigen Probleme bereits eine eindeutige Lösung im Koran genannt oder muss man sie sich aus dem Text neu erschließen? Wie verlässlich kann das sein, was mir ein anderer Mensch über Gott mitteilt? Reicht der Verstand des Gelehrtesten der Gelehrten so weit wie Gottes Verstand? Und wenn ich mich nun auf einen anderen Menschen verlasse, kann ich dann wirklich sicher gehen, dass Gott am Ende nur ihn zur Verantwortung ziehen wird? Die wichtigste Frage schlechthin, die sich jeder gläubige Mensch – egal welcher Glaubenszugehörigkeit – stellen muss, lautet: «Was will Gott – heute, jetzt, hier – von mir?» All diese Fragen werden – wenn überhaupt – viel zu leise gestellt, geschweige denn öffentlich diskutiert.

Gemischter Schulalltag

Im letzten Schuljahr erkrankte eine meiner Kolleginnen, die katholische Religion unterrichtet. Zunächst sollte ich für zwei

Wochen die «deutschen» Schüler mit unterrichten. Viele Kollegen drücken mit «deutsch» aus, dass es sich nicht um muslimische Schüler handelt. Besonders zu Beginn meiner Arbeit hatte mich diese Wortwahl ziemlich irritiert: Ausgerechnet an einer Schule mit einem so hohen Anteil von Schülern mit Zuwanderungsgeschichte wird derart unüberlegt mit nationalen Zuschreibungen um sich geworfen.

Ich wählte einige interreligiöse Themen aus, um im Fach «Islamkunde» eine zehnte Klasse zu unterrichten, die nun um ein gutes Drittel größer wurde, das aus katholischen, orthodoxen, evangelischen und atheistischen Pubertierenden bestand. Das funktionierte inhaltlich auch einigermaßen, allerdings war es um den Gruppenzusammenhalt nicht gut bestellt. Bislang hatte ich immer nur die gegenseitige Ablehnung zwischen kurdisch-, arabisch- und türkischstämmigen Schülern gespürt. Mir war klar, dass die Antipathien zwischen deutschen Schülern ohne Migrationshintergrund und deutschen Schülern mit Migrationshintergrund an dieser Schule groß sind. Aber die Intensität dieser gegenseitigen Abneigung überraschte mich, als ich beide Gruppen gemeinsam unterrichtete. Einig waren sich die Schüler nur darin, dass es keine Gruppe gut fand, gemeinsamen Religions(kunde)-unterricht zu haben.

Die zwei Wochen gingen trotzdem schnell vorbei, und der Schulleiter verkündete mir in der dritten Woche, dass die Kollegin womöglich bis zum Ende des Schuljahres krankgeschrieben sein werde. Zu dieser Zeit war bereits klar, dass unsere Schule zum Schuljahresende 2008/2009 geschlossen werden würde. Das hieß, das Kollegium war bereits mit jeder zehnten Klasse, die die Schule verlassen hatte, kleiner geworden, da keine neuen Fünftklässler nachgerückt waren. Es herrschte gerade im Krankheitsfall Personalnot. Da das Fach Religion versetzungsrelevant- und abschlusswirksam ist, musste jemand gefunden werden, der es fachfremd unterrichten konnte. Da dies kein anderer könne und die Kapazitäten der anderen Kollegen zudem völlig ausgeschöpft seien, fragte mich der Direktor vorsichtig, ob ich weiterhin bereit wäre, die «deutschen» gemeinsam mit den «türkischen Schülern» zu unterrichten, um ihnen eine Abschlussnote im Fach Religion zu ermöglichen. Ich schaute ihn etwas mitleidig an und nickte dann bereitwillig, wohl wissend, was da auf mich zukommen würde.

Da saß ich nun in der Großen Pause im Lehrerzimmer und realisierte, dass es drei ganze Monate sein würden bis zum Ende des Schuljahres – und flugs waren meine bisherigen Planungen für das Halbjahr passé. Beide Gruppen, die muslimische und die «deutsche», hatten die zwei Wochen als Notlösung hingenommen. Als ich der gesamten Klasse erklärte, dass sie jetzt vermutlich die nächsten drei Monate in dieser Konstellation unterrichtet werden würden, gab es lautstarke Proteste. Die nicht-muslimischen Schüler hätten gerne «ohne die Moslems» bei mir Unterricht gehabt, und die muslimischen Schüler wollten nicht, dass sie mich «mit den Deutschen» teilen mussten.

Als sie erfuhren, dass das Fach benotet würde und auch die nicht-muslimischen Schüler ihre Religionsnote im Zeugnis von mir erhalten würden, waren alle sichtlich verwirrt – wie ich eben auch: Wie kann man die Zeugnisnote in katholischer oder evangelischer Religionslehre von einer muslimischen Lehrerin erhalten? Es half nichts. Langsam aber sicher fügten wir uns alle in unser gemeinsames Schicksal.

Noch in der gleichen Woche kam es zu zwei Ereignissen, die meinen Unterricht wesentlich beeinflussen sollten: Der von mir mit herausgegebene «Koran für Kinder und Erwachsene», der erste deutschsprachige Koran in kind- und jugendgerechter Sprache für alle Interessierten, erschien. Nur drei Tage später verkündete Bundesinnenminister Wolfgang Schäuble als Ergebnis der Islamkonferenz, dass die Bundes- und Landesregierungen sich verstärkt für die Einführung eines deutschsprachigen islamischen Religionsunterrichts einsetzen würden. Drei Monate lang wurden meine Unterrichtsstunden vom März 2008 an beinahe wöchentlich von Journalisten, Politikern und Pädagogen besucht. Auch und besonders die Stunden in der «gemischten» zehnten Klasse fanden viele Gäste interessant.

Da mir in dieser problematischen Klasse die gegenseitigen Vorurteile so unangenehm aufgefallen waren, wollte ich genau diese
religiösen und kulturellen Klischees thematisieren. Ausgerechnet
zu Beginn der geplanten Unterrichtsreihe kam eine Redakteurin
einer großen konservativen Tageszeitung in die Stunde. Was sie
hier hören sollte, war für sie ein gefundenes Fressen, um das Weltbild ihrer Zeitung und damit ihrer Leser bestätigt zu bekommen.

Ich plante einen problemorientierten Einstieg in das Thema
«Religiöse Vorurteile» und zeigte den Ende März 2008 erschie-
nenen Film «Fitna» des niederländischen Rechtspopulisten Geert
Wilders. Was als aufdeckender, islamkritischer Tatsachenbericht
deklariert wird, ist in Wahrheit nichts weiter als politisch aufgela-
dene Propaganda, die die Muslime verleumdet und beleidigt. Ab-
wechselnd werden aus dem Zusammenhang gerissene Gräuelbilder
und einschlägige, ebenfalls aus dem Zusammenhang gerissene Koranverse kombiniert und als charakteristisch für den Glauben von
Muslimen präsentiert. Wilders will so den Widerstand gegen die
angebliche Islamisierung Europas und der Welt stärken. Ich war
sehr gespannt auf die Reaktionen meiner muslimischen und nicht-
muslimischen Jugendlichen auf die Provokationen und Diffamie-
rungen in «Fitna». Auch die anwesende Journalistin kannte den
Film noch nicht und war gespannt. Als der Abspann lief, hatte die
ganze Klasse Fragezeichen in den Augen. Sie wusste nicht genau,
wie sie den Film einordnen sollte. «Aber so sind wir doch gar nicht!
Wir werden hier alle als Terroristen dargestellt. Und steht das
wirklich alles so im Koran?» Die muslimischen Schüler waren schockiert. Darüber, dass sie so «schlimm» dargestellt werden, aber
auch darüber, dass der Koran offenbar solche Passagen der Gewalt
enthält. Diese Auszüge waren den meisten unbekannt. Sie wussten
überhaupt nicht, wie sie damit umgehen sollten. Ihre Hilflosigkeit
fiel auch dem Gast auf.

Ich fragte zunächst die nicht-muslimischen Schüler nach ihrer
Meinung. Einige weigerten sich, die Aussagen des Films auf alle
Muslime zu übertragen. Sie winkten ab: «Das ist doch Quatsch. Der
Typ hat bloß Hass auf Muslime.» Die Mehrheit der Schüler sah je-

doch ihre Vorurteile bestätigt. «Der 11. September ist doch von Euch Moslems verübt worden!», «Ihr seid doch Terroristen!», «Was ist denn das für eine Religion?», «Moslems sind scheiße.»

Klar, was folgen musste: Kurz darauf brach eine lautstarke Auseinandersetzung aus, der durch die Autorität einer Lehrerin nur schwer Einhalt zu gebieten war. Als ich Andreas bat, in Ruhe der Klasse zu erklären, warum er «Moslems scheiße» finde, wurde auch ich mit ins Rennen gebracht. Er antwortete: «Frau Kaddor, ihr Ausländer nehmt uns Deutschen die Arbeitsplätze weg und bringt andere Menschen um!»

Ich war bereits einiges gewohnt, aber dass mich ein Schüler offen mit blankem Rassismus konfrontierte, war mir neu. Andererseits bewunderte ich den Mut von Andreas. Er gilt eher als ruhiger Typ, der nicht auf Konfrontation aus ist. Schließlich traute er sich das auszusprechen, was zumindest noch zwei weitere Schüler genauso gesehen hatten. Ich saß auf dem Pult vor der Klasse und überlegte eine Weile, bevor ich antwortete. Die Journalistin schrieb fleißig mit. Ein bedrückendes und herausforderndes Schweigen füllte den Raum. Alle schauten mich auf einmal an, weil ich auf den Boden starrte und nichts sagte. Die Klasse befürchtete, dass ich lautstark Andreas aus dem Unterricht verbannen und vielleicht seine Eltern zu einem Gespräch zitieren würde. Nach einer Weile schaute ich auf, lächelte Andreas an und fragte: «Nehme ich Dir Deinen Arbeitsplatz weg?» Er entgegnete sofort: «Nein, Sie nicht!» Ich setzte nach: «Verstehe, mein ausländischer Vater nimmt Dir, einem Deutschen, den Arbeitsplatz weg?» Nein, auch nicht unbedingt mein Vater, «aber die anderen Ausländer eben». Die «ausländischen» Schüler forderten mich erstaunlicherweise nicht auf, ihn rauszuwerfen oder endlich etwas gegen ihn zu unternehmen. Sie beobachteten mich einfach nur und verfolgten die Diskussion – schließlich waren sie es gewohnt, dass in meinem Unterricht alles ausdiskutiert werden muss. Ich fragte Andreas, wer denn seiner Meinung nach «Ausländer» sei. Seine Mitschülerin Sara, die orthodoxe Christin ist und mit ihrer Familie im Alter von sechs Jahren aus Äthiopien eingewandert war? Oder Murat, der so wie er selbst hier in Dinslaken geboren worden war? Murat, Sara und ich waren auf die Antwort gespannt. Andreas fühlte sich mittlerweile unwohl in seiner Haut und druckste herum. Er wusste nicht recht, was er antworten sollte. Schließlich rang er unsicher nach Luft und antwortete mit einer Frage: «Alle, die nicht hier geboren wurden, oder?» Bei der Antwort schmunzelte zum ersten Mal auch die Journalistin.

Ich ließ von Andreas ab. Ich bemerkte, dass er vorsichtiger wurde, dass offenbar ein Denkprozess bei ihm eingesetzt hatte, und den wollte ich auf keinen Fall stören. Außerdem durfte ich ihn mit meiner Argumentation nicht überfordern. Also fragte ich die ganze Klasse, ob man nicht «deutsch» sei, wenn man Deutsch spricht, vielleicht in Deutschland geboren ist und, viel wichtiger, sich zu Deutschland bekennt? Und ob ich in ihren Augen «Deutsche» sei?

Um die gespannte Stimmung im Klassenraum nicht zu überdehnen, verzichtete ich darauf, die Fragen mündlich zu diskutieren. Alle Schüler sollten sich eine Antwort überlegen und mir in der nächsten Stunde ihre Meinung mitteilen – wenn sie wollten.

An diese Unterrichtsstunde und die Reaktionen der Schüler werde ich mich noch lange erinnern. Für mich gab es aber noch eine weitere Überraschung, die mir meine eigenen Vorurteile vor Augen führte. Die von mir in die konservative Schublade gepackte Journalistin bewies viel Feingefühl und Verständnis für die menschliche und pädagogische Herausforderung, die solch ein Unterricht mit sich bringt. Ihr Artikel spiegelte die heiklen Situationen in ihrer Dramatik sehr professionell wider, ohne die Schüler in ein negatives Licht zu setzen.

Nachdem die Schüler über Wochen in meinem Unterricht mit den Vorurteilen der jeweils anderen beschäftigt gewesen waren, konnte ich eine langsam aufkeimende Sympathie füreinander feststellen. Wir sprachen offen über persönliche und private Probleme der einzelnen Schüler und ihres Umfelds. Auf diese Weise konnte ein Vertrauensverhältnis in der Klasse entstehen. Sie entdeckten Gemeinsamkeiten. Familiäre Schwierigkeiten, die die einen belasteten, trieben auch die anderen um. Die Zukunftsängste waren die gleichen – ganz egal, ob türkischer, arabischer, kroatischer oder deutscher Herkunft. Denselben Ärger mit der Freundin hatten andere auch.

Gemeinsame Ausflüge, die ich nachmittags organisierte, stärkten den Zusammenhalt weiter. Wir gingen beispielsweise gemeinsam Billard spielen oder auf die Cart-Bahn. Immer mehr beobachtete ich, wie auch die Schüler mit den extremsten Positionen auf beiden Seiten allmählich mehr Geduld aufbrachten. Für die absolute Krönung jedoch sorgte Andreas. Ausgerechnet er, der zu Beginn des Unterrichts mit seinen Pauschalurteilen gegenüber «Ausländern» schockiert hatte, nahm in der letzten Unterrichtsstunde vor der Entlassungsfeier all seinen Mut zusammen. Er trat aus freien Stücken vor die Klasse. Mit hochrotem Kopf stand er vor seinen Mitschülern neben mir am Pult. Was hatte er vor? «Also», setzte Andreas an, «ich wollte euch und Ihnen, Frau Kaddor, noch etwas sagen. Was ich da gesagt habe, mit den Ausländern und Arbeitsplätzen und so, das tut mir leid.»

Zuerst herrschte großes Staunen in der Klasse, doch dann brandete Applaus auf. Ich war wirklich gerührt. Das musste ihn echte Überwindung gekostet haben, und ich war stolz auf ihn, weil er es gemeistert hatte. Mir ist klar, dass weder Andreas noch die anderen Schüler endgültig «geheilt» sind. Doch zumindest haben sie sich intensiv mit sich selbst und mit andersdenkenden und andersglaubenden Menschen beschäftigen müssen – und können. Irgendetwas davon wird hängen bleiben. Für ihre eigene Identität war es wichtig, dass sie sich ihrer Einstellung zu «den Anderen» bewusst geworden sind, auch wenn es schmerzhaft und konfliktreich war. Identitätsbildung schließt ein, sich auch von Dingen, Menschen und Einstellungen lösen zu können, um etwas Neues anzunehmen.

Ins kalte Wasser gesprungen

Im Schuljahr 2003/2004 stand ich zum ersten Mal vor einer echten Schulklasse. Ich hatte bereits Volkshochschulkurse geleitet, aber die Hauptschule war für mich Neuland.

Noch knapp sechs Wochen vorher war ich nach meinem Magisterabschluss fest davon ausgegangen, dass ich neben meiner halben Stelle an der Universität das mache, was alle perspektivlosen Islamwissenschaftler machen: eine Doktorarbeit schreiben. Zu Beginn meines Studiums lebte man mit der Ausbildung zum Islamwissenschaftler ein Exoten-Dasein. Im Wintersemester 1997/1998 begannen in Münster knapp zehn Personen, das Fach «Arabistik und Islamwissenschaft» zu studieren, drei davon tatsächlich als Hauptfach. Heute, zehn Jahre später, sind Islamwissenschaftler so gefragt wie nie. Allein nach den Ereignissen des 11. September 2001 schrieben sich zum Wintersemester über neunzig Studierende ein, die meisten zwar im Nebenfach in Kombination mit Politologie, dennoch bedeutet das einen Riesenschritt für das Fach. Vergleichbaren Zuwachs verzeichneten auch andere islamwissenschaftliche Institute bundesweit.

Im Jahr 2002 arbeitete ich am Aufbau einer universitären Einrichtung zur Ausbildung von Islamlehrern mit, die kurz nach den Anschlägen auf das World Trade Center in New York von der Politik ins Leben gerufen worden war. Das Land Nordrhein-Westfalen hatte sich dazu entschlossen, erstmals in der deutschen Geschichte islamische Religionslehrer für einen deutschsprachigen Islamunterricht auszubilden.

Ein Kommilitone bat mich, für ihn bei der Bezirksregierung Düsseldorf anzurufen, um zu erfragen, welche Voraussetzungen man erfüllen müsse, um sich als sogenannter Seiteneinsteiger an diesem Schulversuch – damals hieß er noch «Islamische Unterweisung» – zu beteiligen. Die Dame am Telefon klang sehr aufgeregt, weil es offensichtlich noch eine vakante Stelle gab, die dringend zu besetzen war: Ein Lehrer sollte an einer Hauptschule und einer Grundschule in Dinslaken unterrichten – am liebsten sofort. Als Voraussetzung nannte sie «nur» ein in Deutschland abgeschlossenes Hochschulstudium der Islamwissenschaft, sehr gute Deutschkenntnisse und die Bereitschaft zu einer berufsbegleitenden pädagogischen Weiterqualifizierung. Mein Kommilitone hatte sein Studium allerdings noch nicht beendet. Ob ich nicht jemanden kenne, der diese Voraussetzungen erfülle und Lust auf solch einen Job habe … Kurzentschlossen sagte ich selbst zu. Mich reizte das Angebot, weil ich an der Universität ja gerade die künftige Ausbildung solcher Lehrer vorbereitete und später auch selbst die Studenten auf ihren Beruf als islamische Religionslehrer vorbereiten sollte. Allerdings hatte ich auch großen Respekt vor dem Unterrichten an einer Hauptschule. Das war bei Weitem nicht mit den Lehrerfahrungen zu vergleichen, die ich bisher gesammelt hatte.

Keine sechs Wochen später war es dann so weit. Im August 2003 sprang ich ins kalte Wasser. Dass es eiskalt sein würde, hatte ich nicht geahnt. Ich durfte meine erste islamkundliche Stunde in der neunten Klasse abhalten. Die Klassenlehrerin wollte mich – anfangs noch zu meiner Freude – ihrer Klasse vorstellen. Es war geplant, dass sie mit den christlichen Schülern in den Nachbarraum gehen würde, um ihren Religionsunterricht zu erteilen. Doch es kam anders: Nachdem sie in aller Ruhe die Hausaufgaben ihrer Englischstunde diktiert hatte, bat sie mich erwartungsfroh nach vorne. Ich kam mir vor wie ein Löwe in der Manege kurz vor seinem Sprung durch den brennenden Reifen. «Liebe Kinder, das ist eure neue Islamische Religionslehrerin. Sie heißt Frau Kaddor und ist keine Türkin. Und jetzt achtet mal darauf, wie gut die Frau Kaddor Deutsch spricht!»

Ich wäre am liebsten im Erdboden versunken. Ich musste an das Erlebnis meiner Mutter im deutschen Supermarkt denken, damals, vor dreißig Jahren, als ein Junge wegen ihres Kopftuchs auf sie gezeigt hatte. Wahrscheinlich hatte sie sich so ähnlich gefühlt wie ich gerade. Da wird mit dem Finger auf einen gezeigt, obwohl man nichts getan hat. Die Kränkung saß tief, denn zum einen fand ich mein Hochdeutsch gepflegter als das der Kollegin, zum anderen fühlte ich mich selbstverständlich als Deutsche, was mir in diesem Moment streitig gemacht wurde. Ich sehe mich in diesem Land nicht als Fremdkörper. Als Jugendliche oder als Studentin war ich selten aufgrund meines Aussehens, meiner Herkunft oder Religion diskriminiert worden. Höchstens mal ein dummer Spruch hier oder da. Aber dies war meine Kollegin, eine gebildete Frau. Sie hatte zwar mehr Lebens- und Berufserfahrung, aber sonst sollten wir eigentlich auf einer Stufe stehen. Die Einführung der Kollegin war ein Schlag ins Gesicht, mir wurde sofort klar, in was für unterschiedlichen Welten meine Schüler und ich lebten; über achtzig Prozent hatten einen meist türkischen Migrationshintergrund. Sie reagierten überhaupt nicht verwundert, sondern waren von der Ermahnung, auf mein Deutsch zu achten, eher genervt. Ob meine Entscheidung für diesen Job falsch war?

Dann schaute ich mir die Schülerinnen und Schüler an. Sie gefielen mir, und sie erinnerten mich an meine eigene Schulzeit: Ärzte wissen alles, aber Lehrer wissen immer alles besser. Nachdem ich den ersten «Kulturschock» überwunden hatte, begrüßte ich sie mit einigen Sekunden Verzögerung gut gelaunt und ganz bewusst mit meinem westfälisch klingenden Deutsch: «Moagn und as-salamu alaykum. Ich heiße Lamya Kaddor, bin fünfundzwanzig Jahre alt, bin – wie ihr wahrscheinlich auch – in Deutschland geboren, habe arabische Eltern und bin eure neue Islamkunde-Lehrerin.»

Die Schüler waren sichtlich überrascht – genauso wie die Klassenlehrerin. Sie hatten sich alle die «gut» Deutsch sprechende Islamkunde-Lehrerin doch irgendwie anders vorgestellt. Die Kollegin setzte sich an die Seite, blieb aber in der Klasse und beobachtete, ja kontrollierte geradezu meine erste Unterrichtsstunde. Sie dachte nicht daran, den Raum mit «ihren» christlichen Schülern zu verlassen, um ein erstes unbefangenes Kennenlernen zu ermöglichen. Meine Schüler hatten sofort einige präzise Fragen an mich – im Dialekt des Ruhrpotts: Sind Sie Türkin? Sind sie Muslimin? Sind Sie verheiratet? Sind Sie Hodscha? Darf man «Guten Morgen und as-salamu alaykum» sagen? Warum tragen Sie kein Kopftuch? Islamunterricht auf Deutsch – das geht doch gar nicht!?

Mit so persönlichen Fragen hatte ich nicht gerechnet. Ich dachte, dass sie vielleicht wissen wollten, was in dem Unterricht »drankommen» sollte oder wie oft sie dieses Fach in der Woche haben würden. Ich ließ mich zunächst auf ihre Interessen ein und erklärte ihnen, dass man als deutsch-arabische Muslimin den Islam durchaus in deutscher Sprache vermitteln könne – auch wenn man nicht türkischstämmig ist. Und dass es sogar Frauen gebe, die ohne ein Kopftuch gläubig seien und dabei noch in der Lage, Lehrerin zu sein.

Schnell wurde mir in den nächsten Wochen klar, warum der Unterricht unbedingt auf Deutsch stattfinden muss. Kaum einer meiner Schüler wusste anfangs, was mit dem deutschen Begriff «Wallfahrt» gemeint ist. Die meisten kannten nur den türkischen Begriff, nämlich *hac*. Ähnlich war es mit dem Wort «Almosen». Entsprechend gering war die Kenntnis von grundlegenden theologischen und sprachlichen Zusammenhängen. Wie soll sich einer von ihnen jemals mit jemandem unterhalten, der nicht denselben Migrationshintergrund hat?, fragte ich mich. Ich hatte offensichtlich völlig falsche Vorstellungen von den Schülern gehabt. Sie wussten kaum etwas über ihren Glauben. Prinzipiell wäre das nicht verwunderlich gewesen, wenn es nicht die Studien gäbe, nach denen sich muslimische Jugendliche als erstes mit ihrer Religion identifizieren. Ich musste weit unten ansetzen, um die Kinder und Jugendlichen dort abzuholen, wo sie sich mit ihrem Wissensstand zum Islam befanden.

Es dauerte noch einige Zeit, bis die Schüler mich als «Autorität» akzeptierten. Schließlich hatten sie jemanden wie mich noch nie getroffen: muslimisch, weiblich, deutsch, arabisch-stämmig (also nicht türkisch-stämmig), jung, gläubig – aber ohne Kopftuch, theologisch ausgebildet, modern und liberal. Diese Kombination kannten sie nicht. Irgendwie muss ich aber authentisch rübergekommen sein, denn relativ rasch akzeptierten sie mich – nicht nur in theologischen Fragen, sondern zunehmend auch in persönlichen Belangen.

Islamkunde

Der Islamische Religionsunterricht ist bereits seit über dreißig Jahren im Gespräch. Noch immer ist es in keinem Bundesland gelungen, diesen Unterricht an öffentlichen Schulen flächendeckend einzuführen. Nordrhein-Westfalen hat immerhin konkrete Pläne für das Schuljahr 2010/11. Als in den sechziger Jahren die ersten Gastarbeiter aus meist südlichen Ländern gekommen waren, führte man den sogenannten Muttersprachlichen Ergänzungsunterricht ein. Schließlich sollten die Kinder, die irgendwann mit den Eltern zurück in die Heimat gehen würden, ihre Muttersprache beherrschen. In diesem Unterricht durften neben Länder- und Sprachkunde auch theologische Inhalte in der Muttersprache vermittelt werden.

Viel zu spät – knapp dreißig Jahre später – bemerkten einzelne Bundesländer, dass die Migranten gar nicht in ihre Heimat zurückkehren wollten. Und schon gar nicht ihre Kinder und deren Kinder. Im Hinblick auf die muslimische Bevölkerung wurde schließlich in den späten neunziger Jahren die deutschsprachige «Islamische Unterweisung» eingeführt. Dies geschah als Schulversuch, um die Lücke, die irgendwann einmal der Islamische Religionsunterricht schließen würde, provisorisch zu füllen. Knapp zehn Jahre später, 2009, gibt es in Nordrhein-Westfalen einhundertundvierzig Schulen, an denen Islamkunde in deutscher Sprache angeboten wird.

Leider ist es muslimischen Verbänden bis heute nicht gelungen, den rechtlichen Ansprüchen für die Einführung eines ordentlichen Religionsunterrichts zu genügen. Artikel 7, Absatz 3 des Grundgesetzes verlangt nämlich einen einheitlichen Ansprechpartner, der die Mehrheit einer Religionsgemeinschaft repräsentiert. Dadurch erwartet man von den Muslimen aber, künstlich etwas zu schaffen, was theologisch und strukturell nicht vorgesehen ist. Man will den Islam «verkirchlichen», obwohl er keine Kirche oder kirchenähnliche Institution kennt. Der Islam zeichnet sich durch seine Pluralität und weniger durch eine hierarchische Struktur aus. Das ist nach wie vor ein Streitpunkt. Offensichtlich ist eine kurzfristige Lösung nicht möglich. Traurig ist dabei nur, dass niemand an die betroffenen Kinder und Jugendlichen zu denken scheint.

Ein islamischer Religionsunterricht könnte entscheidend zu ihrer Integration beitragen. Vor allem könnte er Radikalisierungsprozessen bei Muslimen entgegenwirken. Die Lehrer dafür müssen in Deutschland an deutschen Hochschulen von Musliminnen und Muslimen ausgebildet werden. Ebenso müssen Theologen und Imame in Deutschland ausgebildet werden. Die Studien- und Unterrichtssprache muss selbstverständlich deutsch sein.

Organisation und Ziel des Schulversuchs

Am Schulversuch zum Unterrichtsfach «Islamkunde» beziehungsweise «Islamischer Religionsunterricht» sind bundesweit über zweihundert Schulen beteiligt. Die Qualifikation der etwa einhundertundachtzig Lehrkräfte sind sehr unterschiedlich. Die meisten von ihnen sind Lehrer für muttersprachlichen Unterricht. Allein in Nordrhein-Westfalen, das in der Entwicklung am weitesten ist und auf das ich mich hier konzentrieren will, sind über achtzig Lehrerinnen und Lehrer im Einsatz, die meist langjährige Erfahrungen im Muttersprachlichen Ergänzungsunterricht (Türkisch, Arabisch, Bosnisch etc.) haben. Diese Lehrkräfte wurden islamkundlich weiterqualifiziert. Etwa ein Viertel von ihnen sind examinierte Islamwissenschaftler, die pädagogisch-didaktisch weitergebildet wurden. Grundschulen und Schulen der Sekundarstufe I sowie Sonderschulen sind in diesen Schulversuch integriert. Die Lehrbücher «Religiöse Unterweisung von Schülerinnen und Schülern islamischen Glaubens», die 1986, 1991 und 1996 vom Landesinstitut für Schule Nordrhein-Westfalen in Soest entwickelt worden sind, bilden hier für die Lehrenden die Grundlage ihres Unterrichts. Das Grundschulcurriculum ist 2006 bereits überarbeitet worden und liegt in einer verschlankten Version vor. In der Regel sind Schulversuche zeitlich begrenzt. Nordrhein-Westfalen wollte bei diesem Fach aber keine zeitliche Begrenzung, da die Entwicklung in diesem Bereich bis heute nicht absehbar ist.

Die Curricula für «Islamische Unterweisung» und «Islamkunde» in Nordrhein-Westfalen sind höchst aufschlussreich, nicht nur wegen der darin angeregten Unterrichtsgestaltung. Anhand der Formulierungen in diesen Lehrplänen lassen sich das Versagen und die zunehmenden Rückschritte in der deutschen Integrationspolitik in Bezug auf die muslimischen Einwanderer dokumentieren. War das Bild von Muslimen in den achtziger Jahren noch weitgehend wertfrei und von einer positiven Grundhaltung gezeichnet, so haben sich in die weiteren Auflagen die herrschenden Klischees und Vorurteile eingeschlichen.

Das Grundschulcurriculum von 1986 versucht, der Situation von Muslimen und deren Kindern in Deutschland gerecht zu werden. Aus heutiger Sicht liefert es eine überraschend unaufgeregte, empathische und vielfach immer noch zutreffende Beschreibung der Lebensumstände, wie folgender Ausschnitt zeigt:

Die meisten Muslime leben in Deutschland in einer fremden Kultur. Ein anderer Grad an gesellschaftlicher Modernität, ein anderes Verhältnis von Religion und Kultur, Gesellschaft und Politik als in der Heimat wirken sich bei der Bewältigung konkreter Lebenssituationen, aber auch bei der Entwicklung langfristiger Perspektiven in der deutschen Gesellschaft nicht selten belastend aus. Hinzu kommen sprachliche, soziale und wirtschaftliche Probleme, die den Alltag der Mehrzahl der Menschen, die nach Deutschland gekommen sind, um Arbeit zu finden, prägen. Für die Kinder gibt es zusätzlich Probleme. Sie kennen ihre Heimatkultur vielfach nur aus den Erzählungen und aus der Alltagspraxis ihrer Eltern – nicht aus eigener Anschauung des Lebens in der Heimat ihrer Familien. [...] Nur langsam bilden sich unter dem Zwang des Zusammenlebens und Zusammenarbeitens auf beiden Seiten neue Muster, die die verschiedenen Kulturen einander näherbringen können. [...] Eine solche bikulturelle Sozialisation kann nicht sich selbst überlassen bleiben, wenn friedliches und konstruktives Zusammenleben und Zusammenarbeiten von Muslimen und Nicht-Muslimen in Deutschland zum Vorteil aller gelingen soll. (S. 13–15)

Bemerkenswert ist außerdem, wie schon damals eine Herausforderung für die Islamische Theologie erkannt wurde. Demnach muss Islamische Theologie – im Curriculum «islamische Tradition» genannt – die Lebenssituationen der Muslime in Deutschland deuten und bewältigen helfen. Das heißt umgekehrt, der Islam muß Fragen beantworten, die ihm in den islamischen Gesellschaften so bisher nicht gestellt wurden. Zwischen islamischer Tradition und der Lebenswirklichkeit von Muslimen in der Gesellschaft der Bundesrepublik Deutschland muß eine Korrelation sichtbar werden. (S. 15)

Offensichtlich hatte man 1986 eine faire, von Gegenseitigkeit geprägte Auffassung von Integration. Niemand verlangte damals eine Assimilation, sondern beide Seiten sollen aufeinander zugehen und werden in die Pflicht genommen. Weiter heißt es, «dass Wertvorstellungen beider Kulturen aufeinander bezogen werden müssen, Unvereinbares und Vereinbares durch offenen und ehrlichen Dialog sichtbar gemacht werden, um so die Bemühungen um Eintracht durch gegenseitiges Lernen zu fördern.»

Während heute alle Schwierigkeiten muslimischer Mitbürger mit Migrationsgeschichte häufig monokausal auf deren Religion oder Tradition zurückgeführt werden, wird dies im Curriculum realistischer nur als ein Faktor unter vielen betrachtet und weder gesondert hervorgehoben noch irgendwie zugespitzt. Stattdessen werden alle Aspekte des Lebens betrachtet, von gesellschaftlichen, religiösen, kulturellen und politischen Einstellungen bis zum sprachlichen, sozialen und wirtschaftlichen Status. Vor mehr als zwanzig Jahren gelang den Experten aus dem Schulministerium und der Lehrplankommission etwas, womit nachfolgende Gremien und Experten immer mehr zu kämpfen hatten: eine realistische Einschätzung der Ausgangslage und angemessene Erwartungen hinsichtlich der Integration.

Zehn Jahre später, 1996, lag ein weiteres Curriculum für «Islamische Unterweisung» in den Klassen sieben bis zehn vor. Ziel des Schulversuchs «Islamkunde in deutscher Sprache» in Nordrhein-Westfalen ist laut dem damaligen Landesinstitut für Schule und Weiterbildung «die Vermittlung von religiösem und religionskundlichem Wissen, nicht jedoch die konfessionelle Erziehung». So weit, so gut. Daneben wird erwähnt, dass dem Schulversuch schwerpunktmäßig drei Aufgaben zugrunde liegen,

nämlich:

– insbesondere den in Deutschland geborenen Muslimen die islamische Tradition in ihrer Geschichte, Ethik und Religion zu vermitteln,
– dem einzelnen zu helfen, in einem säkularisierten, von christlicher Kultur geprägten Land als Muslim zu leben sowie
– einen Beitrag zu leisten zu einem guten Zusammenleben zwischen Muslimen und Christen, insbesondere zwischen Türken und Deutschen, in Gleichberechtigung, Frieden und gegenseitiger Zuwendung, Achtung und Toleranz. (S. 7)

Die aktuelle Situation der Muslime in Deutschland wird nun so beschrieben (Hervorhebungen von mir):

– Der Islam ist in Deutschland eine *Religion der Diaspora*. Durch das Fehlen einer islamisch geprägten Lebensumwelt besteht die *Gefahr*, dass sich Bindungen an die islamische Religion und an den Glauben lockern und verlorengehen.

– Der Islam ist erst seit wenigen Jahren auf dem Weg, eine bedeutsame religiöse Kraft in Deutschland zu werden. Seine *institutionelle Struktur* ist erst im Aufbau.
– Die *Mehrzahl* der Muslime in Deutschland sind *Migranten aus nichteuropäischen Kulturräumen*. Die *damit verbundenen Probleme* bei der Entwicklung einer kulturellen Identität der meisten Muslime lassen die religiöse Erziehung in spezifischer Weise bedeutsam werden. (S. 7)

Diesen Befund kennzeichnet ein gehöriges Maß an Ignoranz. Vom Islam wird als einer «Religion der Diaspora» gesprochen – das heißt, im Grunde gehören diese Religion und ihre Menschen hier nicht hin; der aus dem Griechischen stammende Begriff «Diaspora» besagt schließlich, dass eine zumeist religiöse Gruppe aus ihrer traditionellen Heimat «zerstreut» oder »vertrieben» wurde oder dass sich ein ehemaliges Ganzes in verschiedene Einzelteile auflöst. Weiter betont das Curriculum, dass es noch immer keine zufriedenstellende «institutionelle Struktur» gibt. Ergo: Bis sich «der Islam» einmal so schön hierarchisch organisiert hat wie etwa die Katholische oder Evangelische Kirche, ist noch ein langer Weg zurückzulegen; ob sich «der Islam» überhaupt so organisieren *kann* oder *will*, ist nebensächlich. Zudem ist von der «Mehrzahl der Muslime» als «Migranten» die Rede. Das möchte ich bezweifeln – dreißig bis vierzig Jahre nach der Ankunft der ersten «Gastarbeiter»! Mir liegen zwar keine exakten Daten für 1996 vor, aber bereits damals dürfte angesichts der Geburtenraten ein Großteil der jüngeren Generation in Deutschland geboren worden sein. So wie ich.

Der gesamte Text scheint – bewusst oder unbewusst – von politischen Interessen geleitet zu sein. Im dritten Punkt wird betont, dass die Muslime aus «nichteuropäischen Kulturräumen» stammten. Am liebsten hätte man hier wohl «aus nicht*christlichen* Kulturräumen» geschrieben. Warum sonst wird im nächsten Satz betont, dass die Entwicklung einer kulturellen Identität für die meisten Muslime mit Problemen verbunden sei? Hätte man wohl genau so argumentiert, wenn es um «Einwanderer» aus anderen «nichteuropäischen Kulturräumen», sagen wir aus den USA, Australien oder Neuseeland, gegangen wäre? Möglicherweise träfe der Befund für die erste Einwanderergeneration zu, wenn diese mit Kind und Kegel ins Land gekommen wäre. Der Text ist ein weiteres Indiz dafür, dass sich Deutschland 1996 (immer noch) nicht als Einwanderungsland begriff. Bis ein muslimischer Migrant oder sein Nachkomme «Bürger» genannt wurde, sollte es noch volle zehn Jahre dauern.

Im Jahr 2006 wurde das Grundschulcurriculum überarbeitet. Im Vorfeld gab es Hoffnungen, dass der gute Ansatz von 1986 wieder aufgegriffen würde. Diese Chance wurde vertan. Der Ton wird sogar noch politischer. Stellenweise wirkt er dogmatisch, und die Bedrohungsszenarien, die 1996 vorsichtig angeklungen waren, werden weiter ausgemalt (Hervorhebungen von mir):

Islamkunde geht davon aus, dass die islamische Religion auch in Deutschland durch eine Vielfalt konfessioneller Orientierungen geprägt ist. Als staatlich verantworteter Unterricht hat sie daher die Aufgabe, diese Vielfalt der religiösen Orientierungen im Unterricht abzubilden. Dies schließt eine Hinführung der Schülerinnen und Schüler zu einem bestimmten konfessionell gebundenen Islamverständnis aus. Die Pluralität der Glaubensorientierungen innerhalb des Islams *muss ebenso respektiert* werden wie die *Pluralität der religiösen Anschauungen* insgesamt.
Dabei ist nicht nur bloß *tolerierender Respekt* gegenüber diesen Pluralitäten verbindlich vorgegeben, sondern auch ihre Thematisierung. Dabei sind die Schülerinnen und Schüler reflektierend an die *Werte und Ordnungsprinzipien unserer Gesellschaft*, wie sie *in Grundgesetz und Landesverfassung* vorgegeben sind, heranzuführen und zu befähigen, zugleich und *ohne Widerspruch* als gläubige Musliminnen und Muslime und als aktive Bürgerinnen und Bürger *eines zivilgesellschaftlichen Staatswesens* für sich und andere handeln zu können.

Klar herauszuhören sind hier im Wesentlichen zwei Dinge: Erstens soll Islamkunde zur Toleranz erziehen, sowohl nach Innen (innerislamisch) als auch nach Außen (gesamtgesellschaftlich). Vermutlich ist die Betonung dieses Aspekts vor dem Hintergrund der innermuslimischen Auseinandersetzungen zu verstehen. Zugleich unterstellt sie, dass Muslime grundsätzlich ein Problem mit der Toleranz hätten. Diese Passage scheint besonders mit Blick auf die umstrittene Frage formuliert worden zu sein, ob Aleviten und andere Glaubensrichtungen als islamisch gelten dürfen. Zweitens wird auf die Verfassungstreue von Muslimen viel Wert gelegt. Das scheint besonders nach dem 11. September 2001 immer aktueller zu werden. Muslime sollen keinen Widerspruch zwischen ihrem Glauben und ihrer Zugehörigkeit zu einem Staatswesen sehen.

Das Curriculum nennt wie in den beiden zuvor behandelten Lehrplänen sogenannte «gesellschaftliche Bedingungen», auf die die Fachdidaktik Rücksicht nehmen muss. Dazu wurden Passagen aus den Richtlinien von 1996 übernommen, mit mehr oder weniger großen Veränderungen (Veränderungen hier *kursiv* markiert):

– Der Islam in Deutschland ist *generell* eine Religion *in* der Diaspora. Durch das Fehlen einer islamisch geprägten Lebensumwelt besteht die Gefahr, dass sich die Bindungen an die islamische Religion und an den Glauben lockern oder verloren gehen.

– Der Islam ist erst seit wenigen Jahren auf dem Weg, eine bedeutsame religiöse Kraft in Deutschland zu werden. Seine institutionelle Struktur ist erst im Aufbau.

– Die Mehrzahl der Muslime in Deutschland sind *Menschen mit einem biografischen oder familiengeschichtlichen Migrationshintergrund.* Die damit verbundenen Probleme bei der Entwicklung einer kulturellen Identität *fordern von der Schule besondere pädagogische Aufmerksamkeit. Es muss gelingen, die Kinder zu Persönlichkeiten zu erziehen, die später als Erwachsene in vollem Bewusstsein ihrer kulturellen Herkunft die gesellschaftlichen Werte und Normen, wie sie das Grundgesetz vorgibt, selbstverständlich zu ihrer eigenen Sache machen.* (Grundschulcurriculum 2006, S. 7)

Warum bei Punkt eins das Wort «generell» eingefügt wurde, wird wohl das Geheimnis der Autoren bleiben. Jedenfalls lässt es viel

Spielraum für Interpretationen. «Generell» klingt endgültiger. Ein Landesministerium bescheinigt hier dem Islam, in Deutschland «generell» marginalisiert zu sein, und teilt den muslimischen Mitbürgern auf diese Weise mit, dass man sich als Muslim in Deutschland nie, weder religiös noch ethnisch, zu Hause fühlen kann – oder ist gar gemeint: sollte? Mit diesen Formulierungen heute noch – nach fast fünfzig Jahren muslimischer Einwanderung – ein Curriculum für Islamkunde beziehungsweise zukünftigen Islamunterricht einzuleiten, halte ich für politisch unverantwortlich und für gesellschaftlich ausgesprochen heikel.

Die Tatsache, dass die Formulierung in Punkt zwei unverändert geblieben ist, lässt Ignoranz oder Desinteresse in den Behörden gegenüber den gesellschaftlichen Prozessen vermuten. Die unsägliche Pauschalisierung «der Islam» behält seine amtliche Beglaubigung. Man hätte ja alternativ auch von «islamischen Glaubensüberzeugungen» im Plural schreiben können. Aber nein, «der Islam» als solcher macht sich auch noch generell wie vor zehn Jahren als bedeutsame religiöse Kraft in Deutschland auf den Weg. Dabei hat selbst unser konservativer Bundesinnenminister Wolfgang Schäuble bereits 2006 mehrfach festgestellt, dass die Muslime längst ein Teil unserer Gesellschaft geworden sind. Offenbar ist dies in vielen Amtsstuben zwischen Flensburg und Füssen, zwischen Aachen und Görlitz und in den Köpfen derer, die sich tagtäglich über das Wohl unserer Gesellschaft Gedanken machen sollen, noch nicht angekommen.

Der Vorwurf der Ignoranz gilt auch für den zweiten Satz des zitierten Abschnitts, der ebenfalls unverändert aus der früheren Fassung übernommen worden ist. Er ist nicht ganz falsch, aber auch nicht ganz richtig. Die Verbände haben sich zwar erst 2007 zum Koordinationsrat der Muslime (KRM) zusammengeschlossen, aber vorab wurden bereits intensive Gespräche mit der Landesregierung geführt, um die Anerkennung voranzutreiben. Ob man mit der Gründung des Koordinationsrats der Muslime wirklich einen Schritt weiter ist, bezweifle ich, aber zumindest hat sich an dieser Stelle im Verlauf von zehn Jahren seit 1996 etwas geändert!

Es zeugt zudem nicht gerade von Weitsicht, nach den Ereignissen des 11. September 2001 ein Curriculum mit ideologisch aufgeladenen Begriffen («der Islam» und «bedeutsame religiöse Kraft») zu überarbeiten. Eine erneute Überarbeitung ist dringend erforderlich. Keine Frage, die Anschläge in New York und Washington sind Grund zur Sorge. Auch sogenannte «Ehrenmorde» und Zwangsheiraten in Deutschland sind entsetzlich, aber sie betreffen nachweislich eine Minderheit und sind in keiner Weise repräsentativ. Die Fragen, die sich deutsche Politiker und Behördenvertreter stellen müssen, liegen doch auf der Hand: Haben sich durch die Terroranschläge die Muslime in Deutschland verändert? Sind es nicht mehr dieselben Menschen wie vor 2001? Sind Hauptschülerinnen plötzlich zu Terror-Feen mutiert? Darf man ein Curriculum für Islamunterricht aufgrund von Vorfällen, die überwiegend im Ausland geschehen sind, derart politisieren? Es mag sein, dass einzelne Muslime in Deutschland nach dem 11. September radikalisiert worden sind. Aber geht das allein auf den 11. September zurück? Spielen nicht auch die darauf folgenden jahrelangen Stigmatisierungen, Diskriminierungen und Beleidigungen einer ganzen Religionsgemeinschaft eine Rolle?

Der dritte Absatz markiert auch eine positive Entwicklung. So hat man das Wort «Migranten» durch «Menschen mit ... Migrationshintergrund» ersetzt. Ob das jetzt ein angenehmeres Stigma ist, wage ich jedoch zu bezweifeln. Beide Formulierungen sind nicht angenehm. Das mag an der besonderen Empfindlichkeit liegen, das mag aber auch an der allgemeinen Stimmung im Lande liegen. Der Begriff «Zuwanderungsgeschichte», der in Nordrhein-Westfalen gern verwendet wird, ist jedenfalls erträglicher; möglicherweise aber nur deswegen, weil er noch nicht so abgegriffen ist.

Geradezu empörend wirkt auf mich der letzte zitierte Satz. Es soll die pädagogische Aufgabe der Schule sein, einen – so suggeriert mir der Text – Haufen junger Muslime, die nach Ansicht der Verfasser die Werte des Grundgesetzes offenbar allesamt mit Füßen treten, zu vernünftigen Menschen zu erziehen? Wenn ich dabei an «meine Kinder» denke, wie sie erwartungsfroh in ihren Schulbänken sitzen und mich anschauen, dann werde ich zornig. Wer sagt eigentlich, dass diese jungen Menschen die Werte des Grundgesetzes nicht mindestens genauso hoch halten wie christliche, atheistische oder sonstige Jugendliche in diesem Land?

Der Satz verdeutlicht, dass das Curriculum direkte politische Ziele verfolgt: Islamkunde als Staatsbürgerkunde. Dieser Ansatz basiert nicht nur auf Vorurteilen, sondern wird auch dem Fach inhaltlich nicht gerecht. Islamkunde kann und muss zwar auf das aktuelle Wechselspiel von Religion und Gesellschaft eingehen, insbesondere da es hier unbestreitbare Konflikte gibt. Aber erstens ist das keine Aufgabe für die Grundschule. Zweitens kann dies höchstens erklärend und informierend geschehen, denn es gehört ganz gewiss nicht zu den Aufgaben der Islamkunde, dass es «gelingen» muss, sechs- bis zehnjährige muslimische Kinder in «vollem Bewusstsein ihrer kulturellen Herkunft» zu loyalen Staatsbürgern zu erziehen, die auch die Werte und Normen dieser Gesellschaft vorbehaltlos vertreten.

Betrachtet man die drei Curricula für Islamische Unterweisung beziehungsweise Islamkunde, die im Laufe von zwanzig Jahren erarbeitet worden sind, im Vergleich, so muss man leider feststellen, dass wir uns in Sachen Integration und Islam zurück- und nicht weiterentwickeln. Ich mag mir gar nicht vorstellen, wie das nächste «überarbeitete» Curriculum aussehen wird.

Bedenken der Eltern

Die Schüler nehmen das Angebot eines islamischen Religionsunterrichts, der dem katholischen und evangelischen vergleichbar ist, mit großem Interesse an, trotz gelegentlicher Berührungsängste am Anfang. In den vergangenen sechs Jahren haben sich bei mir insgesamt nur sechs Schüler vom Islamkundeunterricht in deutscher Sprache abgemeldet. Das Interesse ist in der Hauptschule und der Grundschule (wo ich bis 2005 unterrichtet

habe) etwa gleich groß. Selbstverständlich hinterfragten einige
Schüler gelegentlich die Unterrichtsprinzipien und meine Vorge-
hensweisen. Für manche stellt der Einsatz des Korans als Unterrichtsmaterial ein Problem dar. Die Frage meines nicht vorhandenen Kopftuchs indes spielte in der Schülerschaft überraschend
schnell überhaupt keine Rolle mehr. Ohne weiteres angenommen
wurde auch, dass das Fach nun in deutscher Sprache unterrichtet
wird.

Etwas anders sah die Akzeptanz bei den Eltern aus. Prinzipiell
wird von Seiten der Elternschaft ein Islamischer Religionsunterricht gefordert und kein *islamkundlicher* Unterricht. Drei Probleme
standen hier im Vordergrund:

Erstens waren vor allem türkischstämmige Eltern anfangs dagegen, dass der Unterricht in deutscher Sprache erteilt wird. Eltern
mit anderer Herkunft waren hingegen froh, dass endlich auch
ihre Kinder in der Schule das Fach belegen konnten. Dass die türkischstämmigen Eltern einen türkischsprachigen Islamunterricht
für ihre Kinder forderten und es zum Teil immer noch tun, ist aus
meiner Sicht ein Fehler. Aber mit Blick auf die Zahl der türkischen
Einwanderer in Deutschland und vor dem Hintergrund ihrer
sprachlichen Fähigkeiten ist der Wunsch verständlich: Zum einen
ist türkischsprachiger Islamunterricht für sie transparenter und
damit vertrauenswürdiger, zum anderen halten es viele für unnötig, dass sich ihre Kinder in deutscher Sprache mit dem Islam auseinandersetzen, weil der Islam für sie nun einmal in ihr persönliches, nicht-deutsches soziokulturelles Umfeld gehört. Dort ist es
überwiegend nicht erforderlich, sich auf Deutsch über die Religion zu äußern. Ferner wäre türkischsprachiger Islamunterricht
aus Sicht der Eltern ein zusätzliches Instrument, um der zunehmenden Entfremdung ihrer Kinder von der türkischen Kultur ent-
gegenzuwirken.

Zweitens schien es vielen Eltern undenkbar, dass der Koran als
Material für den Unterricht dienen soll. Sie sind der Überzeugung,
dass man die Heilige Schrift des Islams ohne rituelle Reinheit
nicht anfassen dürfe, und in der Schule sei die rituelle Reinheit

nun mal nicht immer gewährleistet. Jedoch existieren verschiedene Fatwas, die genau das Gegenteil besagen. Hier sind zwei verschiedene Aspekte zu unterscheiden: Zum einen lesen Muslime aus dem Koran im Sinne einer Rezitation, in erster Linie um von Gott Lohn zu erhalten. Dies ist ein ritueller Akt, der nach klassisch-islamischem Recht die kultische Reinheit erfordert. Damit ist nicht nur die Reinheit des Körpers gemeint. Im Vordergrund steht die Reinheit der Seele, die durch eine festgeschriebene Reihenfolge bei der Waschung erreicht werden kann. Erst mit dieser Waschung ist es dem Gläubigen möglich, rituelle Handlungen zu vollziehen, etwa auch die Pflichtgebete oder die Wallfahrtszeremonien. Etwas anderes ist es, den Koran zu lesen, um ihn zu verstehen. Hier geht es vor allem um die inhaltliche Auseinandersetzung, der Gotteslohn ist zweitrangig.

Um die Erschaffung des Menschen nach den Aussagen des Korans zu thematisieren, kopierte ich für eine achte Klasse verschiedene Koranverse mit der deutschen Übersetzung auf eine Folie. Ich legte sie auf den Overhead-Projektor und fragte, ob jemand Arabisch lesen könne. Etwa sechs Jugendliche meldeten sich. Ich bat einen, den arabischen Text vorzutragen. Ahmet weigerte sich jedoch und rief entsetzt: «Das ist doch Koran, lese ich nicht ohne *abdest*!» *Abdest* ist der türkische Begriff für die rituelle Waschung. Mit dieser Weigerung entfachte er eine lange Diskussion. Unter anderem warf er mir vor, keine gute Muslimin zu sein, wenn ich den Korantext von jemandem lesen lasse, der sich keiner rituellen Waschung unterzogen hat. Ich versuchte ihm zu erklären, dass kein Problem darin liege, den arabischen Text von einer Wand abzulesen, schließlich müsse er dabei nicht mal etwas anfassen. Ahmet ließ sich nicht überzeugen. Daraufhin bat ich ihn, die deutschsprachige Interpretation vorzulesen, und er weigerte sich abermals: «Der deutsche Text ist auch Koran, lese ich auch nicht!» Ich ließ die Sache auf sich beruhen, obwohl die Übersetzung bereits als Interpretation gilt und damit nicht mehr den gleichen Status besitzt wie der Koran selbst.

Einige Tage später fing mich Ahmets Vater in der Pause ab, um mich zur Rede zu stellen. Er fragte, warum ich seinen Sohn gezwungen habe, den Koran ohne *abdest* vorzutragen. Ich versuchte dem Vater zu verdeutlichen, dass es dasselbe sei, als wenn er an einer Moschee vorbeilaufe und dabei den arabischen Korantext an den Wänden ohne *abdest* mitlesen würde. Mein Vergleich leuchtete ihm jedoch nicht ein.

Das Lesen des Korans, vor allem auch in deutscher Sprache, im Rahmen des Schulunterrichts unterscheidet sich vom Lesen des Korans in einer Koranschule. Dort geht es hauptsächlich darum, das Intonieren der arabischen Sprache, das Lesen der Schrift samt ihrer diakritischen Zeichen und schließlich das saubere Rezitieren des göttlichen Wortes zu erlernen. Diese Aufgabe ist im Schulunterricht allenfalls nebensächlich. Daher stehen Islamkundeunterricht oder der spätere Islamische Religionsunterricht auch nicht in Konkurrenz zur Koranschule. Die schulischen Angebote sind kein Ersatz für den Koranunterricht in der Moschee. Ganz im Gegenteil. Wenn die religiöse Bildung der Kinder und Jugendlichen von den Erziehungsberechtigten gewünscht wird, sollte sie über drei Stationen geleistet werden: durch das Elternhaus als Vertreter der religiösen Tradition, durch die Moschee, die in das Gemeindeleben und den Ritus einführt, und durch die Schule als einem neutralen Ort von Wissensvermittlung und Glauben.

Erst wenn diese drei Stellen gemeinsam wirken, kann eine optimale religiöse Bildung erreicht werden. Bisher ist die religiöse Erziehung von Muslimen in Deutschland «nur» durch das Elternhaus und vielleicht noch durch die Gemeinde, die wiederum das Religionsverständnis der Eltern prägt, erfolgt. Die zum Teil katastrophalen Ergebnisse gehören zu den täglichen Herausforderungen und Erfahrungen eines Islamlehrers an öffentlichen Schulen. Der Islamkundeunterricht kann und muss für eine Relativierung des Islambildes sorgen, das in der religiösen Erziehung durch das Elternhaus und die Gemeinde alleine entsteht. Das zeigt eine durchaus amüsante Erfahrung in einer dritten Klasse:

Ich erzählte den Kindern von dem pferdähnlichen Wesen, das Muhammad auf seiner nächtlichen Himmelsreise getragen hat.

Dieses Wesen heißt Burâq und ist der Namenspatron eines Kindes
aus der Klasse. Nachdem sich die gesamte Klasse über den kleinen
Burak lustig gemacht hatte, weil er so heißt wie ein fliegendes
Pferd, erkannten die Kinder, dass diesem «Pferd» wohl eine besondere Rolle zukommt. So weit, so gut. – Ich beschloss zwei Unterrichtsstunden später, über Muhammads Tätigkeit vor seiner Berufung zum Gesandten Gottes zu sprechen. Einer der Schüler tippte
auf «Verkäufer». Sodann wurde darüber diskutiert, auf welche
Weise Muhammad wohl vor über 1400 Jahren seine Waren transportiert hatte – etwa Feigen aus Mekka «in Saudi-Arabien» in eine
weit entfernte Stadt? Ich wollte auf die Wörter «Karawane» oder
«Kamel» hinaus, doch diese fielen zunächst nicht, hingegen bot
sich ein breites Spektrum anderer Antworten: mit dem Flugzeug,
dem Lastwagen, zu Fuß. Manche meinten schlicht, der Transport
sei gar nicht möglich. Da meldete sich die kleine Duygu, als hätte
sie das von mir gesuchte Wort ganz sicher gefunden: Burâq! Das
Pferd habe Muhammad mitsamt seinen Feigen nach Istanbul ge-
flogen! Istanbul schien für viele meiner Schüler, nicht nur in den
dritten, sondern auch in den höheren Klassen, in Fragen der Religion das Zentrum der Welt zu sein. Mehrere Schüler wunderten
sich doch sehr, als ich ihnen erzählte, Muhammad sei nicht in
Istanbul geboren. Aller Wahrscheinlichkeit nach ist er nie in seinem Leben dort gewesen.

Neben der Tatsache, dass der Islamunterricht in deutscher
Sprache erteilt wurde und der Koran darin zum Unterrichtsmaterial «degradiert» wurde, nahmen einige Eltern *drittens* auch An-
stoß an meiner Person. Als ich frisch von der Uni an die Schule
kam, waren schon die Kollegen überrascht. Alle hatten sich unter
der neuen Islamkundelehrerin eine ältere Frau mit türkischer
Herkunft, durchschnittlichen Sprachkenntnissen und streng au-
toritärem Erziehungsstil vorgestellt. Als ich vom Schuldirektor
während einer Lehrerkonferenz vorgestellt wurde und mein Alter
nannte, erntete ich erst einmal ein mitleidiges «Oooohhhh», in
dem die Sehnsucht nach der längst vergangenen Jugend der meisten Kollegen widerhallte. Der Großteil des Kollegiums, in Ehren

ergraut, arbeitete nämlich schon seit Jahrzehnten an dieser Schule.

Die Reaktionen seitens der Eltern müssen ähnlich überrascht ausgefallen sein, als ihnen die Kinder von der «Neuen» erzählten. Einige hegten auch inhaltliche Ressentiments. Einmal wollte mich eine aufgebrachte Mutter in der Pause sprechen. Sie fordere mich auf, meine Ansichten zum Propheten Muhammad zurückzunehmen. Am Tage zuvor hatten wir in der Klasse ihres sechzehnjährigen Sohnes über Muhammads Familienleben gesprochen. Natürlich war auch die Rede von seiner jungen Frau Aischa. Die Schüler waren schockiert darüber, dass Muhammad eine so junge Frau, ja ein Kind geehelicht hatte, bekamen aber dann die historischen und kulturellen Umstände auf der Arabischen Halbinsel zur damaligen Zeit erklärt. Einige der Schüler müssen offensichtlich mit ihren Eltern über den Schock in dieser Unterrichtsstunde gesprochen haben. Kerims Mutter wollte nun lautstark gegen mich und meinen Unterricht protestieren: «Bei uns hat man gelernt, dass Aischa kein Kind war, als Muhammad sie heiratete. Sie war doch schon erwachsen. Ich weiß ja nicht, was man bei Ihnen so lernt, aber unser Hodscha hat gesagt, dass sie reif gewesen ist. Unser Prophet wird wohl kein Kind geheiratet haben!» Ich bat sie, mir zu belegen, dass Aischa älter als fünfzehn oder sechzehn gewesen sein soll, wenn man das bei ihnen so lernt. Sie sicherte zu, dass sie noch am gleichen Tage den Hodscha fragen und mir dann den Beweis bringen werde. Eine Woche später hatte ich immer noch nichts von ihr gehört und fragte ihren Sohn Kerim, was aus dem Vorwurf seiner Mutter geworden sei. Er bog meine Frage schnell ab, indem er sagte: «Meine Mutter war beim Hodscha, Frau Kaddor. Der hat genau das gesagt, was Sie uns auch gesagt hatten. Aber unsere Eltern müssen halt auch noch lernen.» Die Situation löste sich so glücklicherweise von allein. Ich hatte es als sehr unangenehm empfunden, zwischen Tür und Angel darauf verwiesen zu werden, dass es «meinen» und «ihren» Islam gebe. Aber auch darauf muss sich ein Islamkundelehrer einlassen: Das Gespräch mit den Eltern ist ebenso wichtig wie der Unterricht.

Neben den inhaltlichen Ressentiments standen viele Eltern mir als Person sehr skeptisch gegenüber, weil ich a) eine Frau ohne Kopftuch, b) sehr jung und c) arabischer Abstammung war. Dass ich kein Kopftuch trage, war noch am harmlosesten. Dass ich so jung bin und meine nicht-türkische Abstammung fielen schwerer ins Gewicht. Natürlich gibt es auch Eltern, die mein Engagement und meine Qualifikation für diesen Beruf zu schätzen wissen und mich unterstützen. Allerdings sind es oft solche Eltern, die ich erst durch einen Besuch in meiner Klasse überzeugen konnte, dass der Unterricht seinen Sinn hat. Einmal wollten zwei besorgte und zugleich neugierige Mütter meinen Unterricht besuchen, weil ihre Kinder ihnen so viel davon erzählt hatten. Die beiden Frauen kamen in eine Unterrichtsstunde der dritten Klasse. Ich hatte mir vorgenommen, den Kindern den Unterschied zwischen einem arabischsprachigen Buch und dem Koran zu demonstrieren. Schüler in der dritten Klasse sind in der Lage, arabische Schriftzeichen zu erkennen. Allerdings verbinden sie diese Schrift immer nur mit dem Koran. Das Ziel des Unterrichts stand also fest, und die Kinder tappten erwartungsgemäß in die Falle. Sie hielten beide arabischen Bücher für den Koran. Als ich ihnen vermitteln konnte, dass es zwei unterschiedliche Bücher in gleicher Sprache sind, stellte sich der gewünschte Aha-Effekt ein.

Anschließend verteilte ich ein Arbeitsblatt, auf dem der Umgang mit dem Koran und die Vorbereitung zur Koranrezitation demonstriert werden. Die Darstellung zeigt die rituelle Waschung, danach einen Jungen und ein Mädchen mit Kopfbedeckung, die gemeinsam mit ihrer Mutter – ebenfalls mit Kopfbedeckung – den Koran rezitieren wollen. Für den rituellen Akt der Koranrezitation ist es nach klassischer Auffassung notwendig, dass sich Frauen verhüllen. Die beiden anwesenden Mütter hinten im Raum schauten relativ grimmig aus unter ihren Kopftüchern. Doch als ich sie nach Unterrichtsschluss nach ihren Eindrücken befragte, waren sie offensichtlich so angetan, dass sie darum baten, jede Stunde kommen zu dürfen, weil auch sie neue Dinge zum Islam gelernt hätten.

Kooperation mit lokalen Moscheegemeinden

Wenige Monate nach meinem Dienstantritt lernte ich die Hodschas in Dinslaken kennen. Dort befinden sich mehrere Moscheegemeinden. Die Eltern meiner Schüler besuchen hauptsächlich zwei Moscheen: Die Moschee mit den meisten Mitgliedern ist die Diyanet Selimiye Moschee, die der größten islamischen Dachorganisation, der DITIB e.V., angehört. Der dort ansässige Hodscha zeigte sich zu Beginn meiner Tätigkeit bei einem Treffen sehr aufgeschlossen und freundlich. Wir benötigten zwar einen Dolmetscher, um uns zu verständigen, aber der Hodscha sicherte mir eine gute Zusammenarbeit und große Unterstützung zu, da wir beide das gleiche Ziel verfolgten: den hier geborenen muslimischen Kindern und Jugendlichen den Islam und die damit verbundene Kultur – notfalls auch auf Deutsch – zu vermitteln.

Die zweite mitgliederstarke Moschee ist die Süleymance-Moschee. Diese ist vom Verband der Islamischen Kulturzentren (VIKZ) organisiert. Der dortige Hodscha war ebenfalls ausgesprochen freundlich, jedoch sehr zurückhaltend. Er erkundigte sich nach meiner Ausbildung, die mich dazu qualifizieren sollte, Islamkunde zu erteilen. Dann fragte er nach meiner Herkunft und meinem Familienstand. Es schien, als könne er meine Funktion kaum einschätzen und betrachte die Islamkunde in deutscher Sprache nicht wirklich als Bereicherung für «seine Kinder». Mittlerweile sind beide Hodschas in die Türkei zurückgegangen – ihre vier Jahre sind um. Ihre beiden Nachfolger werden im Herbst dieses Jahres auch schon wieder zurückfliegen.

Die Hodschas beider Moscheen lehren jeden Nachmittag hauptsächlich türkischstämmigen Kindern den Koran. Aus den Angaben meiner jüngeren Schüler (der Klassen drei bis sechs) weiß ich, dass rund zwei Drittel von ihnen zumindest jedes Wochenende den Koranunterricht in einer der beiden gegenüberliegenden Moscheen besuchen. Die Inhalte, die die beiden Hodschas in ihrem Unterricht vermitteln, und die meines Unterrichts gehen selten völlig auseinander. Doch es kommt gelegentlich zu theologischen und pädagogischen Differenzen. Beide Hodschas versuchen, die Methoden, die sich in ihrer Heimat bewährt haben, auch hier anzuwenden. Sie erzählten mir, wie sehr sie sich mit der Mentalität und dem «westlichen» mangelnden Verständnis der Kinder für ihre eigene Religion abmühten.

Dass es überhaupt Meinungsverschiedenheiten mit den Hodschas gab, erfuhr ich erst, als ich stärker in der Öffentlichkeit präsent war. Zuvor bekam ich von inhaltlichen Differenzen höchstens über Schüler oder Eltern etwas mit. Im Grunde hörte ich wenig von Seiten der Moscheegemeinden. Erst als der Kinderkoran und das von mir mit herausgegebene Schulbuch «Saphir» erschienen waren und ich mich wiederholt öffentlich dazu geäußert hatte, wurde ich – die junge Islamlehrerin – von den hohen «Herren» verstärkt wahrgenommen. In einem christlich-islamischen Dialogkreis, in dem wir uns regelmäßig trafen, teilten sie mir auf einmal mit, dass ich mehr auf die Moscheen zugehen müsse. Ich solle meine Unterrichtsinhalte doch mit den Hodschas und dem örtlichen Moscheevorstand absprechen. Außerdem wünschten sie, bei der Herausgabe meiner Schulbücher eingebunden zu werden.

Im Prinzip spricht nichts gegen eine engere Kooperation mit den Gemeinden vor Ort, allerdings gilt das auch umgekehrt. Es wäre genauso wünschenswert, wenn die Moscheegemeinden mehr auf mich zukämen, anstatt mich regelmäßig mit pauschaler Kritik an meiner Arbeit und meiner Haltung zum Islam zu überziehen. Vor diesem Hintergrund erscheinen mir ihre Forderungen ziemlich dreist. Zudem schließe ich aus dem Zeitpunkt, den sie gewählt haben, um auf mich zuzukommen, dass es hier offenbar um den puren Drang nach Machterhalt geht: Es darf nicht sein, dass jemand wie ich an «ihren Hoheitsrechten» über die Auslegung islamischer Quellen kratzt! Manchmal frage ich mich allerdings auch, ob die Forderungen und die Kritik die gleichen wären, wenn ich ein Mann wäre und Ali statt Lamya heißen würde.

Seit Journalisten verstärkt aus meiner Schule berichten, wird mein Unterricht mehr oder weniger stark «kontrolliert», einerseits von den Medien, andererseits von den örtlichen Gemeinden, und gelegentlich werden Meinungen, Kritik und auch Drohungen an mich herangetragen. Zum Teil hat das, was aus meinem Klassenzimmer nach außen dringt, leider nicht mehr viel mit dem zu tun, was tatsächlich besprochen worden ist. Auf der Straße werde ich gelegentlich von besorgten Lohbergern angesprochen, deren Kinder ich nicht einmal unterrichte. Ich dürfe den Schülern beispielsweise nicht sagen, dass das Kopftuch nicht verpflichtend sei. Abgesehen davon, dass ich das so verkürzt ohnehin nie sagen würde, war ich verwundert über die Ängste – und über die Drohungen: «Sie können das den Kindern so nicht sagen. Das steht im Koran, und daran ist nichts zu verändern. Wenn Sie aber weiterhin den Mädchen erzählen wollen, dass das Kopftuchtragen keine Pflicht ist, dann werden wir dafür sorgen, dass sich die Schüler von Ihrem Unterricht abmelden.»

In der zehnten Klasse beschäftigen wir uns regelmäßig mit dem Thema «Frauen im Islam». Dabei spielt das Kopftuch eine wichtige Rolle. Etwa zehn Prozent meiner Schülerinnen tragen eins und werden von ihrem Klassenverband damit ohne weiteres akzeptiert. Ich habe bislang bei keiner Schülerin das Gefühl gehabt, dass sie gegen ihren Willen ein Kopftuch tragen muss. Allerdings weiß auch kaum eine Schülerin so genau, warum sie überhaupt ein Kopftuch trägt. Ich erwarte nicht, dass mir jemand die relevanten Stellen im Koran nennt. Aber zumindest hätte ich mir erhofft, dass die jungen Frauen, die es tragen, sich wenigstens einmal mit dem Thema beschäftigt hätten. Im Koran steht nun einmal nicht: «Tragt ein Kopftuch!» Vor allem die Frage nach dem Grund für das Kopftuch ist für mich sehr wichtig. Die Schülerinnen bringen mir viel Vertrauen entgegen. Mädchen mit und ohne Kopftuch lassen sich auf meine teils herausfordernden und persönlichen Fragen ein, weil sie wissen, dass ich sie nicht vorführen will. Ich will sie allerdings zwingen, selbst über die Gründe nachzudenken. Warum und in welchem Zusammenhang spricht Gott von der Kopf- und Körperbedeckung? Die häufigste Antwort lautet, dass es eben im Koran steht. Zumindest sind die meisten Schülerinnen und Schüler neugierig auf meine persönliche Haltung zum Kopftuch, aus der ich kein Geheimnis mache. Mir ist bewusst, dass es für einen Teenager nicht leicht ist, meiner persönlichen Auslegung zu folgen – aber das sollen sie ja auch gar nicht. Ich repräsentiere in der Frage lediglich eine andere Auffassung, kein Dogma.

Islamunterricht und Integration

Der Islamkundeunterricht leistet einen wichtigen Beitrag zur Integration und gleichzeitig zur Identitätsfindung von muslimischen Schülerinnen und Schülern. Die integrative Kraft wirkt aus meiner Sicht im Wesentlichen auf fünf Ebenen:

1 *Die sprachliche Ebene:* Der Unterricht fördert die Sprachbeherrschung in Bezug auf den Islam und sein spezifisches Vokabular. Die meisten muslimischen Jugendlichen unterhalten sich nur in der Muttersprache über ihren Glauben. Das notwendige deutsche Vokabular, um sich mit anderen, vielleicht nicht-muslimischen Mitmenschen auszutauschen, fehlt beinahe völlig. Erst die Sprachfähigkeit ermöglicht es Kindern und Jugendlichen, zu einer gefestigten Identität zu finden und sich damit besser zu integrieren. Wenn ihnen etwa zu Beginn meines Unterrichts noch die deutsche Vokabel «Prophet» fehlte, so sind meine Schüler mittlerweile in der Lage, Fragen nach ihrem Glauben zu beantworten, ohne Angst zu haben, dass sie ein Wort nicht kennen und deshalb als minderwertig angesehen werden.

2 *Die schul- und gesellschaftspolitische Ebene:* Dadurch, dass der Islamkundeunterricht parallel zum christlichen Religionsunterricht angeboten wird, nehmen Schülerinnen und Schüler ihn als gleichberechtigte und vollwertige Unterrichtsform an. Damit erhöht sich ihr Selbstwertgefühl, und sie müssen sich nicht mehr die Frage stellen, warum es eigentlich im pluralistischen Deutschland nur christlichen Religionsunterricht gibt. Der Anspruch auf die Einführung eines ordentlichen islamischen Religionsunterrichts hängt nach verbreiteter Auffassung über Grundgesetz

Art. 7, Abs. 3 von der staatlichen Anerkennung der Religionsgemeinschaft auf Landesebene ab. Noch steht diese Anerkennung aus. Sollte sie aber erfolgen, dann wirkt sie für die bis zu 4,3 Millionen Muslime als gesellschaftspolitisches Signal, dass der Islam tatsächlich in Deutschland angekommen ist.

3 Die theologisch-politische Ebene: Der bisher so gut angelaufene Schulversuch kann Radikalisierungsprozessen bei muslimischen Jugendlichen entgegenwirken, indem er ein tolerantes, transparentes und modernes Verständnis vom Islam in all seinen Facetten vorstellt. Er liefert ein Korrektiv für das traditionelle Verständnis der Religion und einen Spiegel für die eigenen Auffassungen und zeigt, dass es im Islam ganz unterschiedliche Positionen gibt. Glaubwürdig kann dies allerdings nur in einem Religionsunterricht geschehen, der ordentliches Lehrfach (nach GG 7, Abs. 3) ist; eine bloße Islamkunde hätte früher oder später ein Legitimationsproblem.

Damit der Unterricht seine Ziele erreichen kann, spielen die Lehrperson, das Unterrichtsmaterial und die Schulatmosphäre eine Rolle. Die Lehrperson sollte sowohl theologisch als auch fachdidaktisch qualifiziert sein. Noch immer gibt es zu wenige islamisch-theologische und religionspädagogische Lehrstühle in Deutschland, und die didaktische Ausbildung lässt zu wünschen übrig. Unter den Unterrichtsmaterialien versuchen Schulbücher wie «Saphir» oder «Mein Islam» zwischen Religion und Alltag in Deutschland zu vermitteln. Durch sie soll ein positives, weltoffenes und tolerantes Islambild vermittelt werden, um den jungen Muslimen in Deutschland zu einer (neuen) Identität zu verhelfen. Schließlich spielt die Schulatmosphäre eine wichtige Rolle. Das Fach sollte im Stundenplan den gleichen Stellenwert wie die anderen Fächer haben.

4 Die innerislamische Ebene: Durch den deutschsprachigen Islamkundeunterricht wird erstmals allen muslimischen Kindern und Jugendlichen die Möglichkeit geboten, in einer gemeinsamen Sprache und herkunftsunabhängig am Unterricht teilzunehmen. Dies stärkt nicht nur den Gemeinschaftssinn der Schüler,

sondern auch die Fähigkeit, offen über theologische Differenzen zu sprechen und zu streiten. Eine solche Dialog- und
Diskurskultur kennen viele bedauerlicherweise noch nicht. Es
werden eher die Unterschiede zu anderen Muslimen wahrgenommen. Ein anschauliches Beispiel für innerislamische Differenzen ist der Fastenmonat Ramadan. Die Diskussionen, wann
der Fastenmonat beginnt und wann er endet, werden jedes Jahr
in der muslimischen Welt – auch hier in Deutschland – lebhaft
geführt. Das führt bei der Mehrheit der Muslime dazu, immer
mehr die Unterschiede zu suchen und (nur) sich selbst als die
«richtigen» Muslime zu verstehen.

5 *Die interreligiöse und interkulturelle Ebene:* Je mehr muslimische Kinder und Jugendliche in die Lage versetzt werden, ihren eigenen
Glauben, ihre Kultur und Tradition in Deutschland und Europa
kennenzulernen, desto offener werden sie für andere Lebens-
formen, Religionen und Menschen. Nur wer sich selbst kennt
und akzeptiert, kann auch andere wahrnehmen und akzeptieren. Zu Beginn des Unterrichts wurde ich für naiv gehalten und
meine Überzeugung als falsch abgetan, wenn es um die Toleranz gegenüber Andersgläubigen und Andersdenkenden ging.
Es war nicht einfach, die Schüler davon zu überzeugen, dass der
starre Islam, den sie kannten, wenig mit dem Islam zu tun hat,
den der Koran und Muhammad vermitteln wollten.

Ich konfrontierte die Schüler einmal mit einer der bekanntesten Passagen aus dem Koran zum interreligiösen Dialog: «Diejenigen, die glauben – auch Juden, Christen und Sabäer –, diejenigen, die an Gott und den Jüngsten Tag glauben und richtig
handeln, die erhalten ihren Lohn von ihrem Herrn. Sie brauchen keine Angst zu haben, und sie werden nicht traurig sein.»
(2:62) Natürlich gab es einige Schüler, die wussten, wie sie diesen Vers möglichst fundamentalistisch «auslegen» müssen, um
alle anderen in der Hölle zu wissen. Meist wird dabei ein Unterschied gemacht zwischen denjenigen, die vor der Verkündigung
Muhammads anders geglaubt haben, und denjenigen, die danach an einem anderen Glauben festgehalten haben. Die erste

Gruppe habe nichts zu befürchten, die zweite komme in die Hölle. Je länger ich mit den Schülern zum Thema Gottesverständnis und Koran arbeitete, desto mehr änderte sich ihre Perspektive – und bei einigen nach einiger Zeit auch das Verhalten gegenüber Andersgläubigen und Andersdenkenden. Gelegentlich habe ich während der Pausenaufsicht nicht mehr das übliche Bild der Gruppenbildungen vor mir. Es scheint für einige auf einmal auch möglich, ohne Zwang zu den «Deutschen» oder zu den «Türken» zu gehen.

Was ist guter Islamunterricht?

Ziel meiner Arbeit in der Schule ist es, einen zeitgemäßen, offenen und transparenten Islam zu vermitteln. Dabei steht die Erziehung zur religiösen Mündigkeit im Vordergrund.

Schülerinnen und Schüler sollten religiöse Inhalte nicht unhinterfragt übernehmen.

– Sie brauchen Aufklärung über die Entstehungsgeschichte des Korans, der Hadithe und der übrigen Rechtsquellen.
– Sie sollten auf altersgemäße Weise die historische Lesart des Korans begreifen.
– Sie müssen lernen, kritische Fragen zu stellen und ihr Leben selbstbestimmt zu führen.
– Sie sollten verstehen, dass es Imame, Gelehrte und Eltern gibt, die all das nicht wollen, weil sie die Deutungshoheit und damit die Macht über die Menschen behalten wollen.
– Sie müssen lernen, ihre Religion auf Deutsch zu erklären, weil nur so Aufklärung betrieben werden kann, sowohl in Richtung der muslimischen als auch der nicht-muslimischen Gesellschaft.

Aus Sicht der Schülerinnen und Schüler lassen sich die Ziele und Erwartungen so formulieren:
– Ich lerne die Grundüberzeugungen meiner Religion nach einem

weitgehend neutralen (weil staatlich genehmigten) Lehrplan kennen und erlange theologisches Wissen.

– Ich lerne nicht nur die rituellen Praktiken und Dogmen meiner Religion kennen, wie es – ähnlich dem christlichen Konfirmandenunterricht – in vielen Koranschulen geschieht.

– Ich lerne durch das erlangte Wissen über meine eigene Religion auch die Religion anderer Menschen besser kennen.

– Ich lerne, mit meinen muslimischen Glaubensüberzeugungen in der modernen Welt zu leben, ohne in innere Konflikte zu geraten.

– Ich lerne, meine eigenen Glaubensüberzeugungen zu analysieren und einzuschätzen.

– Ich lerne, religiöse Belehrungen von Erwachsenen und vermeintlichen Experten kritisch zu hinterfragen.

– Ich lerne, mit Anfeindungen, Pauschalisierungen, Vorurteilen gegenüber meiner Religion umzugehen und ihnen in demokratischer Weise zu begegnen.

– Ich lerne vielleicht auch, mich für die Weiterentwicklung meiner Religion zu engagieren.

Ein Journalist fragte während seines Besuchs in einer meiner Islamkundestunden die Schüler, ob nach ihrer Meinung Nicht-Muslime nach ihrem Tod ins Paradies oder in die Hölle kommen würden. Die spontane Frage des fremden Mannes beantworteten die Zehntklässler unisono damit, dass es ihnen im Grunde nicht zustünde über Dinge zu richten, die nur Gott etwas angingen. Sie selbst hätten keinerlei Tendenz in dieser Frage, zumal sie ja gelernt hätten, dass Gott im Koran alle gläubigen Menschen gleich beurteilt – unabhängig davon, ob sie nun Muslime sind oder nicht. Der Journalist wollte es genauer wissen und bohrte nach, wie es sich denn mit Atheisten verhielte. Auch hier antworteten die Jugendlichen, dass es ihnen eigentlich egal sei, da sie selbst jeden Menschen eher danach beurteilten, wie er handelt, und weniger danach, wie er glaubt.

Die Antworten verblüfften mich zunächst, da ich zwei Jahre zuvor noch von den gleichen Schülern belächelt wurde, als ich ihnen die koranischen Aussagen zu anderen Religionen erklärte. Ich wurde von ihnen eher als naiv und unwissend abgestempelt. Aber nach fünf Jahren Unterricht hatten sie offenbar etwas Wichtiges gelernt. Ein guter Islamkundeunterricht kann viel bewirken. Denn ein ernst gemeinter interreligiöser Dialog kann nur dann geführt werden, wenn man früh gelernt hat, dass niemand die absolute Wahrheit kennt und dass der Mensch nur nach dem beurteilt werden muss, was er sagt und tut, und nicht nach dem, wie und ob er glaubt. Religiöse Toleranz ist eine Frage von (theologischer) Bildung und weniger von religiöser Orientierung!

Der von Bundeskanzlerin Angela Merkel organisierte Integrationsgipfel hat auf die Bildungsdefizite von Kindern mit Migrationshintergrund aufmerksam gemacht. Wenn wir über muslimische Schüler sprechen, fehlt in diesen Hinweisen jedoch meist die Perspektive der Religion. Diese muss stärker berücksichtigt werden, um die Jugendlichen zu erreichen. Meiner Meinung nach wird die integrative Kraft des Islamunterrichts in Deutschland immer noch unterschätzt. Nach über fünf Jahren Arbeit mit muslimischen Jugendlichen weiß ich, dass sich auf der Basis dieses Unterrichts irgendwann ein Islam herauskristallisieren kann, der Antworten auf die heutigen Fragen von europäischen Muslimen findet.

Warum habe ich so häufig das Gefühl, man will mich bewusst nicht verstehen? Als «Berufsmuslimin» habe ich mich an mehr oder weniger unfaire Angriffe gewöhnt. Ich versuche, sie nicht persönlich zu nehmen. Ohne ein dickes Fell geht es nicht, wenn man sich täglich mit dem Islam und den Muslimen in Deutschland auseinandersetzt. Manchmal kommen die Herausforderungen auch aus Richtungen, aus denen man sie nicht erwartet hat.

Ein Koran für Kinder

In der Regel besuchen meine Lesungen aus dem «Koran für Kinder und Erwachsene» viele Nicht-Muslime. Kurz nach Erscheinen des Buches hatte ich zu meinem Bedauern zunächst nur wenige muslimische Zuhörer, aber das hat sich inzwischen geändert. Ich freue mich immer, mit dem Publikum ins Gespräch zu kommen. Die meisten begegnen mir mit großem Respekt und erkennen meine Arbeit an. Das freut mich nicht nur, sondern es gibt mir auch Kraft, die Anfeindungen und Schläge von rechts, links, oben und unten zu parieren. Auch meine Co-Autorin und Freundin Rabeya Müller berichtet von überwiegend positiven Rückmeldungen. Das schönste Kompliment war sicherlich das, was ein Theologie-Professor über unseren Kinderkoran sagte: «Wenn wir Christen eine mit gleicher Sorgfalt und Ästhetik erarbeitete Kinderbibel hätten, wäre ich sehr glücklich.» Es hat mich zutiefst gefreut, dass er als überzeugter Christ in der Lage war, eine fremde

Sache neidlos anzuerkennen. Häufig erlebe ich bei Mitdiskutanten, dass zwar etwas Positives zum Ausdruck gebracht wird, aber
damit nur der eigentliche Hinweis auf die «Probleme» dieses
Werks eingeleitet werden soll. Nun, je mehr Menschen ein Buch
oder eine Idee kennenlernen, desto mehr Meinungen wird es
dazu geben. Damit muss man als Autor leben. Erst an konstruktiver Kritik wächst man. Es gibt leider auch viel destruktive Kritik.

Schwestern und Brüder im Glauben, die sich als sehr gläubig
bezeichnen und verhalten, kommen häufig mit dem Vorwurf, unser Buch stelle den Koran und den Islam falsch dar. Aber was heißt
in der Religion «falsch»? Und wer bestimmt, was falsch ist? Die
Antworten verlieren sich meist in schwammigem Gerede. Das dif-
fuse Bild dieser Kritiker vom «richtigen Islam» besteht zumeist
darin, dass wiederholt wird, was Familie, Freunde und Bekannte
über den Islam gesagt haben, was sie in der Erbauungsliteratur
gelesen haben, die in vielen Moscheen ausliegt, oder was ihnen
halbgebildete Imame und Hodschas von den Kanzeln herab in
Freitagspredigten zugerufen haben. Selbstständiges Nachdenken
über islamische Positionen, Argumentieren und Abwägen findet
nicht statt. Dazu kommt die Angst, dass das islamische Fundament,
auf dem die Identität solcher Menschen basiert, Risse bekommen
könnte. Die Angst, dass durch allzu viel Nachfragen die wichtigste
Konstante in einem Leben voller sozialer Probleme und Anfeindungen wegbrechen könnte. Bis zu einem gewissen Grad sind solche Sorgen nachvollziehbar, aber sie machen taub und unemp-
fänglich für möglicherweise heilsame Anregungen. Angesichts des
Aufwands und des Engagements, das Rabeya Müller und ich in das
Koranprojekt gesteckt haben, ist solche angstvolle Kritik nicht immer leicht zu ertragen. Trotzdem höre ich mir jede Kritik an und
nehme sie ernst, aus Höflichkeit und Respekt, aber auch, weil
selbst die unsinnigsten Anmerkungen am Ende noch einen wertvollen Gedanken enthalten.

Der «Koran für Kinder und Erwachsene» ist ein Pionierwerk.
Bisher gab es keine kindgerechte Übersetzung und Erläuterung des
Korans. Durch meine Arbeit an der Schule wurde mir dieser Mangel

bewusst, und Rabyea Müller und ich haben versucht, ihn zu behe-
ben. Ziel unserer Ausgabe ist es, interessierte Menschen an das Original heranzuführen. Aber was macht das Verständnis des Korans
so schwer, vor allem für Kinder und Jugendliche? Die Suren erzählen keine Geschichten, wie man das aus der Bibel kennt. Die Suren
bestehen aus mehr oder weniger lose aneinandergereihten Versen.
Das hängt damit zusammen, dass Muhammad jeweils in einzelnen,
konkreten Lebenssituationen die Offenbarungen von Gott emp-
fing. Es liegt aber auch daran, dass der Koran erst nach Muhammads
Tod ediert worden ist. Dabei wurde ihm die heutige Abfolge von
der längsten bis zu den kürzesten Suren gegeben. Im alten Arabien
wurde, was für uns schwer vorstellbar ist, der Mündlichkeit eine
höhere Verlässlichkeit zugemessen als der Schriftlichkeit. Alles was
ihnen wichtig war, wurde mündlich weitergegeben und nicht auf-
geschrieben. Das galt natürlich vor allem für die Koranverse. Nur
gelegentlich, als Gedächtnisstütze, wurden einige Notizen gemacht.

Für einen Koran, der auch von Kindern (ab zwölf Jahren) gelesen und verstanden werden soll, schien es uns notwendig zu sein,
die Verse zunächst thematisch zu ordnen. Mit Blick auf die Ziel-
gruppe wollten wir außerdem aus pädagogischen Gründen Bilder
in den Text einbauen. Eine dritte grundsätzliche Überlegung be-
traf die Auswahl der Verse. Vieles im Koran wird mehrmals gesagt.
Themen wie die islamische Ethik oder bestimmte Gestalten kommen immer wieder vor. Darum haben wir eine Auswahl der Verse
getroffen, die uns aus theologischer Perspektive am wichtigsten
waren. Wenn ich den «Koran für Kinder und Erwachsene» nochmals erarbeiten sollte, ich würde es wieder genauso machen – mit
demselben Titel, denselben islamischen Miniaturen und dersel-
ben Reihenfolge und Auswahl. Er soll nämlich im wahrsten Sinne
des Wortes Stein des Anstoßes sein. Das Buch soll nicht zuletzt andere dazu animieren, einen weiteren, vielleicht noch besseren Zugang zum Koran zu schaffen.

Bei Lesungen wird gelegentlich Kritik am Titel «Der Koran für
Kinder und Erwachsene» geäußert: «Ich gebe dieses Buch nicht
einmal meinem eigenen Kind, weil ich Angst habe, dass es sonst

denkt, das wäre der echte Koran.» Oder: «Das ist ja gar nicht der ganze Koran. Sie verzerren die Aussagen, wenn Sie einfach Verse auslassen.» Oder: «Glauben Sie etwa, dass man mit dem Verstoß gegen das göttliche Bilderverbot eine gute islamische Erziehung machen kann?»

Leider höre ich solche Äußerungen auch immer wieder von muslimischen Lehrerinnen und Lehrern, Erzieherinnen und Erziehern. Dabei ist es doch wirklich keine neue didaktische Erkenntnis, dass sich Inhalte mit Hilfe von Bildern und grafischen Elementen leichter vermitteln lassen – nicht mal die seriöseste Zeitung kommt heute noch ohne Fotos aus.

Im Kinderkoran ist eine islamische Miniatur abgebildet, die die Propheten Muhammad und Jesus mit Gesichtszügen darstellt. Die beiden Religionsstifter begegnen sich in dem Bild auf gleicher Augenhöhe und reiten im Wissen um ihre unterschiedlichen Auffassungen und im festen Glauben an ihre ureigenen Überzeugungen friedlich Seite an Seite. Sie tragen unterschiedliche Kleidung und benutzen unterschiedliche Reittiere, Muhammad ein Kamel, Jesus einen Esel. Gerade gegen dieses Bild haben viele Muslime protestiert – obwohl es aus der islamischen Tradition stammt. Diese wie auch die übrigen Miniaturen im Kinderkoran stammen aus dem 13. bis 18. Jahrhundert. Sie wurden von Muslimen angefertigt, obwohl das Bilderverbot damals längst existierte. Ihr künstlerisches Œuvre gehört zu unserer Theologiegeschichte. Es ist ein Bestandteil unseres kulturellen Erbes, auf den wir stolz sein können. Das islamische Bild von Muhammad und Jesus ist ein gutes Beispiel dafür, dass man als Muslim lernen muss, zu differenzieren und mit Widersprüchen zu leben – gerade in einer globalisierten Welt.

Konvertiten und der «richtige» Islam

Muslime begrüßen Konvertiten in der Regel mit offenen Armen in ihrer Glaubensgemeinschaft. Gerne sind sie bereit, als «Paten» den Neuankömmlingen auf ihrem Weg in das muslimische

Leben mit Rat und Tat zur Seite zu stehen. Darin spiegelt sich auch die von vielen noch in Ehren gehaltene Tradition der Gastfreundschaft wider. Ich halte sie für einen enormen Schatz, den es gerade heute zu behüten gilt. Mitunter führen die «Patenschaften» für Menschen, die sich für den Islam entschieden haben, aber leider dazu, dass diese kaum Chancen haben, frei eine eigene muslimische Identität zu entwickeln. Sie fühlen sich unwissend und fremd, und so nehmen sie jedes Hilfsangebot dankend, aber unkritisch an. Sie lassen sich von vermeintlichen Autoritäten sagen, wie man «richtig» islamisch lebt. Und plötzlich leben sie unter Umständen nach der Scharia – was immer diese sein mag. Der Islam hat auf einmal die höchste Priorität in ihrem Leben. Viele Konvertiten geraten dabei fast unausweichlich in ein Dilemma. Mitunter führt das dazu, dass sie sich immer weiter von ihren nicht-muslimischen Familien distanzieren, um zur muslimischen Community zu gehören. Sie bringen viele private und persönliche Opfer, bis sie an einen Punkt gelangen, an dem sie merken, dass sie nicht mehr sie selbst sind, und vor allem, dass sie nicht mehr glücklich sind.

Eine Betroffene – *Nur*, so ihr islamischer Name, den sie sich bei der Konversion selbst gegeben hat – berichtete, sie habe es immer genossen und mit Stolz demonstriert, dass sie islamischer sei als viele andere Muslime. Bei jedem Essen habe sie die linke Hand immer brav unter dem Tisch auf ihrem Oberschenkel platziert. Strenggläubige Menschen tun dies, um gar nicht erst in die Verlegenheit zu geraten, eine Speise womöglich mit der «unreinen» Linken anzufassen oder gar zum Mund zu führen. Der Prophet habe das schließlich auch so gemacht. Anfangs sei ihr das sehr schwer gefallen, weil sie von ihren Eltern gute Tischmanieren gelernt habe, was bedeutete, beide Hände auf den Tisch zu legen.

Nur, Ende dreißig, verheiratet und zwei Kinder, kommt ins Erzählen. Ein «Bruder» habe ihr einst eine Tüte mit mehreren *miswâk* mitgebracht. Das sind Zweige eines Strauchs, mit dem man sich früher die Zähne zu putzen pflegte. Getreu dem prophetischen Vorbild habe auch sie versucht, darauf umzusteigen, bis ihr

«ein Scheich» versicherte, dass sie ruhigen Gewissens eine Zahn-
bürste benutzen dürfe. Veranstaltungen waren für Nur allein dann
akzeptabel, wenn das Programm Pausen für das fünfmalige Pflichtgebet vorsah. Die von vielen vertretene Auffassung, dass man die
Gebete auch gebündelt am Abend nachholen könne, sei für sie
bloß eine «Verwässerung des Glaubens» gewesen.

Doch irgendwann merkte Nur, dass sie Werte und Personen auf-
gegeben hatte, die ihr vorher wichtig gewesen waren. Irgendwann
seien ihr dann Muslime aufgefallen, denen ihre Religion lieb und
teuer ist, die sich aber trotzdem nicht ständig in einem Dilemma
zwischen Grundgesetz und Scharia, zwischen der realen Welt und
dem «Phantasie-Kalifat» in ihrem Kopf befinden. Diese Leute führen ein gläubiges Leben und scheinen dennoch loyale «deutsche»
Staatsbürger zu sein. Lange Zeit habe sie solche Menschen als
Nestbeschmutzer verachtet. In ihren Augen hätten sie bloß zu
Spaltungen und damit zur Schwächung des Islams beigetragen. In
dem Moment, als Nurs Identität zu kriseln begann, brauchte sie
Menschen, mit denen sie sprechen konnte. Es dauerte eine ganze
Weile, bis sie jemanden fand. Eines Tages im August 2008 lief sie
mir am Rande einer Tagung über den Weg.

Manche Neu-Muslime merken erst nach einer langen «Reise» in
die Welt des Fundamentalismus, dass sie ihren Verstand ausgeschaltet haben, andere merken es etwas schneller. Vor kurzem
schrieb mir ein Unbekannter per E-mail, um mir «nur» eine Frage
zu stellen:

------ Original Message -------
From: Peter S. [Name geändert]
To: Lamya Kaddor
Sent: Sunday, February 15, 2009 9:31 PM
Subject: Frage

Assalamu Alaikum!
Ich habe durch alles, was ich von Ihnen gehört habe, festgestellt, dass Sie
viel Wissen haben. Ich würde mich freuen, wenn Sie mir eine Frage kurz

beantworten können: Ich kann mir eigentlich nicht vorstellen, dass ein fehlendes Kopftuch dazu führt, dass eine Frau in die Hölle kommt. Dennoch
sagen mir das einige Sheikhs. Wissen Sie eine Antwort darauf?
Vielen Dank im Voraus, wassalam
Peter

------ Original Message ------
From: Lamya Kaddor
To: Peter S.
Sent: Sunday, February 15, 2009 11:07 PM
Subject: Re: Frage

Lieber Peter - wa-alaykum as-salam,
ich hätte es schön gefunden, wenn Sie in Ihrer Email noch zwei, drei Sätze
zu Ihrer eigenen Person geschrieben hätten. Auch ich würde gerne wissen,
wem ich antworte. Nichtsdestotrotz möchte ich Ihnen – wenn auch nur
kurz – antworten, weil mir Ihre Frage ernst und aufrichtig erscheint:
Wieso können Sie sich nicht vorstellen, dass ein «fehlendes Kopftuch dazu
führt, dass eine Frau in die Hölle kommt»? Vermutlich können Sie es sich
aus einem einzigen Grund nicht vorstellen: Es macht aus unserer heutigen
Perspektive und für unser heutiges Leben keinen Sinn – es ist unvernünftig
und unlogisch. Damit haben Sie sich letztlich die Frage schon selbst beantwortet, aber ich will hier ein wenig ausholen. Ich sehe das im Übrigen genauso: Was wäre es für ein Gott, der sein erschaffenes und sehr geliebtes
Geschöpf in die Hölle wirft, nur weil es kein Kopftuch trägt und sich damit
angeblich seinen Anweisungen widersetzt. Als sei das Kopftuch DAS entscheidende Element, um endgültig muslimisch zu sein – ich finde das zu
kurz gedacht. Sie sollten sich darüber Gedanken machen, was diese
Sheikhs für ein Welt- und Menschenbild haben müssen und ob Sie das
teilen möchten! Ich möchte das nicht teilen – nicht nur, weil ich eine Frau
bin.

Dann erläuterte ich ihm meine Auffassung von der «K-Frage»
(siehe Kapitel 3) und beendete meine Mail:

Ich hoffe, Sie haben verstanden, was ich damit meine? Nichtsdestotrotz steht ein Urteil einzig und allein Gott zu, dem Allmächtigen, auf dem meine Hoffnung ruht.

Ich hoffe, ich konnte Ihnen ein wenig weiterhelfen?

Herzliche Grüße, wa-s-salam,

Lamya Kaddor

------ Original Message ------

From: Peter S.

To: Lamya Kaddor

Sent: Monday, February 16, 2009 6:50 PM

Subject: Re: Frage

Assalamu Alaykum!

Erst einmal vielen Dank für die ausführliche Antwort.

Es tut mir leid, dass ich nichts über mich gesagt habe, was vor allem daran lag, dass es mir immer schwer fällt, eine erste Email zu schreiben. Aber ich werde das *insha'allah* [mit Gottes Willen] nachholen: Ich heiße Peter S., bin 17 Jahre alt, und habe – wie man am Namen wahrscheinlich sieht – eine deutsche Familie, bin aber vor eineinhalb Jahren zum Islam konvertiert. Seitdem habe ich versucht viel zu lernen und, wie es eigentlich üblich ist bei Konvertiten, versucht alles richtig zu machen.

Das hört sich aber nach Beschäftigung mit dem Thema einfacher an als es ist: Zum einen wollte ich nicht den Weg des Propheten «über den Haufen werfen» und zum anderen fällt es mir immer noch schwer, einige Themen wirklich zu verstehen. Ich denke, dass man nur etwas glauben kann, wovon man überzeugt ist. Klar, der Islam lehrt uns gerade, unserem Schöpfer zu vertrauen und uns auf seine Offenbarung einzulassen, sodass es sein kann, dass wir nicht immer alle Lehren bei einem Ge- oder Verbot verstehen. Aber das Kopftuch war eine Sache, die mich schon immer bewegt hat. Ich glaube an den Qur'an und damit an den Islam, doch es fiel mir schwer. Ich hatte schon immer eine beste Freundin, mit der ich über alles geredet habe, der ich auch immer noch vertraue. Ich kann es nicht einsehen, dass die Konsequenz des Islam sein sollte, zu sagen: «Tut mir leid, ich bin jetzt Muslim, wir können nicht mehr miteinander reden!» Ich glaube, dann hätte ich den Islam auch falsch verstanden. Fordert Allah uns nicht immer wieder auf, zu denken und unsere Vernunft zu gebrauchen? Und ich weiß, dass mich so eine Entscheidung unglücklich machen würde. Ohne pauschalisieren zu wollen, fällt es mir eben wesentlich schwerer, Jungs wirklich zu vertrauen – was auch an einigen schlechten Erfahrungen liegt. Und im August letzten Jahres hat sich für mich die Situation insofern verschärft, als ich geheiratet habe. Meine Frau ist auch eine Deutsche, die zum Islam konvertiert ist. Durch mich ist sie mit Islam in Kontakt gekommen und sie hat, nachdem sie sich mit der Religion beschäftigt hat, für SICH eingesehen, dass dies auch ihr Weg ist, *alhamdulillah* [Gott sei Dank]. Unsere Heirat war für uns beide die logische Konsequenz daraus.

Aber auch sie trägt kein Kopftuch. Für mich persönlich ist das kein Problem, sondern auch ich fühle mich so wohler. Wie Sie gesagt haben – ich stimme da vollkommen mit Ihnen überein – habe auch ich den Eindruck, dass Allah nicht am Kopftuch festmachen kann, ob eine Person *taqwa* [Gottesfurcht] hat oder nicht! Und ich weiß genau, dass meine Frau genau dieses Problem hat. Da sie alles richtig machen will, würde sie es tragen – nicht mir zuliebe, sondern einfach, weil sie Angst hätte. Und ich sehe mich in dem Zwiespalt, dass ich auf der einen Seite weiß, dass ich Geschwister auf Fehler aufmerksam machen muss, auf der anderen Seite aber bin ich selbst nicht davon überzeugt.

Wenn ich im Internet Diskussionen lese, ob man *Hijab* oder *Niqab* [Körperschleier oder Gesichtsschleier] tragen sollte, geht es mir richtig schlecht. Wenn das Kopftuch nur ein Schutz war, der in unserer westlich-europäischen (wenn auch teilweise traurig unislamisch und verbesserungsbedürftigen!) Gesellschaft nicht notwendig ist, führt übertriebener Schutz der Frauen, der ihnen «aufgezwungen» wird, im Gegensatz zu Männern nicht zu einer Unterdrückung, die wir doch als Muslime täglich zu leugnen versuchen?

Und natürlich, ich als Junge müsste mir eigentlich nicht so viele Gedanken machen (sagt man mir), aber das ist ein Punkt, der wahrscheinlich für mich persönlich kompliziert ist: Ich bin als Junge geboren und war nicht unbedingt die Mehrzahl dieser Tage überglücklich damit, aber dennoch meine ich, dass das Geschlechterverhältnis im Islam zwar den nötigen Schutz herstellt, aber doch in der wahren Religion Gottes vorbildlich geregelt sein müsste, aber muss es dann gegen alle meine Gefühle, Denkweisen, Intuitionen (die man doch irgendwie auch *fitra* [angeborene Veranlagung] nennen könnte?) gehen?

Auf der anderen Seite habe ich Angst, mich von der Sunnah zu entfernen (*kul bid'atin dalala wa kull dalalati fi nar!*). [Jede theologische Neuerung gilt als Fehlleitung und jede Fehlleitung endet im Höllenfeuer!]

Ich selbst habe es mir, da ich nächstes Jahr *insha'allah* Abitur machen werde, fest vorgenommen, Islam zu studieren, um meine Religion kennenzulernen und um so die Situation der Muslime in Deutschland (und auch die Situation der Deutschen mit dem Islam) vielleicht auch nur ein bisschen zu verbessern. Wie Sie sich vielleicht vorstellen können, hänge ich auch da noch ziemlich in der Luft, da ich mir so unsicher bin, ob Islamwissenschaft in Deutschland der richtige Weg ist, oder ob das Ausland die einzige (praxisorientiertere) Lösung ist.

Ich hoffe, ich habe jetzt nicht im Gegenteil ZU viel von mir geschrieben!

Eine Frage habe ich noch, bei der ich Sie aber bitte, nicht zu antworten, wenn sie zu privat ist: Meine Frau betet mit Kopftuch aufgrund des Hadiths, dass «die täglichen Gebete der Frauen ohne Bedeckung nichtig sind». Wie würden Sie hier urteilen? Wenn das Kopftuch ein Schutz ist, müssten wir nicht vor Allah (zu Hause, alleine) am sichersten sein?

Noch einmal *barakallahu fik* [Gottes Segen auf Dir], Schwester, ich bedanke mich noch einmal sehr für die ausführliche Antwort und natürlich werde ich nichts von der Email weitergeben, ich verstehe schon sehr gut, wie schnell man versucht, so ein Denken zu zerstören und einem den *Kufr* [Unglaube] anzuhängen!

Wassalam,

Peter

------- Original Message -------
From: Lamya Kaddor
To: Peter S.
Sent: Tuesday, February 17, 2009 11:31 PM
Subject: Re: Frage

wa-alaykum as-salam Peter,
jetzt muss ich mich aber für die ausführliche Antwort bedanken …

Zum einen finde es ich bewundernswert, wenn jemand mit 17 weiß, was er glauben will.

Im Prinzip würde ich Ihnen dazu raten, das Fach Islamwissenschaft hier zu studieren. Denn was wollen Sie dort unten im Orient lernen? Den Koran und eine Million Hadithe auswendig und was alles verboten und geboten ist? Glauben Sie, das ist das Wichtigste im Islam? Sie haben einen Verstand, um ein Leben lang darüber nachzudenken, was für Sie islamisch ist und was nicht. Die wichtigen Fragen des Lebens sind nicht etwa, ob ich Schweinefleisch essen darf oder nicht (verstehen Sie mich bitte nicht falsch, ich esse keins und halte mich ansonsten auch an Vorschriften). Aber machen wir uns unser Leben nicht zu einfach damit, wenn wir schön alles nicht essen und nicht trinken, beten, fasten, Almosen geben etc. – und dann einfach aufhören, nachzudenken? Ist es denn nicht gerade das, was der eine Gott von seinen Geschöpfen – egal ob Muslime, Juden, Buddhisten, Hinduisten, sogar Atheisten – will? Will er nicht, dass wir uns über unsere Probleme Gedanken machen? Will er nicht, dass wir unsere Nächsten gut behandeln? Will er nicht, dass wir uns über die Ethik des Islam in Verbindung mit unserem Leben im Hier und Jetzt unterhalten? Dementsprechend sollten Sie auch Ihre religiöse Praxis gestalten – damit will ich sagen (ich wiederhole mich und höre mich jetzt wirklich an wie eine Lehrerin), dass ich Ihnen rate, hier zu studieren und hier Ihnen, mir und anderen Menschen zu helfen, einen Islam zu leben, der in die Zeit passt.

Wenn ich mir meine SchülerInnen in der Schule anschaue, dann besteht der Islam nur aus «muss» und «soll» – das ist schrecklich. Alle anderen sind ungläubig und der Islam ist ein Dogma – das ist, um ganz ehrlich zu sein, sehr peinlich für uns Muslime.

Nun wirklich kurz zu Ihrer Frage: Sie fragen nach dem Kopftuch bei der Koranrezitation – was man ja nicht bräuchte, denn da bräuchte man ja auch keinen Schutz … da gibt es einen Denkfehler. Sie müssen zwischen zwei Arten von Lesen unterscheiden: Lesen aus Studienzwecken und Rezitation als Gottesdienst. Wenn Ihre Frau, ich, wer auch immer, aus dem Koran liest, um vordergründig etwas zu lernen und nicht um von Gott Belohnung zu erhalten, dann kann man das ohne Kopftuch, ohne rituelle Reinigung tun – denn das Lesen entspricht keinem Ritus. Wenn jemand aber lesen will, um von Gott belohnt zu werden und nur nebenbei etwas zu ler-

nen, dann müssen sie auch für den Ritus «rituell» rein sein. Das wird islam-
rechtlich unterschiedlich beurteilt. Wenn man das rituelle Pflichtgebet beten
will, darf man das auch nicht tun, wenn man nicht rituell rein ist. Aber man
kann natürlich einen *Du'a* [freies Bittgebet] lesen – selbst ohne rituelle Reinheit. Ich hoffe, das leuchtet ein wenig ein? Aber *allahu a'lam* [Gott weiß es
besser] – machen Sie das, womit Sie sich wohl fühlen – es geht immer
darum, Gott näher zu kommen – er will es einem leicht machen, nicht
schwer.
Herzliche Grüße, wa-s-salamu alaykum,
Lamya Kaddor

Mich alarmieren Peters Aussagen über seine unislamische Umwelt.
Der Einfluss, den Fundamentalisten auf ihn und auch auf Nur ge-
wonnen haben, ist unverkennbar. Fundamentalisten pflegen ty-
pische Vorurteile gegen hier lebende, liberalere Muslime, gegen
Konvertiten, denen sie falsche Motive unterstellen, wenn sie die
Verhaltensregeln nicht ordentlich beachten. Peter kennt ihre Ein-
lassungen und bringt sie zum Ausdruck, obwohl durchschimmert,
dass er die meisten nicht teilt. Es gibt eine Reihe von Ansichten,
die typisch für Fundamentalisten sind:
– Eine muslimische Frau ohne Kopftuch kommt in die Hölle.
– Konvertiten wollen und müssen alles richtig machen.
– Man muss den vorbildlichen Weg des Propheten gehen – immer
   und zu allen Zeiten.
– Als Mensch kann man nicht immer alle göttlichen Ge- oder Ver-
   bote verstehen. Ergo: Hinterfragen nützt nichts. Das Gottver-
   trauen (*tawakkul*) muss im Vordergrund stehen.
– Man darf keine Freundschaften zu Nicht-Muslimen, das heißt zu
   den Ungläubigen, pflegen, weil man sich dabei der unnötigen
   Gefahr aussetzt, vom geraden Weg abgebracht zu werden.
– Die Ehe ist der einzig gangbare islamische Weg, ein Paar zu sein.
   Junge Leute müssen daher sehr früh heiraten.
– Die (Ehe)frau will und muss (als Konvertitin) ebenfalls alles
   richtig machen, ihr (Ehe)mann muss das überwachen.

– Man muss Glaubensgeschwister auf Fehler aufmerksam machen.

– Man braucht sich keine Gedanken darüber zu machen, ob Frauen gleichberechtigt sein sollten, sie sind schließlich vor Gott *gleichwertig* und von ihm lediglich mit unterschiedlichen Aufgaben ausgestattet worden.

– Ein Weiterdenken im Islam und über den Islam muss abgelehnt werden, denn jede theologische Neuerung (*bid'a*) gilt als Fehlleitung, und jede Fehlleitung endet im Höllenfeuer.

– Als guter Konvertit sollte man sich bemühen, den Islam möglichst in einem muslimischen Land zu studieren, um den wahren und den gelebten Islam kennenzulernen.

– Man soll häufig islamische Segensformeln wie *in' shal-allah,* «mit Gottes Willen», oder *al-hamdu-li-llah,* «Gott sei Dank», verwenden.

– Gott muss zwingend «Allah» genannt werden, denn nur die Muslime beten den «wahren» Gott an. Andere Religionen sind Häresie, das gilt auch für Christentum und Judentum. Jeglicher Anspruch auf Gleichberechtigung anderer mit den Muslimen ist abzulehnen. (Wenn umgekehrt Nicht-Muslime von «Allah» als Gott der Muslime sprechen, bringen sie zum Ausdruck, dass die Muslime nicht den wahren Gott anbeten.)

Nicht jeder der oben aufgeführten Punkte ist für sich genommen ein Beleg für fundamentalistisches Denken. Aber wenn mehrere Punkte zusammenkommen, muss man wohl davon ausgehen, dass jemand fundamentalistisch oder extrem konservativ beeinflusst ist. So besorgniserregend die Gedankengänge des siebzehnjährigen E-mail-Schreibers auch klingen, seine nachdenkliche Art beeindruckt mich. Seine Offenheit beweist Mut. Er hat es sich nicht leicht gemacht.

Es ehrt mich, wenn Nur oder Peter ausgerechnet mir ihre Geschichten erzählen, aber es macht mich auch nachdenklich. Menschen wie sie suchen Rat und Hilfe, doch an wen sollen sie sich wenden? Es gibt kaum institutionelle Anlaufstellen. Es ist ärgerlich und traurig zugleich, dass die Muslime in Deutschland noch keine entsprechenden Strukturen schaffen konnten. In der Regel sind

Menschen wie Nur und Peter darauf angewiesen, dass eine kundige, aber auch empathiefähige Privatperson bereit ist, ihnen zuzuhören und Wege zu einem anderen Islam zu zeigen. Sie können mit ihrem Anliegen nicht einfach in eine x-beliebige Moschee gehen. Bei einigen würden sie schlicht an den Sprachbarrieren scheitern. Es ist selbst heute oftmals nicht möglich, in einer Moschee jemanden zu finden, der die deutsche Sprache ausreichend beherrscht. In anderen Moscheen wiederum fehlt es an geeigneten Personen. Die meisten Mitglieder von Moscheevorständen sind ehrenamtlich tätig und für soziale Aufgaben nicht ausgebildet. In manchen Moscheen besteht die Gefahr, dass zweifelnde Konvertiten in einer fundamentalistischen Haltung bestärkt werden – damit sie nicht vom Islam abfallen.

Auch Vitali V. treiben viele Fragen um. Er ist allerdings kein Konvertit, sondern überzeugter Agnostiker. Auch er hat offensichtlich niemanden, dem er sich anvertrauen mag. Menschen, die in mir einen Ansprechpartner für ihre religiösen Fragen und Zweifel zu finden hoffen, kennen mich meist aus dem Fernsehen oder der Zeitung. Vitali hat ein Porträt von mir in der *ZEIT* gelesen. Und dank Internet ist es ja heute meist kein Problem mehr, einen Kontakt herzustellen. Vitali ist unsicher, denn er liebt eine muslimische Frau:

------- Original Message ------
From: Vitali V.
To: Lamya Kaddor
Sent: Monday, April 07, 2008 10:03 PM
Subject: West-östliche Eheschließung

Sehr geehrte Frau Kaddor,
ich bitte Sie um Auskunft zu einer christlich-islamischen Frage, die für mich zu einem existenziellen Problem werden könnte.
Durch den Artikel in der ZEIT vom 13.3.08 bin ich auf Sie als eine Islamwissenschaftlerin und Befürworterin eines modernen Islams aufmerksam geworden.

Die Frage betrifft die Möglichkeit einer Ehe zwischen einer islamischen Frau und einem nicht-islamischen Mann. Mein Problem besteht darin, dass ich, als Agnostiker aus der protestantischen Kirche ausgetreten, eine gläubige Muslimin (Marokkanerin) liebe und heiraten möchte, die von ihr zur Bedingung erklärte Konversion für mich aber gleichbedeutend wäre mit einer Verleugnung meiner gesamten Kultur und Herkunft (von meiner Identität nicht zu reden). Da ich annehme, dass die von meiner Freundin dargelegte Auffassung der herrschenden Lehre in der (traditionellen) Koran-Auslegung entspricht, habe ich das Gespräch mit ihrem Imam bisher noch nicht gesucht, sondern mich an Sie gewandt.

Gibt es irgendeine – für einen gläubigen Muslim vertretbare – Interpretation des Koran, die es einer Muslima erlaubt, einen Christen (oder einen Ungläubigen) zu heiraten? Oder: Wie zentral ist das Verbot – sofern es existiert – für den muslimischen Glauben? So zentral, zu rechtfertigen, dass dafür ein Mensch (oder zwei oder sogar drei; sie hat ein Kind aus erster Ehe) ins Unglück gestürzt wird? Gilt der Satz «Gott ist die Liebe» nicht für den Gott der Moslems?

Ich möchte noch anfügen, dass die Frau, die ich liebe, «eigentlich» eine sehr moderne Muslima ist: Sie kleidet sich westlich, trägt kein Kopftuch, ist emanzipiert, ordnet sich keinem Mann unter, nur weil er ein Mann – oder auch ihr Mann – ist. Sehe ich es richtig, wenn mir dies als eine sehr selektive «Reformation» des Islams erscheint?

Ich wäre Ihnen unendlich dankbar, wenn Sie mir helfen könnten. Vielleicht wäre es am besten, wenn ich – oder meine Freundin und ich – telefonisch oder direkt mit Ihnen sprechen würden?

In der Hoffnung auf eine baldige Antwort verbleibe ich
mit den besten Wünschen
Vitali V.

Es ist schwer, auf solche Fragen zu antworten. Ich teilte Vitali mit, dass es mittlerweile auch einige Imame gibt, die bereit sind, solche Eheschließungen durchzuführen. Außerdem gibt es Ehepaare in der gleichen Konstellation, die Homepages zu diesem Thema pflegen und an die man sich wenden kann, um Wege aus diesem Dilemma zu finden. Die Schwierigkeiten bei einer Hochzeit zwischen einer Muslimin und einem Nichtmuslim sind nicht von der Hand zu weisen. Die Mehrheit der Muslime glaubt, dass solche Ehen verboten sind. Es gibt jedoch Alternativen, wenn man die islamische Lehre modern interpretiert. Die Gründe für das Gebot sind – ähnlich übrigens wie bei der nach herrschender Lehre erlaubten Vielehe – in den Anfängen des Islams zu suchen. Zur Konsolidierung der jungen Gemeinde konnte man es nicht zulassen, eine junge Muslimin an einen Mann anderen Glaubens zu geben. Das hätte bedeutet, dass alle aus dieser Verbindung folgenden Generationen vermutlich für den Islam verloren gegangen wären, da der Mann für die religiöse Erziehung des Nachwuchses Sorge zu tragen hatte. Die Vielehe wird vor allem auf den damals für einige Zeit ununterbrochen herrschenden Kriegszustand zurückgeführt; durch Tod und Verwundung bestand ein Überhang an Frauen; die Vielehe hatte so einen gesellschaftspolitischen Sinn. Ob sie aber heute und in Deutschland noch sinnvoll ist, gehört zu den vielen Fragen, denen sich die Muslime in Zukunft zu stellen haben.

Nach ein paar Monaten erkundigte ich mich bei Vitali V. nach seinem «Problem». Leider waren die Dinge für ihn nicht nach Wunsch verlaufen:

------- Original Message ------
From: Vitali V.
To: Lamya Kaddor
Sent: Sunday, November 02, 2008 1:52 PM
Subject: Re: West-östliche Eheschließung

Sehr geehrte Frau Kaddor,
Ihr Schreiben hat bei mir alte Erinnerungen wachgerufen (die freilich noch lange nicht in das Dunkel des Vergessens hinabgesunken waren). Nein, es gab kein glückliches Ende für meine damalige Freundin und mich. Ich konnte sie immerhin dazu bewegen, mit mir nach Bremen zu dem Imam zu fahren, den Sie mir empfohlen hatten, zu Imam Hasan. Ich hatte gehofft, er werde – ähnlich wie Sie es taten – die Vorschriften des Koran teleologisch im Hinblick auf die Erziehung der Kinder interpretieren, womit zumindest

die religiöse Dimension des Problems in ihrer Schärfe («deine Rede sei ja, ja oder nein, nein; alles andere ist von Übel») abgemildert worden wäre. Aber es kam ganz anders. Imam Hasan ist ein alter, weiser Mann (so wirkte er jedenfalls auf mich), der alle Dogmatik und alle wissenschaftliche Akribie längst hinter sich gelassen hat. Er argumentierte überhaupt nicht theologisch. Was er sagte, war: Wenn Sie beide heiraten wollen, brauchen Sie eine gemeinsame Basis. Zwischen einer Sozialisation im säkularen Westeuropa und einer im traditionalen Marokko liegen Welten. Diese Kluft kann nur überbrückt werden durch den gemeinsamen Glauben. Als ich ihn später, als alles vorbei war, in meiner Verzweiflung noch einmal anrief, ergänzte er: Als er seine Frau kennen gelernt habe, sei er Perser gewesen und seine Frau Deutsche. Jetzt seien sie beide Moslems.

Hasan wies auch noch auf den zweiten wesentlichen Punkt hin, den Sie erwähnten: die nahezu mit Sicherheit eintretende Folge des Ausstoßens aus der Familie. Und dieser Punkt war wohl auch letztendlich für Malika der entscheidende. In unserem letzten Gespräch damals schleuderte sie mir in äußerst sarkastischem Ton entgegen: Natürlich hätten wir zu irgendeinem Imam fahren können und uns trauen lassen. Aber damit wäre sie für ihre Familie gestorben gewesen. Ich meinerseits brauchte sehr, sehr lange, um zu begreifen, dass mein Traum von der west-östlichen Liebe nichts weiter gewesen war als eben dies: ein Traum.

Ich wünsche Ihnen viel Kraft und Inspiration für Ihre Arbeit an der Humanisierung des Islam!

Vitali V.

Schweigen ist Silber, Reden ist Gold

Die überwiegende Mehrheit der Muslime in Deutschland bezeichnet sich nach einer 2009 publizierten Studie des Bundesamtes für Migration und Flüchtlinge als «gläubig». 36 Prozent schätzen sich selbst als «stark gläubig» ein und 50 Prozent als «eher gläubig». Ganz ähnliche Zahlen ergeben sich, wenn man Anhänger anderer Religionen befragt. Der Islam scheint in punkto Gläubigkeit in Deutschland angekommen zu sein.

Trotz oder gerade wegen ihrer Gläubigkeit befinden sich die meisten Muslime in einer Situation, die ich als «islamische Depression» bezeichne. Wir müssen endlich herauskommen aus dieser Sackgasse, in die wir gedrängt wurden und in die wir uns haben drängen lassen, indem wir die Meinungsführerschaft einer fundamentalistischen Minderheit überlassen haben. In einer zunehmend globalisierten Welt kommen wir in Deutschland nicht umhin, sowohl die Antipathien gegen die «fremde» Religion Islam abzubauen als auch den Islam so weiterzuentwickeln, dass er auf die Herausforderungen moderner Gesellschaften antworten kann. Vielleicht brauchen wir dazu so etwas wie einen «Aufstand der Anständigen». Viele von uns hegen seit Jahrzehnten den Wunsch, mit unseren Problemen in der deutschen Öffentlichkeit endlich Gehör zu finden – spätestens seit Günter Wallraffs «Ganz unten» oder seit in uns die Erkenntnis gereift ist, dass wir nicht mehr in die «Heimat» – also die unserer Eltern – zurückgehen werden. Wir wollen nicht länger ungerechtfertigten Anfeindungen aus der Mehrheitsgesellschaft ausgesetzt sein. Wir wollen ein Ende der Diskriminierung, die rechtliche Gleichstellung unserer Religion mit der der Christen und Juden. Wir brauchen islamischen Religionsunterricht in den Schulen. Was wir nicht brauchen, sind in Gewerbegebieten versteckte Moscheen. Doch solange wir uns nicht selbst mit den uns zur Verfügung stehenden Mitteln – Weiterbildung, Partizipation, Zivilcourage – einbringen, dürfen wir uns nicht darüber beklagen, dass dies niemand anders für uns macht.

Einbringen können wir uns aber nur, wenn wir auch innerhalb der Religionsgemeinschaft zu einer offeneren Gesprächskultur finden. Dass wir davon noch weit entfernt sind, lässt sich exemplarisch an folgender Frage überprüfen: Wer würde in einer Gesprächsrunde, in der Judenhass propagiert wird, widersprechen und klar zu erkennen geben, dass Antijudaismus keinen Platz in den Köpfen von Muslimen haben darf? Ich kenne kaum jemanden! Wer von uns ist schon so selbstbewusst und verteidigt Juden, vor allem, wenn von Israel die Rede ist? Aber genau wir schweigenden «normalen» Muslime ärgern uns am meisten über Stammtisch-Parolen und eine schiefe Medienberichterstattung. Zu schweigen, wenn Muslime den Islam angreifbar machen, ändert nichts! Sich im Stillen über pauschale Islam-Kritik zu ärgern, ändert nichts! Wir müssen die «islamische Depression» überwinden!

Reden über Gott und die Welt

Immer wenn Muslime zusammensitzen, dauert es nicht lange, bis das Thema Gott und Glauben alle anderen Themen überlagert. Arglos trifft man sich mit seinen Bekannten, einfach um sich mal wiederzusehen, Neuigkeiten auszutauschen und eine «Kleinigkeit» zu essen. Begonnen wird ein arabischer Abend natürlich erst einmal mit «deutschem» Kaffee und Kuchen beziehungsweise Süßigkeiten zur Auflockerung. Dann werden Nüsse, in Salz geröstete Sonnenblumen- und Wassermelonenkerne und sonstige Knabbereien mit allerlei alkoholfreien Getränken serviert. In diesen Phasen wird meist noch über die Familie oder gelegentlich schon über Politik gesprochen. Spätestens wenn der Fernseher – der selbstverständlich immer leise nebenbei läuft – dank Satellitenschüssel die Nachrichten mit dem ausführlichen Politikteil von al-Jazeera bringt, geht es ans Eingemachte. In der Regel schauen hier besonders die Männer interessiert zu, und der weibliche Teil der Anwesenden schweigt oder unterhält sich über «Frauenthemen»: anstehende Hochzeiten, Krankheiten von Freunden und Bekannten, die Probleme der Verwandtschaft im Orient und so weiter. Hauptthemen der älteren Männer sind natürlich die amerikanische Außenpolitik, die Innenpolitik islamischer Staaten – und schon kommt ein Schwenk in Richtung Europa. «Die Europäer sind doch auch nicht viel besser. Was haben die eigentlich für eine Ahnung, wie es da unten wirklich zugeht. Aber immerhin sind sie besser als die Amerikaner.»

Es ist nur eine Frage der Zeit, bis das Stichwort «Israel» fällt. Auch dazu gibt es immer den gleichen Gesprächsablauf. Irgendjemand fängt an zu schimpfen: «Die armen Palästinenser. Die leiden schon seit über fünfzig Jahren unter dieser furchtbaren Situation. Gott möge sie beschützen!» Dann bestärken andere die Wut auf Israel. Obwohl die jüngere Generation instinktiv spürt, dass etwas nicht stimmt, wenn man einseitig schimpft, sagt keiner etwas – schließlich will sich ja niemand mit den «Älteren» anlegen. Eine orientalische Regel lautet: «Du hältst den Mund, wenn ältere Personen sprechen!»

Früher habe ich das oft gehört und nichts gesagt. Mir hätte ohnehin niemand zugehört. Bis ich es leid war, immer zu hören, dass «wir» besser als «die» sind. Wer genau mit «wir» gemeint ist, variiert und ist je nach Gesprächsthema jemand anderes. Aber in der Regel sind wir «Muslime» oder wir «Araber» besser als die anderen. Besser als die Juden, besser als die Christen, besser als die Westler, besser als die Europäer und besser als die anderen Muslime – je nachdem, wie es gerade passt. Irgendwann traute ich mich, den Mund aufzumachen, nicht zuletzt, weil auch andere es endlich leid waren. Aber als junge Frau kann man nichts gegen die Meinungsmacht der älteren Männer ausrichten, man findet kein Gehör. Die Kritisierten fühlen sich womöglich beleidigt und reden später schlecht über die Familie – und etwas Schlimmeres gibt es beinahe nicht. Die eigene Familie ist beschämt, dass man andere offen kritisiert hat. Also wurde mir bis auf Weiteres der Mund verboten. Ein Teufelskreis.

Besonders heikel ist die Frage, warum, in welcher Hinsicht «wir» denn besser sind. Im Grunde genommen weiß ja jeder Beteiligte, dass «wir» natürlich keinen Deut besser sind als «die». Aber es ist so einfach und bequem, den Frust über sich selbst an anderen auszulassen. Der übliche Antwortmonolog beinhaltet also zunächst eine Runde Selbstmitleid («Die Welt ist ungerecht mit uns! Was können wir schon dagegen machen?»), geht dann über in das Beschimpfen der Anderen («Die wollen uns vernichten. Die werden schon sehen, was sie davon haben.») und endet mit dem, was zum

Schluss immer kommen muss: Gott («Am Ende lachen wir. Im diesseitigen Leben hat Gott uns Prüfungen auferlegt, aber dafür werden wir im Jenseits umso glücklicher sein. Gott ist groß.»)

Schließlich wird mit dem «arabischen» Kaffee die nächste Runde eingeläutet. Dazu gibt es noch feines syrisch-arabisches Gebäck mit sehr viel Zucker, das versüßt auch die für den einen oder anderen gelegentlich bitteren Themen.

Ich nehme mir gerade einen «westlichen» Schokoriegel aus der Schale – da warten die lieben Freunde mit einem neuen Reizthema auf: «Habt ihr gehört, dass in diesen Schokoriegeln angeblich Alkohol enthalten ist? Wetten, dass die nicht wollen, dass Muslime diesen Riegel kaufen?» Ich überlege kurz, ob ich ihn weiteressen oder schnell weglegen soll. Alle sind still, um zu schauen, was die «Älteren» dazu sagen. Denen fällt nichts Besseres ein, als «Ehrlich?» zu fragen. Doch es kommt noch schlimmer: «Ich habe im Internet gelesen, dass in der Schokolade Schweineblut enthalten sein soll. Die wollen bestimmt, dass kein Muslim sowas isst. Wir sollten am besten alle Produkte dieser Firma boykottieren! Dann können die mal sehen, wie schnell sie wieder auf ihre muslimische Kundschaft angewiesen sind.» Ich spüre, wie ich aggressiv werde, und esse entschlossen weiter. Ich beobachte meine Eltern, wie sie diesem plumpen Gerede lauschen und sich ernsthaft die Frage stellen, ob ein Boykott sinnvoll ist. Aber da sind wir schon beim Alkohol in Medikamenten: «Sind die dann verboten oder nicht?» Die Bemerkung, dass Orangensaft ebenfalls Alkohol enthält, beunruhigt unsere ältere Generation in der Runde. Denn eigentlich trinkt jeder Muslim Orangensaft, und damit aufhören will keiner. Also tut man so, also ob das eine Art Bio-*halal*-Alkohol wäre, den man ruhig trinken dürfe.

Damit wird nun die nächste Runde eingeläutet, denn schon beschäftigt man sich mit dem islamischen Ritus. Warum spricht man eigentlich bei der (Gebets-)Waschung die *Basmala* (eine bekannte islamische Segensformel mit dem Wortlaut *bismi llâhi r-rahmâni r-rahîm:* «Im Namen Gottes, des Gnädigen und Barmherzigen») über dem Wasser aus? Für einen kurzen Moment herrscht Ruhe

im Raum. Die Gedanken kreisen. Der arabische Mokka ist zwar
schon ausgetrunken, aber man nimmt gerne noch eine zweite
Tasse, schließlich regt die Kardamom-geschwängerte Luft eine
gute Unterhaltung an. Begleitet von vornehmem Gestus tönt eine
Bekannte altersweise aus der Ecke des Raums: «Es ist wissenschaftlich nachgewiesen, dass das Trinkwasser in einem Glas eine
andere Zusammensetzung erhält, wenn man darüber die Basmala
spricht …» Stille. Nachdenken. Kopfschütteln. Jetzt sind wir am
«Tiefpunkt» des Abends angelangt, an dem mir nur noch hochge-
zogene Augenbrauen und ein Lächeln auf den Lippen bleiben.
Das merkt das Gegenüber schnell und fragt: «Was denn? Glaubst
du das etwa nicht?» Am liebsten würde ich einfach unumwunden
«Nein» antworten, denn mir ist klar, dass gleich mein Tempera-
ment allen Mahnungen und aller guter Erziehung zum Trotz sowieso wieder mit mir durchgehen wird. Doch ein Augenspiel mit
meiner älteren Schwester, die schon ihren warnenden Blick erhoben hat, lässt mich zunächst freundlich und diplomatisch sagen:
«Also ich kann es mir schlecht vorstellen, klingt aber sehr interessant.»

Ich kann mir das Grinsen nicht verkneifen; es klingt einfach zu
absurd. Schnell merke ich, dass alle Familienangehörigen sich wieder entspannt haben, gerade noch wollten sie mich am liebsten
erwürgen. Meine jüngere Schwester hält sich derweil raus. Sie interessiert sich nicht für solche sinn- und endlosen Debatten. Mein
Vater tut so, als denke er immer noch über das Märchen mit dem
Wasser nach – wohl aus Höflichkeit stellt er dann «voller Erstau-
nen» fest: «Das ist ja unglaublich, was Gott alles in seiner Allmacht
weiß und wie wenig wir Menschen eigentlich wissen.» Das kann ich
noch ertragen, muss aber schon tief durchatmen, weil ich ahne,
was jetzt kommt. «Auch das Fleisch eines Tieres, über dem die Basmala beim Schächten gesprochen wurde, ist viel gesünder», sagt
die Bekannte meiner Mutter, um ihre vorherige Aussage nochmals
zu bestätigen. Ungeschickterweise muss ich lachen, ich halte es
einfach nicht mehr aus. Der Kaffee ist ausgetrunken, und es riecht
auch nicht mehr nach Kardamom. Alle Blicke sind auf mich ge-

richtet, und ich rufe: «Na klar, und wenn ich über einem Computer die Basmala ausrufe, dann rechnet der schneller, oder was? Ist
doch Quatsch!»

Schweigen. Stutzen. Schlucken. Böse Blicke. Jetzt ist Taktik gefragt. Ich sollte besser abräumen und einfach lächeln, so als ob ich
erst jetzt merke, wie dumm mein Kommentar war. «Was?», ent-
fährt es der Bekannten, «du glaubst das nicht, das gibt's doch gar
nicht. Kind, das ist bewiesen.» Mit dem schmutzigen Geschirr in
der Hand zwinge ich mir ein kurzes Lächeln ab und murmele vor
mich hin: «*Den* Beweis möchte ich sehen!» Und ab in die Küche.
Zehn Minuten später geht die Diskussion immer noch weiter. Diesmal hat sich mein Bruder entschlossen, etwas zu sagen. «Das ist
doch naturwissenschaftlich gar nicht möglich. Wer soll denn so was
bewiesen haben?» Ich habe noch schnell einen Tee mit frischer
Minze gemacht, um damit die Katharsis im Sinne der antiken Tragödie einzuleiten. Minze beruhigt bekanntermaßen und baut
Spannungen ab.

Eigentlich sehen diese Diskussionen immer gleich aus. Es gibt
drei Gruppen: die vermeintlich Rechtgläubigen, die vermeintlich
Verwestlichten und die Unentschlossenen, die einfach nur nett zu
allen sein wollen – also die Gastgeber. Ich gehöre zu den Verwestlichten, schließlich heißt es vom Ältesten in der Runde, der natürlich zu den Rechtgläubigen gehört: «Ihr wollt es uns ja nicht glauben. Wir können mit unserem kleinen Verstand doch nicht
nachvollziehen, was Gott will und weiß. Das liegt doch nur an diesem westlichen Einfluss, dem ihr Euch nicht entziehen könnt!»
Ich hätte ihn am liebsten korrigiert und gesagt: «...dem wir uns
nicht entziehen *wollen*!» Die Minze fängt allerdings schon an, bei
einigen ihre Wirkung zu zeigen. Die meisten – mich eingeschlos-
sen – haben sich wieder beruhigt, und die Gruppe der Unentschlossenen versucht, das Thema zu wechseln. «Das Wetter ist ja
toll, eigentlich müssten wir mal wieder grillen ...»

Irgendwann kommt dann die mittlerweile von vielen erhoffte
Aufbruchsstimmung auf. Ausführliche Verabschiedung. Für uns
«Westler» bleibt nur Verwunderung, wie man als «Rechtgläubiger»

so naiv sein kann. Meine Eltern sind sich nicht ganz sicher, ob sie uns Jüngeren Recht geben oder sich einfach raushalten sollen. Sie entscheiden sich meistens für Letzteres. Schnell wird alles abgespült, abgetrocknet und weggeräumt. Fertig.

Und ich?

Mit solchen Themen ist man nicht einfach fertig. Im Inneren fühle ich mich aufgewühlt. Es bleibt ein Stechen, das durch den Minzetee nicht verschwunden ist. Die Bemerkung, dass «wir» Deutschland, also dem Westen, vollkommen erlegen seien und damit unseren Glauben ausgeschaltet hätten, arbeitet in mir. Den Angriff seitens der «richtigen» Muslime gegen uns, die «falschen» Muslime, dass man alleine auf Gott zu vertrauen habe und nichts hinterfragen dürfe, was irgendwelche «Autoritäten» sagen, kenne ich zwar, aber er bleibt wieder wie ein Stachel zurück. Warum muss es immer zu solchen Angriffen und Verletzungen kommen? Bin ich vielleicht selbst schuld dran? Bin ich vielleicht wirklich zu «deutsch»? Zugegeben, vielleicht war ich etwas undiplomatisch, aber manchmal muss man die andere Meinung eben zeigen, sonst ändert sich nie etwas. Auch wenn man dadurch mit einer orientalischen Tradition bricht. In der Regel versucht man, solche Gespräche besonders harmonisch über die Bühne zu bringen. Aber die Unterschiede zwischen den vermeintlich Rechtgläubigen und den «Westlern» sind da. Glaube ich also doch an etwas anderes? Oder glaube ich einfach anders?

Nun, immerhin, ich glaube. Ich glaube, dass es keinen anderen Gott gibt außer Gott und dass Muhammad sein Gesandter ist. Also bin ich gläubige Muslimin. Ich denke, der Unterschied ist: Ich glaube *mit* Wenn und Aber. Der Verstand spielt dabei eine sehr große Rolle. Und wenn man ihm eine Chance gibt, dann haben nicht nur andere Auffassungen in bestimmten Fragen eine Daseinsberechtigung, sondern auch andere Religionen wie Hinduismus, Buddhismus, Judentum, Christentum und andere. Deren

Anhänger stehen nicht unterhalb der Muslime, sie sind gleichwertig. Dass jeder für sich die Wahrheit in Glaubenssachen beansprucht, liegt im Wesen der Religion – aber jeder vernünftige Mensch sucht sich seinen eigenen Weg und übernimmt dafür die Verantwortung. Für manche Muslime ist man allerdings nur dann gläubig, wenn man alles glaubt, was irgendwelche «Gelehrte» über irgendetwas gesagt haben. Sie sind davon überzeugt, dass alle irren, nur sie nicht. Solche Menschen können meines Erachtens nicht einmal als konservativ bezeichnet werden. Konservativ-gläubige Menschen orientieren sich zwar an bestimmten theologischen Grundhaltungen, weigern sich aber nicht grundsätzlich, andere Überzeugungen gelten zu lassen. Diejenigen aber, die nur gelten lassen, woran sie selbst glauben, und andere Meinungen weder akzeptieren noch tolerieren, nennt man Fundamentalisten. Diejenigen, die aktiv dafür eintreten, dass ihre Vorstellungen für ganze Gesellschaften verbindlich gelten sollen, nennt man Islamisten. Gegen konservativ-gläubige Menschen ist aus pluralistischer Sicht auch im modernen Deutschland nichts einzuwenden. Allerdings gibt es gerade in traditionellen islamischen Kreisen zu viele, die jeden anfeinden, der nicht so lebt wie sie selbst.

Tötet die Ungläubigen?

Im Koran steht: «Tötet die Ungläubigen, wo ihr sie trefft.» (2:191) Der Koran beinhaltet nach muslimischem Verständnis das unveränderte und unveränderbare Wort Gottes. Trotzdem kann ich diesem Aufruf nicht folgen. Ich darf es nicht. Nicht aus rechtsstaatlicher Perspektive und schon gar nicht aus göttlicher. Viele Muslime spüren angesichts solcher Sätze ein Dilemma: Wie kann ich an den Koran glauben, ohne meinen Verstand auszuschalten? Der vermeintliche Widerspruch ist gar keiner. Denn rational betrachtet ist es eindeutig: Diese und viele andere Aufforderungen im Koran können nur historisch verstanden werden. Gott greift im Koran mit seinen Offenbarungen direkt in das Geschehen auf Erden ein. Er gibt den Zeitgenossen Muhammads zum Beispiel konkrete Anweisungen, wie sie sich in dessen Haus verhalten sollen. Im Koran stehen zahlreiche Verse, die nur zu Lebzeiten des Propheten angewandt werden konnten. In dieser Zeit, also vor eintausendvierhundert Jahren, gab es viele kriegerische Auseinandersetzungen zwischen Muhammads Gemeinde und ihren Feinden. Selbstverständlich haben die Muslime auch für diese Auseinandersetzungen Offenbarungen erhalten. Ich verstehe den Koran also als Antwort auf die Herausforderungen seiner Zeit. Gott hat Muhammad und den Menschen bestimmte Hinweise gegeben, einfach und verständlich, damit sie ein zeitgemäßes, gottgefälliges Leben führen konnten. Es ging nicht um Antworten auf Herausforderungen des 21. Jahrhunderts, es ging nicht um Raumfahrt, Internet oder Stammzellenforschung. Und ja, Gott hat Muhammad und seinen Anhängern in der rauen und lebensfeindlichen Welt der arabischen Wüste im 7. Jahrhundert erlaubt zu kämpfen und zu töten. Aber die Antwort auf die Frage, ob und inwiefern das überhaupt für uns heute noch irgendeine Bedeutung hat, dürfen wir Muslime nicht den Fundamentalisten überlassen. Theologen, Wissenschaftler oder Normalbürger – alle sind aufgerufen, sich einzumischen.

Für mich steht außer Frage, dass wir unsere heutigen ethischen und moralischen Maßstäbe nicht einfach an die damaligen Zustände anlegen können. Der Islam kennt Gewalt. Das stimmt. Aber vielleicht war er in diesem Punkt von Anbeginn an einfach realistisch? Auch im Alten Testament heißt es «Auge um Auge, Zahn um Zahn». Gewalt steht jedenfalls nicht im Zentrum der islamischen Religion, nur weil sich diverse Verbrecher heute darauf berufen. Und jenen Menschen, die in diesem Zusammenhang gerne mit erhobenem Zeigefinger auf Jesus und dessen Friedensliebe hinweisen, möchte ich entgegenhalten: Konnte seine Lehre etwa die Gräueltaten der vergangenen Jahrhunderte im Namen des Christentums verhindern, aufhalten oder auch nur eindämmen? Wurden seine Worte von manchen Anhängern nicht sogar im Gegenteil als explizite Aufforderung zum bewaffneten Kampf verstanden? «Ich bin nicht gekommen, Frieden zu bringen, sondern das

Schwert.» Das steht nicht im Koran, sondern das sagt Jesus im Neuen Testament (Matthäus 10,34).

Selbstverständlich erklären sich nicht alle Koranverse allein aus ihrer Entstehungszeit und sind damit rein zeitbedingt. Viele sind ewig gültig – auch im Wortlaut. Es sind gerade die Aussagen, die einen ethischen Anspruch haben: Man soll die Eltern ehren, soll den Waisen nicht unrecht tun, soll mildtätig handeln – dies sind solche Aussagen mit ewig gültigem Charakter. Welche Verse für uns heute gültig sind, kann nur durch Vernunft entschieden werden. Die Diskussionen darüber sind nun zu führen – innerhalb der muslimischen Gesellschaft. «Meine Gemeinde wird niemals in einem Irrtum übereinstimmen», hat Muhammad gesagt. Glücklicherweise gibt es viele unklare Verse im Koran, die erklärt werden müssen. Erst sie machen es überhaupt möglich, dass eine Religion, ein Glaube zeitlos gültig sein kann. Die meisten der liberal-gläubigen Muslime halten eine solche innerislamische Debatte für unabdingbar, da sie der einzige Weg zur Weiterentwicklung des Islams ist. Viele Fragen sind zu klären. Wer in der muslimischen Gesellschaft nicht bereit ist, ergebnisoffen darüber zu diskutieren, kann in meinen Augen nur als fundamentalistisch gelten. Und damit schadet er vor allem den Muslimen, die sich in Deutschland heimisch fühlen.

Sich dem innerislamischen Diskurs zu verweigern, zeugt außerdem von wenig Kenntnis der islamischen Theologie und ihrer Geschichte. Jahrhundertelang wurden Diskurse – theologische, kulturelle und auch politische – innerhalb der muslimischen Welt geführt. Leider sind die schriftlichen Zeugnisse dieser Debatten – etwa zwischen den Denkschulen der Mu'taziliten, der Asch'ariten und der Maturiditen über die Entstehung des Korans – meist nicht in europäische Sprachen übersetzt, sodass ein intensives Studium der orientalischen Sprachen erforderlich ist, um einen Zugang zu finden. Wer diesen alten Geist des Denkens und Disputierens einmal aufgesogen hat, wird sich fragen: Wie konnte es so weit kommen, dass sich eine nicht unerhebliche Anzahl von Muslimen heute massiv gegen das wehrt, was vor einigen Hundert Jahren in der islamischen Welt noch völlig selbstverständlich war: eigenständiges Denken und Forschen in sämtlichen Disziplinen? Es ist an der Zeit, dass wir Muslime uns auf diese große Tradition zurückbesinnen und daran wieder anknüpfen.

Wer ist der wahre Muslim?

Verbrechen im Namen des Islams, die verzerrten öffentlichen Debatten darüber und die Ausblendung der sozialen Probleme vieler Muslime haben in Deutschland zu der verbreiteten Ansicht geführt, Muslime seien gegenüber Andersgläubigen grundsätzlich intolerant. Doch die große Mehrheit der Muslime ist dies gerade nicht, wie eine Studie der Bertelsmann-Stiftung aus dem Jahre 2008 belegt. Die Toleranz gegenüber anderen Religionen gehört vielmehr zur Tradition des Islams, wie etwa die lange muslimische Herrschaft in Andalusien oder auf dem Balkan bewiesen hat.

Von einer gewissen Form der Intoleranz aber, die in keiner Studie auftaucht, können sich viele Muslime nicht freisprechen: Intoleranz gegenüber eigenen Glaubensgeschwistern. Sie kann extreme Formen annehmen. Im Irak, in Pakistan und Afghanistan bringen sich auch heute noch Anhänger verschiedener Richtungen gegenseitig um. Sunniten glauben, sie seien etwas Besseres als Schiiten und umgekehrt. Selbst Moscheen und Feiertage halten einige Fanatiker nicht auf, wenn es darum geht, möglichst viele Menschen, etwa während des Freitagsgebets, in die Luft zu sprengen. Mit dem Islam, selbst mit der klassischen Dschihad-Lehre, hat diese Gewaltbereitschaft nichts zu tun.

Jede Seite glaubt, sie sei rechtgeleitet und handele im Sinne Gottes. Vor allem Araber halten sich für etwas Besseres. Als Sprecher der Sprache des Korans meinen sie, das heilige Buch besser zu verstehen als alle anderen. Türken glauben, dass sie den modernsten Islam vertreten. Die Wahhabiten in Saudi-Arabien glauben ebenso wie die Schiiten im Iran, den einzig wahren Islam zu haben. Am größten sind aber die Vorbehalte der orientalischen Muslime gegenüber den Muslimen im «Westen». In ihren Augen sind Muslime in Europa und Amerika «verkommen», sind allenfalls noch «Kulturmuslime». Ahnung vom Islam können sie schon gar nicht haben – ohne Glauben, zu freizügig, ehrlos.

Seit einiger Zeit male ich mir ein Bild für die Situation der Muslime aus: Alle Muslime auf der Welt stehen stramm und diszipliniert in Reihen hintereinander, um möglichst stark und wie ein unüberwindbarer Block zu wirken. In der ersten Reihe stehen nur Männer. Nur wenige Frauen haben es in die vorderen Reihen geschafft. Die meisten stehen hinten – genauso diszipliniert, aber ein wenig bunter und lebhafter. Die Reihen funktionieren wie aufgestellte Dominosteine. Fällt einer, ergibt sich der Domino-Effekt: Ein Stein stößt den nächsten um. Also ist man darauf bedacht, möglichst eng zu stehen, um sich gegenseitig Halt und Schutz zu geben. Niemand soll durch äußere Einwirkung «umfallen». In dieser Enge wird die Luft zum Atmen ziemlich dünn. Dabei gäbe es eine ganz einfache Lösung: Man rückt zwei Schritte voneinander ab, so richtet ein umfallender Dominostein keinen Schaden mehr an, und dennoch stehen alle in Reih und Glied. Doch stattdessen plagt sich die erste Reihe lieber ab. Am meisten zu kämpfen hat sie dort, wo Erschütterungen durch Widerstände aus dem Inneren des muslimischen Blocks auftreten. Sie versucht mit allen Mitteln, Druck und Gegendruck von innen und außen aufzufangen. Sie will alle in Schach halten und weiterhin Schulter an Schulter Stärke demonstrieren. Statt über die Ursachen des Widerstands von innen nachzudenken, wird nur das Symptom der Steine, die zu kippen drohen, bekämpft.

Will jemand nicht mehr in der Reihe stehen, werden sofort Maßnahmen ergriffen. Betrifft es eine der weiter hinten stehenden Frauen, wird ihr der Mund verboten, oder sie wird ignoriert. Sollte sich jemand aus den vorderen Reihen oder gar aus der ersten Reihe trauen, diese zu verlassen, um sich den Block aus der Distanz anzuschauen, so lässt die Gruppe ihre Muskeln spielen und baut Druck auf: Entweder du kommst zurück, oder wir schließen die Lücke, und du kommst nicht mehr hinein. Diejenigen, die bereit wären, Verständnis für den Wagemutigen aufzubringen, werden ebenfalls unter Druck gesetzt. In der Regel geht es so aus, dass der Ausbrecher reumütig zurück in die Menge schleicht. Er will dann nicht mehr an vorderster Front stehen, sondern in der Masse untertauchen. Nur manchmal entscheidet sich jemand gegen den Block und stellt sich ihm gegenüber auf; für die starre und unbewegliche Position innerhalb der Reihen hat er nur noch Verachtung übrig. Leider schafft es kaum jemand aus den hinteren Reihen, nach vorn zu kommen, um eine neue Aufstellung mit mehr Luft zum Atmen für alle zu organisieren. Doch genau das wäre nötig.

Dieses Bild geht mir nicht mehr aus dem Kopf. Als «Ausbrecherin» bekomme ich den Druck der anderen zu spüren. Für mich liegt es auf der Hand, dass unsere bisherige Aufstellung nicht optimal ist. Im Grunde genommen müsste diese ganze alte und verkrustete Struktur aufgebrochen werden, um sich neu zu formieren, um endlich frei von allen Zwängen zu überdenken, wie und wo jeder Einzelne stehen will. Wir Muslime in Deutschland müssen uns überlegen, was für einen Islam wir wollen. Wir dürfen uns nicht mehr von außen diktieren lassen, was richtig und was falsch ist. Immer wieder wird uns von «Rechtgläubigen» vorgehalten, wie unislamisch wir seien. Doch diese Moralkeule erreicht ihr Ziel zum Glück nicht mehr bei jedem.

Wir benötigen Konflikte und Dispute, um herauszufinden, was wir wollen. Bisher waren konstruktive Auseinandersetzungen kaum möglich, weder öffentlich noch unter der Hand, weil die Einschüchterung durch die Konservativen und die Fundamentalisten so groß ist. Doch dies wird sich ändern, denn es gibt immer mehr Wagemutige, die keine Angst haben, aus der Reihe zu tanzen, und sich dennoch offen zum Islam bekennen. Sie wollen etwas verändern und neu formen. Sie wollen im Vergleich zur konservativen, orthodoxen, fundamentalistischen Sichtweise eine neue islamische Identität schaffen und diese an ihre Kinder weitergeben. Ich möchte jeden ermutigen, diesen Schritt mit «uns» zu gehen. Jeder

Einzelne sollte den Spieß in seiner überschaubaren Umgebung umdrehen. Von einem Fundamentalisten als «ungläubig» oder «verwestlicht» beschimpft und abgelehnt zu werden, ist keine Schande, sondern eine Ehre.

Ich höre schon unsere «Vordersten» schimpfen: «Die übertreibt doch. Die hat doch überhaupt keine Ahnung vom Islam und von islamischen Werten.» Ohnehin sei ein Studium der Islamwissenschaft in Deutschland nichts wert, da man dort einen offenen Umgang mit den islamischen Quellen lernt, statt das Auswendiglernen und Befolgen von Fatwas eingetrichtert zu bekommen. Man wird eine Art Dolchstoßlegende verbreiten: Die Kaddor rammt uns ein Messer in den Rücken, obwohl sie Muslimin ist, und schadet der islamischen Gemeinschaft, indem sie Spaltung betreibt.

Ich halte dagegen: Wer von «uns» kann offen Missstände ansprechen, ohne damit rechnen zu müssen, dass man von vorgeblich besorgten Brüdern und Schwestern zurechtgewiesen, attackiert oder geächtet wird? Wer von «uns» vertritt schon offen seine liberale Haltung und stellt sich dabei bereitwillig den Vorwürfen und Attacken unserer besorgten «Brüder» und «Schwestern»?

Zuweilen bekommt man in einer Freitagspredigt Dinge zu hören, die ebenso menschenfeindlich wie unislamisch sind, wenn etwa ein Imam zum Hass gegen andere Menschen aufruft. Ich bin überzeugt davon, dass genügend Widerstand in den Köpfen der Zuhörer vorhanden ist. Ich bin aber auch überzeugt, dass niemand aufstehen wird, um den Prediger zurechtzuweisen. Warum? Angesichts der verzerrten Islam-Diskussionen in der Öffentlichkeit sind viele unsicher, ob nicht doch die Mehrheit der Betenden insgeheim dem Prediger Recht gibt. Möglich ist auch mangelndes Selbstbewusstsein: Wer will sich schon vor allen anderen eine Blöße geben und sich öffentlich mit dem Prediger streiten? Zumal wenn man Nicht-Theologe und viel weniger «kundig» ist als der Prediger? Vielleicht blamiert man sich oder wird gar des Raums verwiesen. Also schweigt man, führt schnell das Gebet aus und schaltet ansonsten ab. Einige kehren zu dieser Moschee nicht mehr zurück, andere wollen ihre Bekannten und Freunde nicht verlieren und hoffen, dass sich solche Aussagen nicht wiederholen. Vielleicht liegt die mangelnde Courage aber auch in der Angst begründet, als Verräter, als Nestbeschmutzer, als schlechter Muslim angesehen zu werden.

Unter den Muslimen gibt es ein bekanntes Phänomen: Wir lassen uns viel zu sehr von den Fundamentalisten und Islamisten einschüchtern. Die Islamisten missbrauchen die Religion, um politische Ziele bisweilen mit terroristischen Mitteln zu erreichen. Meist treten sie als besonders islamkundige Pseudo-Theologen auf. Das beeindruckt. Eine muslimische Regel lautet: «Wenn eine Autorität über den Glauben (sachkundig) spricht, dann hör zu und widersprich ihr nicht!» Und sachkundig sprechen heißt, möglichst viele Koranverse, Hadithe oder klassische Rechtsgelehrte in rasanter Geschwindigkeit zu zitieren – selbstverständlich in fließendem Hocharabisch, um dem Gegenüber zusätzlich zu imponieren. Sich eingeschüchtert oder beschämt wegzuducken ist jedoch keine Lösung. Wenn wir als Mehrheit weiter schweigen und Schwächen nicht offen ansprechen, kommen wir nicht voran. Es muss sich etwas ändern, denn – und da sind sich beinahe alle einig – kaum jemand ist glücklich über die momentane Lage. Es wird Zeit, dass wir nicht weiter schweigen und uns als Mehrheit zu erkennen geben. Wir Muslime müssen als mündige Bürger an der bundesdeutschen Gesellschaft partizipieren!

Islamkritik oder verkappter Rassismus?

Muslime sind untereinander häufig intolerant, aber sie werden auch von Nicht-Muslimen intolerant behandelt. Die Integrationsfähigkeit muslimischer Mitbürger wird gerne ausführlich, aber bedauerlicherweise ebenso gerne ohne Beteiligung von Muslimen diskutiert.

«Muslime können sich nicht integrieren, weil der Islam sie als absolute Ideologie davon abhält!» – «Der Islam ist eine faschistische Ideologie und gehört nicht nach Europa!» – «Der Islam bedroht unsere demokratischen Grundwerte und muss raus aus

Europa!» Solche Aufrufe werden immer häufiger und lauter. Gerne werden die Äußerungen muslimischer Extremisten von «Islamkritikern» als charakteristisch für «den Islam» verkauft. Ist es denn tatsächlich an ihnen, zu entscheiden, was und wie der Islam ist und wie Muslime wirklich sind? Diese selbsternannten Experten, die vielleicht sogar selbst Muslime sind oder waren, können meist mit Begriffen wie *tafsîr* [Exegese], *naskh* [Abrogation], *isnâd* [Überliefererkette], *iǧtihâd* [Rechtsfindung durch selbstständiges Interpretieren der islamischen Rechtsquellen], *asbâb al-nuzûl* [Gründe für die Herabsendung], *dalîl* [Hinweis] oder *fiqh al-aqalliyât* [Minderheitenrecht]nichts anfangen. Dennoch verkünden sie im Brustton der Überzeugung, dass Muslime grundsätzlich nicht demokratiefähig seien, was einzig und allein am Islam selbst liege. Ist es politische Motivation, religiöse Verblendung, rassistische Ideologie – oder warum wollen sie Menschen wie Hatice Akyün, Navid Kermani, Rabeya Müller, Cem Özdemir, Feridun Zaimoğlu oder mich und viele andere unbekanntere Zeitgenossen nicht wahrnehmen? Warum produzieren sie auf bedrohlich dunklen Zeitschriften-Covern Schlagzeilen wie «Mekka Deutschland – die stille Islamisierung» oder «Der Koran – das mächtigste Buch der Welt»?

Bestimmte Schilderungen etwa von Ehrenmorden oder Gewalt in der Ehe, die kein gutes Licht auf Muslime in Deutschland werfen, treffen sicher zu. Allerdings lassen sich die Fälle nicht allein auf den Glauben zurückführen. Ausschlaggebend ist meist ein schwer entwirrbares Knäuel von Ursachen. Traditionen, mangelnde Bildung, soziale Probleme, Erfahrungen von Diskriminierung, politische Einstellungen oder Heimweh können eine Rolle spielen. Dass bereits junge Mädchen von ihren Eltern gezwungen werden, Kopftücher zu tragen, lässt sich nicht bestreiten, aber es ist nicht die muslimische Normalität. Gerade wenn die Zahl dieser Mädchen sogar wachsen sollte, muss diesem Missstand mit konstruktiver Kritik begegnet werden. Die Identität eines Menschen infrage zu stellen, indem man «den Islam» verantwortlich macht und verteufelt, führt sicher nicht weiter. Konstruktive Kritik forscht vorbehaltlos nach den Ursachen der Missstände. Daran dürfen und müssen sich alle beteiligen, Muslime wie Nicht-Muslime. Der Antrieb dazu muss allerdings von innen heraus, von den Muslimen kommen. Sie dürfen sich nicht wegen unfairer und beleidigender Äußerungen einiger unverbesserlicher Hardliner in die Schmollecke zurückziehen.

Der deutsche Staat ist gefordert, gerade solche Menschen verstärkt in seine Integrationspolitik einzubinden, die Deutschland nicht als Zwischenstation, sondern als Heimat verstehen, die an der Gesellschaft partizipieren und ihren Familien ein muslimisches Leben in Deutschland bieten wollen. Die schweigende Mehrheit der eingewanderten Muslime und ihrer Nachkommen will aktiv teilnehmen – allerdings auf gleicher Augenhöhe und nicht in einem Akt gnädiger Herablassung der Umgebung.

Radikalisierung und Sippenhaft

Die angeblichen Radikalisierungsprozesse bei den Muslimen weltweit sind fester Bestandteil jeder Islamkritik. Islamismus, Fundamentalismus, Terrorismus sind die drei Worte, die seit *Nine/Eleven* durch das mediale Universum rasen – und überall dort, wo das Stichwort «Islam» fällt, docken sie an.

Aber sollten wir Muslime uns nicht auch einmal fragen, was wir eigentlich konstruktiv dagegen tun? Nach der Veröffentlichung der Muhammad-Karikaturen in einer dänischen Zeitung 2006 sind viele Muslime «ausgerastet». Die Bilder von brennenden Botschaftsgebäuden haben mich stark befremdet. Aus meiner und der Sicht vieler anderer Muslime hat diese Reaktion nichts mehr mit dem Islam oder verletzten religiösen Gefühlen zu tun. Dann wurde mir aber klar, dass der Mob in vielen Ländern von Politikern mit einpeitschender Propaganda auf die Straßen getrieben wurde. Tausende gelangweilter arbeitsloser junger Männer empfanden die lautstarken Proteste als willkommene Ablenkung von ihrem öden Alltag. An einigen Gesichtern konnte man ablesen, dass es ihnen einen Heidenspaß bereitete, den Westen zu provozieren, um sich anschließend über dessen empörte Reaktionen zu amüsieren. Dabei wussten viele der weltweit Protestierenden nicht einmal, wo Dänemark überhaupt liegt. Ein Großteil hatte die Zeichnungen nicht einmal gesehen.

Was sich hier entlud, war vor allem Enttäuschung und Empörung über die endlosen Verfehlungen westlicher Außenpolitik in der islamischen Welt. Das beginnt mit den Stellvertreterkriegen zwischen den USA und der Sowjetunion im Kalten Krieg und reicht bis zum heutigen Vorgehen in Afghanistan, im Irak oder im israelisch-palästinensischen Konflikt. Hinzu kommen Skandale wie die Einrichtung des US-Gefangenenlagers Guantánamo auf Kuba, das irakische Foltergefängnis Abu Ghraib oder hunderte getöteter Frauen, Kinder und anderer Zivilisten durch Fehler der NATO-Truppen am Hindukusch. Für viele war es angesichts solcher Vorfälle einfach zu viel, dass sich dieser Westen – der gerne pauschal verantwortlich gemacht wird – jetzt auch noch über sie lustig machte.

Wie der Streit um die dänischen Muhammad-Karikaturen hat der 11. September 2001 wenig mit der Lehre des Korans zu tun. Die Verantwortlichen waren Terroristen, denen jedes Mittel recht erschien. Sie haben die Religion, die mir so viel wert ist, in den Dreck gezogen und alle Muslime weltweit verdächtig gemacht. Es ist ungerecht, dass man uns alle mit den Taten einiger Wahnsinniger in den entferntesten Winkeln der Welt in einen Topf wirft. Aber die Gemäßigten unter uns jammern lieber darüber, als etwas dagegen zu unternehmen. Uns bleibt gar nichts anderes übrig, als gegen eine solche Sippenhaft anzugehen und zugleich zu protestieren, wenn im Namen des Islams Verbrechen begangen werden. Wir müssen der Welt zeigen, dass sich die große Masse von solchen Menschen und ihren Taten weder repräsentiert noch angesprochen fühlt. Wehren wir uns nicht, wird unser aller Leben nicht einfacher. Wir dürfen den Schreihälsen auf beiden Seiten – Islamhassern und Fundamentalisten – nicht das Feld überlassen und zulassen, dass ein völlig verzerrtes Islambild – bewusst oder unbewusst – unsere Mitmenschen prägt, die uns am Arbeitsplatz begegnen, auf Ämtern, in Schulen, Supermärkten, Krankenhäusern, in der Nachbarschaft. Solange wir uns nicht selbst mit den dafür zur Verfügung stehenden Mitteln – Weiterbildung, Partizipation, Zivilcourage – gegen solche inneren und äußeren Angriffe auf unsere Religion wehren, können wir kaum verlangen, dass dies jemand anderes für uns macht.

Die deutsch-türkische Islamkonferenz

Wie könnte nun der Islam weiterentwickelt werden? Ohne Rückgriff auf die Tradition wird das nicht gehen. Die Geschichte des Islams bietet glücklicherweise viele Anknüpfungspunkte für pluralistisches Denken. Wir benötigen eine islamische Renaissance, die uns die Möglichkeit gibt, die vergangenen dreihundert Jahre, in denen der moderne Fundamentalismus und Islamismus als antikoloniale Bewegung aufgekommen ist, zu bewältigen, um an Zeiten anzuknüpfen, in denen noch Vielfalt und Fortschrittlichkeit ganz selbstverständlich den Islam charakterisierten. Voraussetzung hierfür ist, dass sich Muslime verstärkt damit auseinandersetzen, wie ihr Leben in Europa aussehen könnte. Sie müssen mehr miteinander kommunizieren.

Einer der Schritte, die dorthin führen sollten, ist die Einrichtung der Deutschen Islam Konferenz (DIK), die 2006 vom Innenministerium unter Wolfgang Schäuble initiiert wurde. Am «Plenum der dreißig» nehmen jeweils fünfzehn Vertreterinnen und Vertreter der Länder und des Bundes teil und jeweils fünfzehn Musliminnen und Muslime. Letztere Gruppe besteht aus zehn muslimischen Persönlichkeiten, die nicht Mitglied in einem der islamischen Dachverbände in Deutschland sind. Dazu gehören unter anderem die Islamkundelehrerin Havva Yakkar, der Geschäftsführer des Bildungswerks in Kreuzberg Nihat Sorgec oder auch der Schriftsteller Feridun Zaimoğlu. Die übrigen fünf muslimischen Teilnehmer gehören den vier größten islamischen Dachverbänden an, das heißt der Türkisch-Islamischen Union der An-

stalt für Religion (DITIB), dem Islamrat für die Bundesrepublik
Deutschland (IR), dem Verband der Islamischen Kulturzentren
(VIKZ) und dem Zentralrat der Muslime in Deutschland (ZMD);
außerdem nimmt die Alevitische Gemeinde Deutschland (AABF)
mit einem Vertreter an den Sitzungen teil. Es wurden drei Arbeits-
gruppen und ein Gesprächskreis eingerichtet. Sie sollen auf vier
Themenfeldern Handlungsempfehlungen erarbeiten: Deutsche
Gesellschaftsordnung und Wertekonsens (AG 1); Religionsfragen
im deutschen Verfassungsverständnis (AG 2); Wirtschaft und Medien als Brücke (AG 3) sowie Sicherheit und Islamismus (Gesprächskreis).

Die Islamkonferenz ist ein wichtiges politisches Signal sowohl
an die Muslime als auch an die Nicht-Muslime. Eine bedeutende
Aussage von Wolfgang Schäuble lässt auf ein «neues Miteinander»
hoffen: «Muslime sind in Deutschland willkommen. Sie sollen ihre
Talente entfalten und unser Land mit weiter voranbringen. Damit
wir die Deutsche Islam Konferenz als Chance für ein neues Miteinander nutzen können, sind die Muslime aufgefordert, sich zu den
Grundlagen eines harmonischen Miteinanders zu bekennen. Dieser Weg in unsere Gesellschaft wird durch das Motto der Deutschen
Islam Konferenz umschrieben: ‹Muslime in Deutschland – deutsche Muslime›.»

Aber hat die Islamkonferenz mehr als eine rein symbolische
Funktion? Die Verbandsvertreter repräsentieren bei weitem nicht
alle Muslime in Deutschland. Dem Bundesamt für Migration und
Flüchtlinge zufolge sind es gerade einmal 25 Prozent. Die Ver-
bandsfunktionäre sind in der Regel keine ausgebildeten Theologen oder Islamwissenschaftler. Noch immer werden viele muslimische Organisationen in Deutschland von islamischen Ländern
finanziell unterstützt, die oft auch politischen und religiösen Einfluss nehmen wollen. Zudem vertreten sie eine weitgehend dogmatisch ausgerichtete konservative islamische Theologie. Diese
mag zwar bei einem Großteil der älteren muslimischen Bevölkerung auf Zustimmung stoßen, gerade jüngeren Menschen jedoch
erschließt sie keine neuen Möglichkeiten eines «lebbaren» Islams.

Neben den Verbandsfunktionären sitzen «islamische Atheisten», sogenannte säkulare Muslime, mit am Tisch, die die Islamkonferenz gekonnt nutzen, um zu «Islam-Experten» aufzusteigen,
und bei denen ich mich frage, was sie zu einer *Islam*konferenz beitragen sollen. Unter den fünfzehn Muslimen in der Islamkonferenz sind nur wenige theologisch versierte Gläubige. Liberale und
nicht organisierte Muslime, die sich auch zu ihrem Glauben bekennen, sind unterrepräsentiert. Gerade sie würden aber wahrscheinlich die meisten Muslime in Deutschland repräsentieren.
Die Islamkonferenz soll «offen, langfristig und kontrovers» geführt werden, um «hohe Ziele» zu erreichen; sie soll

die religions- und gesellschaftspolitische Integration der muslimischen
Bevölkerung verbessern, der Segmentation von Muslimen in Deutschland
entgegenwirken, einen breiten Konsens zur Einhaltung gesellschafts- und
religionspolitischer Grundsätze schaffen, die freiheitlich-demokratische
Grundordnung bewahren und gewalttätigen Islamismus und Extremis-
mus verhindern.

Offen gesagt, sehe ich diese Ziele in den drei Jahren, in denen die
Islamkonferenz existiert, nicht einmal ansatzweise verwirk-
licht. Bei der dritten Konferenz im März 2008 wurde hochtrabend
die Einrichtung von Islamunterricht an öffentlichen Schulen zum
Ziel erklärt. Im Sommer 2009 teilte die Landesregierung von Nordrhein-Westfalen mit, dass man im Schuljahr 2010/11 den bisherigen
Schulversuch «Islamkunde» durch den Islamischen Religionsunterricht ablöst. Wer beziehungsweise welche islamische Organisation
dann als sogenannter Kooperationspartner zur Verfügung stehen
wird, steht zum jetzigen Zeitpunkt noch nicht fest. Hier hat sich
also bis heute noch nicht viel bewegt.

Die Orientierung der Initiatoren der Islamkonferenz an einem
türkischen Staatsislam, der zukünftig auch hier in Deutschland seinen Platz finden soll, ist offensichtlich. Diese Türkei-Lastigkeit findet sich sowohl in den Reihen der Verantwortlichen der Islamkonferenz als auch unter den fünfzehn muslimischen Vertretern. Es

wird auf Bundes- und Landesebene mit Vertretern des türkischen Staates über Fragen des Islams und einer muslimischen Repräsentanz in Deutschland verhandelt, als ob es keine anderen Muslime mehr gäbe und als ob die «geeigneten Gesprächspartner» in der Türkei selbst leben müssten. Doch der Islam kennt keine Nation! Muslimsein in Deutschland bedeutet eben nicht Türkischsein. Das scheinen sowohl Politiker als auch viele Muslime in diesem Land zu vergessen. Freilich haben Vertreter eines türkischen Staatsislams gegen diese Ignoranz nichts einzuwenden, um ihre Interessen in Deutschland zu verwirklichen. Der Islam wurde zu keiner Zeit seiner Geschichte so stark nationalisiert und ethnisiert wie im Europa des 20. und 21. Jahrhunderts! Dafür steht die Deutsche Islamkonferenz leider auch.

EPILOG: SESAM ÖFFNE DICH!

I ntegration ist kein Automatismus. Gesellschaft und Politik müssen sich anstrengen, um die jüngeren Generationen zu integrieren. Forderungen an die Einwanderer sind notwendig und berechtigt, aber zunächst muss die Mehrheitsgesellschaft sie endlich vorurteilslos als Deutsche akzeptieren und ihnen die gleichen Rechte und Pflichten zugestehen wie dem Rest der Bevölkerung. Das gilt insbesondere für «Einwanderer der zweiten Generation», die hier geboren sind und nicht ohne weiteres in die Heimat ihrer Eltern oder Großeltern «zurückgehen» wollen. Oft ist dies auch gar nicht möglich. Wer ihnen wegen der Herkunft ihrer Familie Vorurteile entgegenbringt, zerstört jegliche Basis von Vertrauen. Ohne eine aufrichtige Akzeptanz durch die Öffentlichkeit wird jede Integrationsbemühung trotz der vielen interreligiösen und interkulturellen Dialoginitiativen auf Dauer scheitern.

Auf dieser Basis ist es die Aufgabe der deutschen Politik, mit verstärkter Stadtteilarbeit, außerschulischen Freizeitangeboten oder Ganztagsschulen soziale Missstände innerhalb der muslimischen Bevölkerung anzugehen. Um die hochgesteckten Ziele der deutschen Islamkonferenz zu erreichen, müssen mehr politische Initiativen gestartet werden. Wir brauchen wirksame Strategien und Kampagnen gegen eine spürbar zunehmende Islamophobie.

Was kann die Mehrheitsgesellschaft tun?

1. Deutschland muss einsehen, dass sich seine Gesellschaft durch Einwanderung verändert hat und weiter verändern wird.

2. Nachbarn, Arbeitskollegen, Vereinskameraden, Lehrer, Behördenmitarbeiter müssen den Islam und damit die Muslime in ihrer Mitte akzeptieren. Eine Alternative dazu gibt es nicht – es sei denn, man wollte die Muslime aus dem Land jagen oder unterdrücken und missachten. Das wäre ein Rückfall in barbarische Zeiten, dem man sich gerade vor dem Hintergrund der weltgeschichtlichen Erfahrungen unbedingt entgegenstemmen muss.

3. Es muss anerkannt werden, dass nicht «der» Islam an sich das Problem ist, sondern die Art und Weise, wie er ausgelegt wird.

4. Es muss anerkannt werden, dass die Religion des Islams von verschiedenen Seiten instrumentalisiert und missbraucht wird: von Islamisten, die mit ihrer Hilfe politische Macht anstreben, von Islamgegnern, die sich selbst auf Kosten der Religion und seiner Anhänger aufwerten, und von Trittbrettfahrern, die durch eine positive oder negative Positionierung zum Islam auf eigene Vorteile bedacht sind. Ich denke bei Letzterem zum Beispiel an Kirchenvertreter oder Politiker, die mit Hilfe des Islams Gläubige oder Wählergruppen mobilisieren wollen.

5. Es muss anerkannt werden, dass weder die ethnische Herkunft noch die religiöse und kulturelle Zugehörigkeit allein Ursache für etwaige Integrationsprobleme sind. Ursache sind in der Regel die sozialen Missstände. Ausnahmen bilden nur solche Menschen, die sich aus ideologischen Gründen einer Integration widersetzen.

6. Der Islam als drittstärkste Religion des Landes mit bis zu 4,3 Millionen Gläubigen muss rechtlich den christlichen Kirchen gleichgestellt werden. Im 21. Jahrhundert muss Schluss damit sein, unter Berufung auf ein christlich-abendländisches Erbe andere Religionen zu benachteiligen. Die von der Verfassung garantierte Bekenntnisfreiheit muss in der Gesetzgebung noch konsequenter umgesetzt werden. Auch dann bleibt Deutschland ein christliches Land.

7. Politiker *aller* demokratischen Parteien müssen sich für die bislang genannten Punkte einsetzen. Andernfalls ist zu befürch-

ten, dass die ungerechte Behandlung von Muslimen noch zunehmen und negative Auswirkungen auf die gesamte Gesellschaft haben wird. Gesellschaftliche Spannungen, Belastungen der Sozialsysteme oder außenpolitische Verstimmungen könnten die Folge sein.

8. Deutschland muss mehr in Bildung investieren. Insbesondere an sozialen Brennpunkten müssen mehr Sozialarbeiter eingesetzt werden, mehr Lehrer mit interkultureller Kompetenz müssen auf Kinder und Jugendliche aus Einwandererfamilien zugehen. Berufsberatungen für Jugendliche ausländischer Herkunft sowie die Sprachförderung für Kinder und Erwachsene müssen verstärkt werden.

9. Die deutsche Universitätslandschaft muss für die Ausbildung von islamischen Religionslehrern und von Imamen intensiv ausgebaut werden. Wir brauchen deutlich mehr Lehrstühle. Ganz allgemein müssen die Lehramtsstudiengänge für alle Fachrichtungen und alle Schulformen stärker auf die interkulturellen Anforderungen im Beruf vorbereiten. Es gibt kaum noch Klassen in Deutschland, in denen keine Kinder von Einwanderern sitzen.

10. Der islamische Religionsunterricht muss flächendeckend eingeführt werden.

Was können die Muslime tun?

1. Die eingewanderten Muslime und ihre Nachkommen müssen akzeptieren, dass sie nun in einer Umgebung leben, die religiös und kulturell anders geprägt ist als ihre ursprüngliche Heimat. Die eigenen Traditionen und Überzeugungen werden sich zwangsläufig im Laufe der Zeit ändern. Das bedeutet nicht die völlige Aufgabe des eigenen kulturellen Erbes, aber dessen Relativierung. In der Regel werden die Kinder, die in dem neuen Land aufwachsen, ganz automatisch dafür sorgen. Man kann sich nicht auf Dauer dagegen auflehnen. Wer die Kultur der

WAS KÖNNEN DIE MUSLIME TUN? 201

neuen Umgebung nicht akzeptieren kann, muss den Schritt zurück in die ursprüngliche Heimat gehen.

2. Die eingewanderten Muslime müssen sich stärker ihre Verantwortung und ihre Pflichten gegenüber dem deutschen Staat bewusst machen, statt vorwiegend auf ihre Rechte zu pochen.

3. Minderheiten und Neuankömmlinge in dieser Gesellschaft müssen mehr Geduld und Kompromissbereitschaft aufbringen, denn die Mehrheitsbevölkerung wird nicht von heute auf morgen die neuen gesellschaftlichen Realitäten akzeptieren können. Rückschläge durch Anfeindungen oder Diskriminierungen dürfen nicht zu Resignation führen. Die Mehrheit der Deutschen ist offen, tolerant und entgegenkommend.

4. Bildung ist in dieser Gesellschaft der wichtigste Schlüssel, um soziale und kulturelle Spannungen zu entschärfen. Jeder einzelne muss dies erkennen und sich ernsthaft um die eigene Fort- und Ausbildung kümmern. Eltern müssen ihre Kinder dazu motivieren.

5. Muslime müssen stärker gesellschaftlich partizipieren und sich in die Politik einmischen. Sie müssen die Angebote des Staates stärker annehmen und sich selbst um den Erfolg in dieser Gesellschaft bemühen.

6. Muslime, denen ihr Glaube wichtig ist, müssen sich besser über ihre eigene Religion informieren. Sie sollten weniger an den Lippen von Gelehrten hängen. Religiöse Dogmen sollten grundsätzlich hinterfragt werden. Ein kritischerer Geist gerade in Sachen Religion und Tradition ist gefragt.

7. Muslime müssen sich klar machen, dass derzeit eine Auslegung von Koran und Sunna vorherrscht, die sich rückwärtsgewandt an den gesellschaftlichen Gegebenheiten früherer Zeiten orientiert.

8. Muslime müssen sich stärker distanzieren und zur Wehr setzen, wenn im Namen des Islams Hass und Gewalt gepredigt werden. Das gilt auch dann, wenn islamistische Aggressionen durch die Verfolgung und Benachteiligung von Muslimen oder Angriffe auf sie provoziert werden – etwa durch den völkerrechtswidrigen

Irakkrieg oder die Besatzungssituation in den Palästinenserge-
bieten. Der Widerstand gegen «Hassprediger» liegt im eigenen
Interesse, denn das Bild, das durch sie entsteht, fällt am Ende
auf jeden einzelnen Muslim zurück.

9. Muslime müssen sich untereinander besser vernetzen, um ihren Vorstellungen und Forderungen Gehör zu verschaffen und
sie in die Tat umzusetzen.

10. Muslime müssen sich auf eine Repräsentanz innerhalb des
deutschen Staates einigen. Die jetzigen Islamverbände allein
bemühen sich zwar, so viele Muslime wie möglich zu erreichen,
sind aber noch nicht in der Lage, für alle Muslime in Deutschland zu sprechen.

Wo bleibt die Stimme der liberalen Muslime?

Was lange währt, wird endlich gut. Das trifft auch auf die
Organisation der nicht organisierten Muslime in Deutschland zu.
Nach Schätzungen des Bundesamts für Migration und Flüchtlinge
repräsentieren die großen muslimischen Dachverbände zusammen 25 Prozent der muslimischen Bevölkerung – manche sprechen von weniger, die Verbände natürlich von mehr. Der große
Rest bleibt unbemerkt und ungehört. Die großen muslimischen
Verbände vertreten in der Regel eher ein konservatives, traditionelles Islambild. Zwar haben auch liberalere muslimische Vereine
ihren Platz innerhalb der Dachorganisationen gefunden, aber sie
treten im Verhältnis zu den übrigen Mitgliedsgemeinden eher selten an die Öffentlichkeit. Zudem vertreten die meisten Gemeinden einen stark an die Herkunftsländer angelehnten Islam. Die
Predigten werden immer noch überwiegend auf Türkisch, Arabisch oder Bosnisch gehalten und haben inhaltlich kaum eine
Verbindung zum Leben hier in Deutschland. Ein deutscher Muslim fühlt sich etwa in einer türkisch geprägten Moschee nicht unbedingt zuhause. Gerade jüngere Muslime empfinden Moscheen
und Predigten als fremd.

Immer wieder werde ich gefragt, ob sich nicht liberale und gemäßigte Muslime selbst organisieren könnten. Aber das ist nicht so einfach. Liberale Muslime sind viel weniger miteinander vernetzt als konservative. Es ist nicht leicht, Gleichgesinnte zu finden, die sich ehrenamtlich engagieren wollen. Es ist ein wenig wie bei den Christen in Amerika: Am besten und straffsten sind die Fundamentalisten organisiert. Doch nun, nach vielen Gesprächen mit Freunden und Mitstreitern und nach nunmehr fünfzig Jahren muslimischen Lebens in Deutschland soll endlich ein Verein liberaler Muslime gegründet werden, um die Partizipation von Muslimen am öffentlichen Leben in Deutschland und damit die Integration zu fördern.

Die Initiative will vor allem Muslime ansprechen und repräsentieren, die sich in Deutschland heimisch fühlen und zum Selbstverständnis von Muslimen in Deutschland einen Beitrag leisten wollen. Viele Muslime fühlen sich nicht mehr allein durch das Islamverständnis der Herkunftsländer ihrer Eltern angesprochen. Sie haben Probleme mit Moscheegemeinden, die inhaltlich und finanziell von muslimischen Ländern aus beeinflusst werden. Noch wird ein Großteil der hier arbeitenden Moschee-Imame aus muslimischen Ländern «importiert». Das liegt sicher daran, dass es hier noch zu wenig qualifiziertes Personal gibt, aber hinzu kommen strategische Überlegungen der Gemeindevorsteher und der Geldgeber. Diese Imame sind theologisch zumeist unzureichend ausgebildet. Ihre pädagogischen Vorstellungen sind oft veraltet und wirken hierzulande bestenfalls exotisch. Das Auswendiglernen ist oft wichtiger als das Verständnis des Korans.

Viele junge Muslime in Deutschland wollen ihre Kinder solchen Strukturen nicht mehr anvertrauen. Sie selbst fühlen sich in den bestehenden Moscheegemeinden zunehmend fremd. Noch immer gibt es viel zu wenig Angebote gerade für Menschen, die einen weltoffenen und toleranten Islam kennenlernen wollen. Eine Vertretung liberaler Muslime soll helfen, eine längst überfällige innerislamische Diskussion anzustoßen. Bisher wurde die Stimme der schweigenden Mehrheit in der Debatte um islamischen Religions-

unterricht, das Kopftuchverbot, die Islamkonferenz, die Institutio-
nalisierung des Islams und anderes fast vollkommen ausgeblendet.
Für eine neu zu gründende parteiunabhängige Vertretung liberaler Muslime in Deutschland müsste klar sein, dass der geogra-
phische Lebensmittelpunkt nur Deutschland sein kann – nicht die
Türkei oder irgendein arabischer Staat. Die Gleichberechtigung
und Gleichwertigkeit von Mann und Frau sowie das Bekenntnis zur
freiheitlich-demokratischen Grundordnung wären selbstverständ-
liche Voraussetzungen. Zu diesem Bekenntnis gehört auch, dass
gegenüber anderen Religionen kein exklusiver Wahrheitsanspruch
geltend gemacht werden darf. Nicht dogmatische und kulturelle
Einheit darf das Ziel sein, sondern Muslime müssen Koran und
Sunna offen und frei – das heißt eben auch: frei von Angst – interpretieren dürfen. Die Förderung eines innerislamischen Pluralis-
mus wäre gleichzeitig ein Beitrag zu einer pluralistischen deutschen Gesellschaft insgesamt. Die neue Vertretung soll Muslime
ermutigen, an Gesellschaft und Politik in Deutschland zu partizipieren, und sie dabei unterstützen. Zu dieser Partizipation gehört
auch das Engagement gegen Antisemitismus, gegen Islamfeindlichkeit und gegen Rassismus. – So etwa lässt sich das Programm
einer neuen Vertretung liberaler Muslime umreißen.

Mir ist bewusst, dass diese Initiative einige verärgern wird. Das
ist unvermeidlich, aber die Zukunft des Islams und damit auch die
Zukunft unserer Kinder liegen mir zu sehr am Herzen, um dies
nicht in Kauf zu nehmen. Es ist höchste Zeit, dem Islam ein zeitgemäßes Gesicht zu geben. Unsere Türen stehen offen für all jene,
die an diesem ehrgeizigen Ziel mitarbeiten wollen!

TIPPS ZUM WEITERLESEN

Islam

Der Koran. Aus dem Arabischen neu übertragen von Hartmut Bob-
zin, München 2009
Der Koran für Kinder und Erwachsene. Übersetzt und erläutert von
Lamya Kaddor und Rabeya Müller, 2. Aufl., München 2008
Katajun Amirpur, Ludwig Ammann (Hg.): Der Islam am Wende-
punkt. Liberale und konservative Reformer einer Weltreligion,
2. Aufl., Freiburg 2006
Hans Grewel, Luise Becker, Peter Schreiner (Hg.): Geschichten der
Menschlichkeit in Bibel und Koran, München 2009
Gudrun Krämer: Geschichte des Islam, München 2008
Annemarie Schimmel: Mystische Dimensionen des Islam. Die Ge-
schichte des Sufismus, Frankfurt 2009

Islam in Deutschland

Bärbel Beinhauer-Köhler, Claus Leggewie: Moscheen in Deutschland. Religiöse Heimat und gesellschaftliche Herausforderung,
München 2009
Lamya Kaddor, Jörgen Nieland: Herausforderungen und Chancen
in Bildungseinrichtungen. Grundinformationen zum Islam und
Anregungen zum Umgang mit muslimischen Kindern, Jugendlichen und ihren Eltern, Düsseldorf 2008
Navid Kermani: Wer ist wir? Deutschland und seine Muslime, München 2009

Mathias Rohe: Der Islam. Alltagskonflikte und Lösungen. Rechtliche Perspektiven, 2. Aufl., Freiburg 2007
Thorsten G. Schneiders (Hg.): Islamfeindlichkeit. Wenn die Grenzen der Kritik verschwimmen, Wiesbaden 2009

Migration und Integration

Klaus Bade: Europa in Bewegung. Migration vom späten 18. Jahrhundert bis zur Gegenwart, München 2000
Dieter Oberndörfer: Der Wahn des Nationalen. Die Alternative der
offenen Politik, 2. Aufl., Freiburg 1994
Haci-Halil Uslucan, Urs Fuhrer: Familie, Akkulturation und Erziehung. Migration zwischen Eigen- und Fremdkultur, Stuttgart
2005

»Klar, verständlich und gut lesbar.« *Monika Jung-Mounib, Neue Zürcher Zeitung am Sonntag*

Dieses Buch für Kinder wie für Erwachsene, für Nicht-Muslime wie für Muslime beweist, dass die Lehren und Erzählungen des Korans gut verständlich sind. Durch die thematische Anordnung der Verse, die klare und verständliche Übersetzung sowie knappe Erläuterungen bietet es einen einzigartigen Schlüssel, um das heilige Buch der Muslime kennenzulernen.

Der Koran für Kinder und Erwachsene. Übersetzt und erläutert von Lamya Kaddor und Rabeya Müller. Mit Ornamenten von Karl Schlamminger. 235 Seiten mit 21 farbigen Miniaturen. Halbleinen

www.beck.de